REDLINE WIRTSCHAFT
bei ueberreuter

Gerald M. Weinberg

Das Gesetz der Himbeermarmelade

103 Geheimnisse der Beratung

REDLINE WIRTSCHAFT
bei ueberreuter

Gerald M. Weinberg
Das Gesetz der Himbeermarmelade
103 Geheimnisse der Beratung
Frankfurt/Wien: Redline Wirtschaft bei Ueberreuter, 2003
ISBN 3-8323-0982-9

Unsere Web-Adressen:

http://www.redline-wirtschaft.at
http://www.redline-wirtschaft.de

1 2 3 / 2005 2004 2003

Aus dem Amerikanischen von Birgit Schöbitz
Originaltitel: »The Secrets of Consulting: A Guide to Giving and Getting Advice Successfully«, erschienen bei Dorset House Publishing Co., Inc., 353 West 12th Street, New York, NY 10014, U.S.A., http://www.dorsethouse.com

Umschlag: INIT, Büro für Gestaltung, Bielefeld
Coverabbildung: Getty Images, München
Layout und Satz: satzstudio@publisher.cc
Druck: Himmer, Augsburg
Printed in Germany

Inhalt

Einleitung

Sie sind Berater oder brauchen hin und wieder einen? Na prima, dann ist dieses Buch genau das Richtige für Sie. Zugegeben, die Beratungstätigkeit ist ein weites Feld, da heute beinahe jeder eine Art von Berater ist. Da wären Hard- und Softwareberater, Sozialarbeiter und Psychiater, Unternehmensberater, Berufsberater, Energieberater, Sicherheitsbeauftragte und Unfallgutachter, Schönheitsberater, Rechts- und Eheberater, Familientherapeuten, Wirtschaftsberater, Farbberater, Innenausstatter, Esoterikberater und viele mehr zu nennen.

Und das sind nur die Berater, für die es Berufsbezeichnungen gibt. Im Grunde machen Sie auch Ihren Nachbarn zu Ihrem Berater, wenn Sie ihn fragen, was er gegen das Unkraut in seinem Rasen unternimmt. Sie selbst schlüpfen in die Rolle eines Beraters, wenn Ihre Tochter von Ihnen wissen möchte, auf welche Universität sie gehen soll. Zumindest in Amerika brauchen Sie keine amtliche Erlaubnis, um anderen ein bestimmtes Fahrzeug zu empfehlen oder ihm den schnellsten Weg nach Hintertupfingen zu erklären.

Was haben all diese Berater gemein? Weshalb sollten sie alle dieses Buch lesen wollen? Meine Definition eines Beraters lautet: *Beratung ist die Kunst, Menschen auf deren Bitte hin zu beeinflussen*. Wenn Menschen sich ändern möchten – oder sich vor einer Veränderung fürchten –, möchten sie beraten werden, in welcher Form auch immer.

Viele Menschen beeinflussen andere, auch ohne dass sie darum gebeten werden. Ein Richter kann Sie zu lebenslänglich verurteilen, ein Lehrer kann Ihnen eine Strafarbeit aufbrummen, ein Vorgesetzter kann Sie auf eine anstrengende Geschäftsreise schicken und Ihr Pfarrer kann Ihnen als Buße dreißig Vaterunser auferlegen. Richter, Lehrer, Vorgesetzte und Geistliche *können* als Berater fungieren. Sie beeinflussen andere Menschen jedoch auch als vom Gesellschaftssystem bevollmächtigte Autoritätspersonen, ganz unabhängig davon, ob die beeinflusste Person damit einverstanden ist oder nicht.

Dann gibt es noch diejenigen, die andere beeinflussen möchten, obwohl sie weder darum gebeten noch dazu autorisiert wurden. Spontan fallen einem hier Autohändler und Vertreter ein, die zwar auch als Berater fungieren *können*, aber keine Berater sind, da sie Ihnen etwas verkaufen wollen, um das Sie nicht gebeten haben.

Auch wer als Berater *bezeichnet* wird, muss deshalb noch lange keiner sein. Viele erhalten diesen Titel nur, weil er eben besser klingt. So mancher Softwareberater ist im Grunde nur ein Hilfsprogrammierer, und das Letzte, was Kunden von ihrem Softwareberater wollen ist, dass er Einfluss auf sie nimmt. Er soll einfach nur programmieren und damit basta. Manche Zeitarbeitsfirmen bezeichnen ihre Arbeitskräfte als Berater, da der wohl klingende Titel über eine schlechtere Bezahlung hinwegtröstet.

Natürlich kann man auch als Berater tätig werden, ohne als solcher bezeichnet zu werden. Jeder Mitarbeiter in der Personalabteilung übt eine beratende Tätigkeit auf die Führungskräfte aus. Als man Sie eingestellt hat, wollte man genau diesen Einfluss (Warum sonst sollte jemand in der Personalabteilung arbeiten?). Es kann natürlich vorkommen, dass Vorgesetzte oder sogar der Personalmanager selbst nach einigen Jahren der Berufstätigkeit vergessen, dass die Stelle ursprünglich Beratungsfunktion hatte, daher besteht ein gewisser Unterschied zu einem externen Berater, der aufgrund eines bestimmten Problems hinzugezogen wird.

In diesem Buch geht es nicht darum, wie man am besten ein Berater wird. Dieser Teil ist schnell abgehakt, denn Sie werden ganz von selbst zu einem Berater, sobald Sie sich bereit erklären, irgendjemanden zu beraten. Hilfe brauchen Sie erst, nachdem Sie eingewilligt haben, einen anderen zu beraten. Nachdem ich hauptberuflich zum Unternehmensberater wurde, stellte ich bald fest, dass sich die meisten Menschen nur dann an einen Berater wenden, wenn die Welt um sie herum verrückt spielt. Als Folge davon sehen Berater im Allgemeinen mehr von Irrwitz und Wahnsinn als ihnen lieb ist. Vielleicht ist es Ihnen ja auch schon mal aufgefallen, wie oft Sie ausdrücklich um Rat gebeten werden, nur um sich anschließend Beschimpfungen anhören zu müssen, weil Sie der Bitte nachgekommen sind. Ein solch unsinniges Verhalten bringt einen Berater leicht an den Rande des Wahnsinns, doch wenn er damit umgehen kann, bringt es ihm ebenso leicht eine Menge Geld ein.

Auch ich habe Zeiten durchgemacht, in denen mir all das zu viel wurde. Um nicht gänzlich überzuschnappen, schrieb ich Bücher. Damit bin ich zwar auch Berater für all diejenigen, die verrückt genug sind, meine Bücher zu kaufen, aber wenigstens muss ich meinen lesenden Kunden nicht Auge in Auge gegenübertreten. Aus diesem Grunde sind meine Bücher auch viel preiswerter als meine Beratungsgebühren.

Wann immer ich mich stark genug fühlte, dem täglichen Wahn zu begegnen, hat mir der direkte Kontakt mit meinen Kunden aber sehr viel Spaß gemacht. Daher hatte ich eigentlich nur zwei Möglichkeiten, wenn ich weiterhin meinen Beruf ausüben wollte:

1. Ich versuche rational zu sein und werde verrückt.
2. Ich verhalte mich irrational und werde als verrückt bezeichnet.

Viele Jahre lang pendelte ich zwischen diesen beiden Übeln hin und her, bis mir eine dritte Möglichkeit einfiel:

3. Ich versuche rational mit der Irrationalität umzugehen.

In diesem Buch beschreibe ich einige meiner Erkenntnisse über die Rationalität hinter dem scheinbar völlig irrationalen Verhalten, das mit der Bitte um Rat und Unterstützung einhergeht. Diese Erkenntnisse sind die Geheimnisse der Beratung. Diese Geheimnisse sind jedoch nicht ausschließlich nur für Berater interessant, sondern für alle, die sich von der Verrücktheit unserer Welt verwirrt fühlen und nach Erklärungen suchen. Also eigentlich ist das Buch damit für einen sehr, sehr großen Leserkreis geeignet.

Wenn Sie so verwirrt sind, dass Sie niemand um Rat bittet, brauchen Sie unter Umständen einen Berater. Diese Kosten können Sie sich allerdings sparen – lesen Sie einfach dieses Buch. Und wenn Sie immer noch einen Berater brauchen, bekommen Sie mithilfe dieses Buches von ihm mehr für Ihr Geld.

Falls Sie allerdings *nicht* verwirrt sind, lesen Sie dieses Buch besser nicht. Suchen Sie bitte einen Psychiater auf. Jeder, den unsere heutige Welt nicht irre macht, hat den Bezug zur Realität verloren.

Und was bringt es Ihnen, dieses Buch zu lesen? Viele Menschen haben mir, nachdem sie das Manuskript gelesen hatten, gesagt, dass es sie positiv beeinflusst hätte. Eine befreundete Beraterin erzählte mir, dass sie mithilfe des Orangesafttests einen dicken Auftrag an Land ziehen konnte. Ein anderer Kollege konnte ein höheres Honorar aushandeln, weil er nach dem Prinzip des geringsten Bedauerns gehandelt hatte. Und ein dritter Kollege verlor einen dicken Auftrag aufgrund desselben Prinzips, aber es war ihm egal – deshalb heißt es ja auch Prinzip des geringsten Bedauerns. Ein Manager erzählte mir, dass er nach Lesen des Manuskripts seinen Berater, der ihn monatlich Tausende von Euro gekostet hatte, feuerte. Ob der Berater daraufhin Zeichen des Bedauerns zeigte, ist mir allerdings nicht bekannt.

Das Buch hat aber nicht nur finanzielle Auswirkungen. Mehrere Leser berichteten, dass ihnen ihr Beruf jetzt mehr Spaß macht, weil sie nun genauer wissen, wie der Hase läuft. Ein Unternehmensberater erzählte mir, dass er sein neu erworbenes Wissen über den Bison und den Hund anwendet, damit der Marketingleiter mehr seiner Empfehlungen umsetzt. Ein weiterer Kollege nannte zwar keine konkreten Beispiele, meinte aber, dass sein Vorgesetzter ihn für seine »neue und bessere Art zu denken« gelobt hätte.

Ein Berater der alten Schule schrieb mir lang und breit, dass er sich immer Sorgen gemacht hatte, weil er keinen Doktortitel vorzuweisen hat. (Ich denke, das war seine Rache für meine oft recht ausführlichen Schilderungen in diesem Buch.) Wie auch immer, er machte mühsam doch noch seinen Doktor, um dann erstaunt feststellen zu müssen, dass seine Klienten überhaupt keinen Wert auf intellektuelle Auszeichnung legen. »Dieses Buch zu lesen war so ähnlich wie meinen Doktor zu machen. Ich hatte es eigentlich nicht nötig, aber wenn ich es nicht gelesen hätte, hätte ich immer gedacht, dass ich es unbedingt noch lesen muss.« Wie Sie im ersten Kapitel erfahren werden, ist dies das beste Ergebnis, das sich ein Berater wünschen kann.

Im August 1985 G.M.W.

Lincoln, Nebraska

Vorwort

Dieses Buch zu lesen ist schon eine besondere Erfahrung. Es spricht meinen Sinn für Humor an, meine Erfahrungen über menschliche Schwächen und mein Wissen über Gesellschaftssysteme. Besonders aber verschafft es mir neue Erkenntnisse darüber, wie sich Änderungen vollziehen, und wie ein Berater unabhängig von seinem Tätigkeitsfeld produktiv arbeiten kann.

Die enthaltenen Informationen sind nicht nur wichtig, sondern amüsant zu lesen und schwungvoll beschrieben. Jerry Weinberg gelingt es mit seinem wunderbaren Stil, mich an seinen Erfahrungen und seinem Wissen teilhaben zu lassen. Ich fühle mich inspiriert, nicht eingeschüchtert, und sowohl die geschilderten Charaktere als auch die Probleme kommen mir sehr bekannt vor. Dieses Buch hat mich oft zum Lachen gebracht, auch über mich selbst, und ich konnte viel daraus lernen.

Dieses Buch ist mehr als nur ein Handbuch für Berater. Eigentlich geht es darum, wie jeder sein Leben in die eigene Hand nehmen und sich entfalten kann. Gerade als Familientherapeutin empfand ich es als sehr hilfreich, den Zusammenhang zwischen menschlichem Verhalten und der Beziehung zwischen Berater und Klient zu erfahren, indem man eine Parallele zieht zu unserer Geburt und der darauf folgenden Dreierkonstellation, die aus Vater, Mutter und Kind besteht. In dieser Konstellation herrscht ein gewisses Ungleichgewicht, da Vater und Mutter mehr oder weniger erwachsen sind, während das Kind von ihnen abhängig ist. Das Verhältnis innerhalb dieser Konstellation bestimmt in hohem Maß, was wir von der Kindheit bis zum Erwachsensein lernen; vieles davon mag unbewusst geschehen, dennoch prägt es unser Selbstbild und Selbstwertgefühl. Außerdem lernen wir, wie wir Probleme bewältigen, eine Fähigkeit, die von Beratern gefördert werden kann.

Bewusst oder unbewusst wirken unsere Kindheitserfahrungen auch in späteren Jahren weiter, ob wir nun Berater oder Ratsuchende sind. Jerry Weinberg macht sich auf sehr liebenswerte Weise des Öfteren über sich und seine Leser lustig, indem er beschreibt, wie Lektionen unbewusster Kindheitserfahrungen unseren Hoffnungen und Erwartungen noch immer einen Strich durch die Rechnung machen. So braucht jeder von uns zum Beispiel Bestätigung und Anerkennung. »Schau mal, ganz ohne Hände«, ruft der kleine Junge stolz seiner Mutter zu, wenn er freihändig Rad fahren kann, und hofft auf ein anerkennendes Lächeln. Bleibt es aus, wird sein Bedürfnis nach Anerkennung nicht befriedigt, und als erwachsener Mann wird er vielleicht noch immer nach diesem Lächeln suchen, obwohl sich die Umstände inzwischen völlig geändert haben.

Viele von uns sind noch immer hin- und hergerissen zwischen dem Wunsch, etwas ganz genau wissen zu wollen und der Angst, zurückgewiesen zu werden, wenn sie diesem Wunsch nachgeben. »Wenn ich klug wäre«, so der Gedankengang, »müsste ich ja alles wissen, müsste mit jeder Situation alleine fertig werden. Wenn ich frage und um Hilfe bitte, gebe ich damit meine Schwäche, Dummheit, Perversität oder Inkompetenz zu, und das kann und darf nicht geschehen.« Und wer an diesen Punkt gelangt, spielt Spielchen und versteckt oder projiziert seine Gefühle, indem er sich denkt: »Ich brauche dich nicht. Und wenn es so aussieht, bist *du* daran schuld.«

Die Aufgabe eines Beraters ist es, Hilfestellung zu geben, neue Wege zu eröffnen, um Schwierigkeiten zu bewältigen. Er kann jedoch nur erfolgreich helfen, wenn er sich der Zwiespälte des Ratsuchenden bewusst ist. Bittet ein Klient einen Berater um Hilfe, heißt das so viel wie »Ich brauche Sie, auch wenn ich es Ihnen nicht so offen sagen kann. Helfen Sie mir, ohne mir dabei mein Selbstwertgefühl zu nehmen.« Der kluge Berater kann helfen, ohne seinen Klienten oder sich selbst herabzusetzen, da er weiß, dass nur dann eine echte und dauerhafte Veränderung möglich ist.

Jerry Weinberg ist einer dieser klugen Berater, der seine Kernbotschaft in viele Beispiele verpackt. Er beschreibt wirkungsvolle und interessante Methoden, wie Berater diesen Balanceakt vollführen können. Und immer lobt er den Klienten für seine Klugheit, für jedes Problem zur richtigen Zeit den geeigneten Berater zu beauftragen, wodurch er seine Intelligenz, nicht seine Inkompetenz zeigt. Nur so ist eine für beide Seiten lehrreiche und angenehme Beziehung möglich.

Die Geheimnisse der Beratung sind im Grunde die Geheimnisse des Wachstums und der Entwicklung beruflicher und menschlicher Qualitäten, denn was gibt es Wichtigeres als uns selbst und unsere Mitmenschen zu lieben und unsere Ziele zu erreichen?

Im Oktober 1985 | Virginia Sair

Palo Alto, Kalifornien | Schulungsleiterin

Avanta Network

1 Weshalb Beratung harte Arbeit ist

Haben Sie jemals davon geträumt, ein Restaurant zu eröffnen? Ihre dankbaren Gäste mit köstlichen Speisen zu verwöhnen und dann spät in der Nacht bündelweise Ihr wohl verdientes Geld zu zählen? Erst neulich habe ich ein Buch über die Gründung eines eigenen Restaurants entdeckt. Ich freute mich schon darauf, alles über den Ruhm, Reichtum und die Unabhängigkeit meines Traumberufs zu lesen, doch der Autor verschwendete das gesamte erste Kapitel ausschließlich darauf, mir meinen Traum auszureden. »Legen Sie das Buch weg«, drängte er, »und suchen Sie sich eine vernünftige Arbeit.«

Doch so schnell ließ ich mich nicht entmutigen – schließlich ging es hier um meinen Lebenstraum. Ich las ein Kapitel nach dem anderen, und in jedem wurde ich vor der grausamen Realität der Feinschmeckerwelt gewarnt und mit Fragen wie diesen bombardiert: Wie wimmeln Sie Gläubiger, Schutzgelderpresser und Ihre sämtlichen Bekannten und Freunde ab, die alle umsonst bei Ihnen essen möchten? Was tun Sie, wenn ausgerechnet am Tag vor der Inspektion durch das Gesundheitsamt Kakerlaken Ihre Küche überfallen? Wenn der Kühlschrank seinen Geist aufgibt und alle Lebensmittel verderben? Was, wenn Ihr Restaurant zum Bersten voll ist und genau dann Ihre Bedienung den Job hinschmeißt? Was unternehmen Sie, wenn keiner kommt? Und was, wenn die Gäste in Scharen kommen? Sich bis zur Besinnungslosigkeit betrinken und auf den Boden kotzen?

Nun gut, er hat mich überzeugt. Um einiges klüger, aber traurig schwor ich meinem Lebenstraum ab und wandte mich wieder meiner nüchternen Beschäftigung als Berater zu.

Haben *Sie* jemals davon geträumt, ein Berater zu werden? Auf Spesenkosten interessante Reisen zu unternehmen und in den besten Hotels zu wohnen? Wissensbegierigen Klienten brillante Ratschläge zu erteilen, die sofort und ohne Wenn und Aber in die Praxis umgesetzt werden? Für wenig Arbeit einen Haufen Geld zu verdienen?

Ein Hinweis für all diejenigen, denen der Beruf eines Beraters eher in den Sinn kommt, als ein Restaurant zu eröffnen, um der alltäglichen Misere ihres Lebens zu entfliehen (unter uns, das ist gleichzeitig auch das erste Geheimnis der Beratung):

Beratung ist nicht so einfach, wie man glaubt.

Keine Bange, in diesem Kapitel erfahren Sie schon noch, weshalb das so ist.

SHERBYS GESETZE DER BERATUNG

So gut wie jeder Chef hat seine Schwierigkeiten damit, geplante Ausgaben zu bemängeln, wenn es sich bei jedem zweiten Posten um mysteriöse High-Tech-Sachen handelt. Daher wird der Rotstift viel eher bei so leicht verständlichen Posten wie Portokosten, Hausmeisterdiensten oder dem Berater angesetzt.

Chefs haben vielleicht wenig Ahnung von Mikroprogrammierung oder Mikroökonomie, aber von Beratung verstehen sie etwas. Ich kenne keinen einzigen Manager, der nicht mindestens einen – meist schlechten –Witz über Berater auf Lager hat. Andererseits kenne ich auch keinen Berater, der nicht auch einen – meist noch schlechteren – Witz über Manager parat hat.

In jedem High-Tech-Geschäftsbereich machen die Beratungskosten einen erheblichen Teil des Budgets aus, doch aufgrund der bestehenden Feindschaft zwischen Managern und Beratern wird eine Menge Geld sinnlos verschwendet. Der Manager, der sich dieser Feindschaft bewusst ist, kann mehr aus den Beratungskosten herausholen. Aus diesem Grund halte ich viele Vorträge über die Beziehung zwischen Führungskräften und Beratern.

Gleichwohl vermeide ich es, beide Parteien gleichzeitig in meinem Publikum zu haben, da es beinahe zu einem Aufstand kam, als ich dies das erste Mal wagte. Die Anwesenden hatten gerade ein Riesensteak vertilgt, nachdem sie vorher mehrere Cocktails gekippt hatten. Da alle so aussahen, als sehnten sie sich nach einem Verdauungsschläfchen, erzählte ich einen Witz, um sie für den ernsten Teil meines Vortrags aufnahmefähig zu machen:

> An einem lauen Frühlingstag beschlossen Zeke und Luke, zusammen auf Bärenjagd zu gehen. Als sie die Blockhütte erreicht hatten, brach schon die Nacht herein, sodass sie den ersten Abend damit verbrachten, ihre Biervorräte zu vernichten. Am nächsten Morgen kurz vor Sonnenaufgang ging Luke in den Wald, um seine Blase zu erleichtern. Auf seinem Rückweg zur Hütte begegnete ihm ein riesiger Grizzlybär, der auf

der Suche nach Frühstück war. Der Bär setzte zum Angriff an, und Luke versuchte, sich in die Hütte zu retten. Gerade als der Bär Luke am Genick packen wollte, stolperte Luke und fiel hin. Der Bär konnte nicht mehr bremsen und stürmte durch die offene Tür geradewegs in die Hütte. Ohne zu zögern sprang Luke auf, schlug die Tür zu und verriegelte sie. Seinem schlafenden Freund rief er zu: »Dieser hier ist für dich, Zeke, zieh ihm schon mal das Fell über die Ohren, ich such' mir schon mal den nächsten.«

Der Witz kam recht gut an, doch ein ziemlich angesäuselter Manager rief aus: »Luke muss ein Berater sein! Die schaffen immer Riesenprobleme, die wir Manager dann lösen sollen.«

Daraufhin sprang ein verärgerter Berater auf und erwiderte: »Das haben Sie völlig falsch verstanden. Luke muss ein Manager sein. Manager lösen kleinere Probleme gerne selbst, aber wenn sie mit etwas überfordert sind, sperren sie es zusammen mit einem Berater in einen Raum und verschwinden.«

Ab diesem Moment verlor ich die Kontrolle über mein Publikum. Niemand nahm Notiz von mir, als ich das Podium verließ und mir noch eine zweite Portion des wunderbaren Desserts holte. Während ich das bereits geschmolzene Sorbet in mich hineinlöffelte, überlegte ich mir verzweifelt, wie ich diesen Streit beenden und zu mehr Verständnis zwischen Managern und Beratern beitragen könnte.

Vielleicht lag es am Sorbet, dass mir *Sherbys drei Gesetze der Beratung* in den Sinn kamen, von denen mir mein Freund Roger House erzählt hatte. Ich persönlich habe Sherby niemals kennen gelernt, aber ich liebe Gesetze. Insbesondere solche, die völlig absurd klingen und sich daher hervorragend dafür eignen, die Aufmerksamkeit einer außer Rand und Band geratenen Zuhörerschaft zu gewinnen. Ich hüstelte also ins Mikrofon und versuchte, wie Moses höchstpersönlich auszusehen, als ich verkündete: »Wir Berater halten uns an drei eiserne Gesetze. Normalerweise reden wir nicht in der Öffentlichkeit darüber, aber ich denke, in diesem Fall kann ich mal eine Ausnahme machen.«

Nach meiner Ankündigung, Berufsgeheimnisse auszuplaudern, war das Publikum plötzlich ganz Ohr, weshalb ich fortfuhr: »Immer wenn ein Berater einen neuen Auftrag übernimmt, gelten für ihn drei Gesetze.« Während ich sie mit bedeutungsschwerer Stimme nannte, schrieb ich sie gleichzeitig an die Tafel:

Das *erste Gesetz der Beratung* lautet:

Jeder Kunde hat ein Problem, auch wenn er etwas ganz anderes behauptet.

Das *zweite Gesetz der Beratung* lautet:

Jedes Problem hat mit Menschen zu tun, auch wenn es auf den ersten Blick nicht danach aussieht.

Das *dritte Gesetz der Beratung* lautet:

Vergiss nicht, dass du für deine Zeit bezahlt wirst und nicht für die Lösung eines Problems.

Wie ich gehofft hatte, waren meine Zuhörer perplex und desorientiert. Jeder hörte mir wieder aufmerksam zu, sodass ich endlich meinen Vortrag über das Verhältnis zwischen Managern und Beratern halten konnte.

Es gibt immer ein Problem

Es ist für jeden jungen Berater eine verwirrende Erfahrung, von einem Kunden mit den Worten begrüßt zu werden: »Eigentlich haben wir ja gar kein Problem. Zumindest keines, mit dem wir nicht selbst fertig werden könnten.«

Mehr als ein Berufsanfänger begeht daraufhin den Fehler, seinen Auftraggeber zu fragen: »Nun, wenn es kein Problem gibt, warum haben Sie mich dann herbestellt?« Diese Frage scheint zwar bestechend logisch, aber auf Logik kommt es hier wirklich nicht an. Das Schlimmste, was ein Manager tun kann, ist zuzugeben, dass er ein Problem hat, das er alleine nicht bewältigen kann. Ist er tatsächlich auf Hilfe angewiesen, muss er möglichst unauffällig darum bitten, damit ja nicht öffentlich bekannt wird, dass es überhaupt ein Problem gibt.

Das Zehn-Prozent-Versprechen

Ein kranker Mensch kann nur dann geheilt werden, wenn er auch erkennt und zugibt, dass er krank ist. Das erste Gesetz der Beratung besagt, dass er es niemals zugeben wird.

Somit hat jeder Berater ein Riesenproblem. Eine Möglichkeit, damit umzugehen ist, den Klienten in seiner Kompetenz zu bestärken und sich zu erkundigen, ob denn in bestimmten Bereichen Verbesserungsbedarf besteht. Den meisten Menschen fällt es leichter zuzugeben, dass sie etwas besser machen können als zuzugeben, dass sie krank sind. Außer sie sind *wirklich* krank.

Sie dürfen jedoch mit dieser Masche auch nicht übertreiben, nur weil Sie unbedingt den Auftrag ergattern möchten. Wenn Sie zu viele Verbesserungen versprechen, können Sie ihn nämlich wieder vergessen, denn dann müsste Ihr Auftraggeber ja zugeben, dass er ein Problem hat. Die logische Folge des ersten Gesetzes der Beratung ist das Zehn-Prozent-Versprechen:

Versprich nie mehr als eine Verbesserung um zehn Prozent.

Eine Verbesserung um zehn Prozent ist niedrig genug, um problemlos in die psychologische Kategorie »Ich habe kein Problem« eingeordnet zu werden. Alles darüber wäre peinlich für den Auftraggeber.

Die Zehn-Prozent-Lösung

Aus dem ersten Gesetz ergibt sich noch eine weitere Folge:

Solltest du eine Verbesserung um mehr als zehn Prozent erreichen, darf das niemandem auffallen.

Am besten lassen Sie es so aussehen, als wären alle Verbesserungen über zehn Prozent allein der Verdienst Ihres Auftraggebers. Berater, die sich ihre Erfolge auf die eigene Fahne schreiben, ereilt dasselbe Schicksal wie Gäste, die bei Tisch in der Nase bohren: Sie werden nie wieder eingeladen.

Jedes Problem hat mit Menschen zu tun

Viele Manager drücken sich davor, ein Problem zuzugeben, indem sie es als ein technisches Problem verkaufen, für das sie als Manager ja schließlich nicht verantwortlich sind. Außerdem ist es in einem High-Tech-Unternehmen nahezu unmöglich, Experten für alles Mögliche und Unmögliche einzustellen, weshalb man sowieso auf externe Hilfe angewiesen ist.

Bei der Prüfung der Budgets sollten Chefs ihren Managern die Möglichkeit einräumen, Beratungskosten für das Management unter dem Deckmantel der technischen Beratung zu verstecken. Schließlich braucht jeder mal Hilfe von außen, und weshalb sollte man jemanden deswegen in eine peinliche Situation bringen?

Doch auch echte technische Probleme lassen sich in den meisten Fällen auf Handlungen oder Unterlassungen des Managements zurückführen. Ein erfahrener Berater wird der Versuchung widerstehen, dem Management unter die Nase zu reiben, dass alle Techniker schließlich vom Management eingestellt wurden, weshalb es dafür verantwortlich ist, dass diese gute Arbeit leisten. Gleichzeitig muss der Berater natürlich herausfinden, wer das aufgetretene Problem hätte verhindern oder beheben sollen.

Das Marvin'sche Gesetz

Die logische Folge des zweiten Gesetzes der Beratung ist eines der Marvin'schen Gesetze:

Was immer der Klient auch macht, rate ihm zu etwas anderem.

Menschliches Versagen ist meist auf mangelnde Vorstellungskraft oder einen falschen Blickwinkel zurückzuführen. Wer mit einem Problem kämpft, steckt meist darin fest und greift immer wieder auf dieselben Lösungsansätze zurück, die schon vorher nicht weitergeholfen haben. Hätten sie funktioniert, wäre schließlich kein Berater im Haus. Da jeder hart arbeitende Mensch hin und wieder den Überblick verliert, sollte es jedem Chef Sorgen bereiten, wenn seine Manager *niemals* externe Berater zu Rate ziehen. Solche Menschen stecken nämlich so tief in ihren Problem, dass sie gar nicht mehr erkennen, wie schlimm die Lage ist.

Vergiss nicht, dass du für deine Zeit bezahlt wirst und nicht für die Lösung eines Problems

Das dritte Gesetz der Beratung könnte als Aufforderung verstanden werden, seinen Kunden zu melken wie eine Kuh, doch darum geht es nicht. Viele gute Berater haben schon versucht, ihr Honorar an der Qualität ihrer Lösung festzumachen, doch meines Wissens ohne Erfolg. Die Voraussetzung dafür ist nämlich, dass der Kunde nicht nur die Existenz eines Problems zugeben müsste, sondern auch, dass es so schwierig war, dass die hohe Rechnung des Beraters durchaus gerechtfertigt ist.

Das dritte Gesetz soll den Berater lediglich an eine Tatsache erinnern: Hätte sein Klient eine Lösung *gewünscht*, würde er dafür *zahlen*. Im Grunde will jeder Klient seinem Boss sagen können, dass er weiß, dass es ein Problem gibt, und dass er sich bereits darum kümmert, denn immerhin hat er ja schon einen Berater eingeschaltet.

Ist der Berater wieder aus dem Haus, kann der Kunde dann alle Verantwortung von sich weisen und seinem Boss sagen: »Wie konnten Sie von mir erwarten, das Problem selbst zu lösen? Drei Monate lang war diese Beraterin hier und hat Unsummen verlangt, aber auch sie hat es nicht geschafft. Es gibt eben einfach keine Lösung.«

Die Lorbeerenregel

Kurz gesagt kaufen sich Manager keine Lösungen, sondern Alibis, die sie *ihren* Vorgesetzten vorlegen können. Eine logische Folge des dritten Gesetzes der Beratung ist die Lorbeerenregel:

> **Du wirst nie etwas erreichen, wenn du für deine gute Leistungen die Lorbeeren kassieren willst.**

Die Voraussetzung dafür, dass der Berater die Lorbeeren kassiert, ist nämlich, dass der Kunde zugibt, dass der Berater eine Lösung gefunden hat. Das wiederum ist jedoch nur möglich, wenn der Kunde die Existenz eines Problems zugibt, was schlichtweg undenkbar ist. Daher werden nur die Berater ein zweites Mal in dasselbe Unternehmen gerufen, die den Eindruck erwecken, als würden sie nichts zustande bringen.

Die Frage, ob solche Berater je etwas erreichen, bleibt unbeantwortet, denn ganz gleich, zu welcher Antwort man käme, ist der Berater in jedem Fall seinen Job los. Kluge Berater sorgen daher dafür, dass diese Frage gar nicht erst gestellt wird. Dummerweise verfolgen auch unfähige Berater diese Strategie. Das einzige sichtbare Unterscheidungskriterium zwischen guten und schlechten Beratern ist, dass der *Kunde* seine Probleme ganz von selbst löst, wenn ein guter Berater im Hause ist.

Der Traum des einsamen Retters in der Not

Es ist schon ein hartes Los, sich für seine Kunden abzurackern, ohne sich jemals seines Erfolgs rühmen zu können, zumal unser unerfülltes Bedürfnis nach Anerkennung einen schlechten Einfluss auf unsere beruflichen Leistungen haben kann. Eine mir bekannte Beraterin reagierte auf Sherbys Gesetze der Beratung und deren Folgesätze mit dem Einwand: »Diese Gesetze gelten in der Computerbranche nicht, denn hier zahlen die meisten Kunden tatsächlich für eine Lösung. Außerdem ist es unter den Managern so etwas wie Ehrensache zuzugeben, dass sie keine Ahnung von Computern haben.« Aus dem Bedürfnis heraus, einen Erfolg für sich verbuchen zu können, entgeht dieser Beraterin möglicherweise eine weitere Beratungsmöglichkeit: Bei der Zusammenarbeit mit diesen Führungskräften hätte sie eine Situation schaffen können, in der die Manager sich ihrer Verantwortung stellen, eine technische Abteilung gegründet zu haben, die nicht in der Lage ist, ihre eigenen Probleme zu lösen.

Im Gegensatz dazu schrieb mir eine andere Beraterin: »Ich schlage Lehrkräften immer verschiedene Alternativlösungen für Schülerprobleme vor. Wenn das Problem dann gelöst wurde, lobe ich den betreffenden Lehrer vor allen anderen dafür, dass er dem Kind weitergeholfen hat. Außerdem vermittle ich den Lehrkräften bestimmte Techniken, damit sie mich für ein und dasselbe Problem nicht ein zweites Mal anfordern müssen. Andererseits habe auch ich das Bedürfnis nach Anerkennung, weshalb ich mir das Bild des einsamen Retters in der Not ausgedacht habe. Sobald mein Job beendet ist, stelle ich mir vor, wie ich in den Sonnenuntergang davon reite, während sich die Lehrer kopfschüttelnd fragen, wer diese Frau mit der Maske wohl war.«

Ich selbst helfe mir auch mit solchen Fantasien weiter, ebenso wie viele meiner Kollegen, die die alten Serien über Zorro & Co. noch kennen. Jüngere Kollegen, die mit Zorro und in den Sonnenuntergang reitenden Cowboys weniger vertraut sind, können sich mit folgender Vorstellung trösten:

Brechen deine Kunden nicht in Begeisterung über deine heldenhaften Taten aus, stell dir vor, dass sie vor Glück einfach sprachlos sind – aber vergiss nicht, dass das deine Fantasievorstellung ist und nicht ihre.

Das vierte Gesetz der Beratung

Insbesondere bei der Unternehmensberatung entlarven Sherbys Gesetze den Konkurrenzkampf zwischen Managern und Beratern. Beide werden bezahlt für ihre Fähigkeit, Probleme zu lösen. Für beide gilt gleichermaßen, dass ein Hilfeschrei das Eingeständnis ihrer eigenen Inkompetenz ist. Nur die besten Manager und Berater haben die Größe zuzugeben, dass sie nicht alles alleine schaffen. Übrigens stellen sich auch Manager manchmal gerne sich selbst als Retter in der Not vor.

Der Widerspruch gilt im Übrigen für alle, die sich an einen Berater wenden. Tatsächlich könnte man einen Berater als jemanden definieren, der bei der Lösung von Problemen hilft, die man eigentlich selbst lösen können müsste. Einen Berater beauftragen wird daher generell als Eingeständnis des persönlichen Versagens betrachtet. Versagt der Berater bei der Lösung eines Problems, könnte demzufolge das als Erfolg für den Kunden ausgelegt werden – nur dass es ja der Kunde war, der den Berater engagiert hat, weshalb dessen Scheitern letztendlich doch wieder auf den Auftraggeber zurückfällt.

Mitarbeiter, die nicht an der Beauftragung des Beraters beteiligt waren, kennen diese Art von Zwickmühle nicht und ergötzen sich üblicherweise ganz unbelastet daran, wenn der Berater scheitert und ihr Problem nicht lösen kann. Das bringt mich zum letzten Gesetz, um das ich Sherbys Gesetzessammlung noch ergänzen möchte:

Löse niemals Probleme von Menschen, die dich nicht beauftragt haben.

Das vierte Gesetz der Beratung soll den Berater daran erinnern, dass Beratung die hohe Kunst der Beeinflussung von Menschen ist, die *darum gebeten haben*. Die häufigste Berufskrankheit unter Beratern ist, ihren Mitmenschen ungebeten ihre Hilfe anzubieten. Das führt erstens zu chronischer Ebbe auf dem Bankkonto und zweitens funktioniert es nicht. Ganz im Gegenteil, dieser Schuss geht meistens nach hinten los.

DAS GESETZ DER HIMBEERMARMELADE

Ich habe gelernt, das vierte Gesetz der Beratung zu achten, da ich schon seit meiner Kindheit zwei Ziele verfolgte: anderen Menschen helfen und dabei reich werden. Mein ganzes Leben war ein einziger Kampf zwischen diesen zwei Extremen, die sich gegenseitig ausschließen.

Einer meiner ersten Jobs war der eines Geschirrspülers – eine gute Möglichkeit, aus einer schmutzigen eine saubere Welt zu machen. Ich war gerne Geschirrspüler. Obwohl die Bezahlung mehr schlecht als recht war, war es immer ein höchst befriedigendes Erfolgserlebnis, den Kampf gegen klebrige Himbeermarmelade am Ende zu gewinnen. Alle späteren Versuche, die Welt als Berater, Ausbilder, Dozent und Autor zu verbessern, waren leider nicht vom selben Erfolg gekrönt. Ich scheiterte immer wieder am unerbittlichen Gesetz der Himbeermarmelade.

Beim Geschirrspülen entsteht eine enge und befriedigende Beziehung zwischen mir und dem Objekt meiner Betätigung. Die Arbeit meiner Hände spiegelt sich sofort in einer blitzblanken Gabel, einer kaputten Untertasse, einem strahlenden Glas wider. Entdeckt mein Sohn am Henkel einer Kaffeetasse verkrustete Erdnussbutter, ist das meine Schuld. Kann meine Schwiegermutter ihr Spiegelbild in einer Pfanne bewundernd, ist das mein Verdienst. Auch wenn ich zugegebenermaßen unter Rückschlägen leide, gelingt es mir doch, aus Fehlern zu lernen und immer mehr und größere Erfolge zu feiern, und das ist im Wesentlichen, was einen Job befriedigend macht.

Als *Berater* für das Geschirrspülen geht mir diese unmittelbare Befriedigung aus meiner Arbeit verloren. Wenn mein Kunde ein Problem mit verkrusteter Erdnussbutter hat, kann ich ihm gute Ratschläge geben oder sogar spültechnische Verbesserungen vorschlagen, doch ob mein Kunde die Ratschläge umsetzt, liegt nicht in meiner Hand.

Als Ausgleich für den Verlust des unmittelbaren Erfolgserlebnisses beim Geschirrspülen gewinnt der Berater an Einfluss in dieser Welt des Drecks, der Krusten und des Schmutzes. In der Zeit, die ich für das Spülen von hundert Kaffeetassen brauche, kann ich locker zwei Leuten erklären, wie sie diese Arbeit in meiner Abwesenheit erledigen können. Was mir an Qualität verloren geht, wird durch Quantität wieder wettgemacht.

Als *Ausbilder* von Geschirrspülern sieht das Verhältnis zwischen Qualitätsminderung und Quantitätssteigerung noch anders aus, denn eine Ausbildung ist gewissermaßen die billigere Variante der Beratung. Anstatt einem einzigen Kunden meine ungeteilte Aufmerksamkeit zu widmen, halte ich einen Geschirrspül-Workshop mit fünfzehn bis zwanzig Teilnehmern ab. Der einzelne Teilnehmer hat dann zwar weniger davon, aber der Workshop wird billiger, und die Nachfrage an meinen Diensten steigt. Sicherlich wird die eine oder andere wichtige Botschaft nicht bei allen Teilnehmern ankommen, was noch schmutzigeres Geschirr als zuvor zur Folge haben kann. Aber ist es die Sache nicht trotzdem wert?

Als *Dozent* über die hohe Kunst des Geschirrspülens kann ich meine Ratschläge sogar noch größeren Massen verkünden: Hunderten von Zuhörern auf einmal. Ja, sicher, ein paar Zuhörer werden während meines Vortrags mit offenen Augen schlafen, und es werden auch immer einige dabei sein, die mich missverstehen und in Zukunft die Erdnussbutter besonders lange eintrocknen lassen, anstatt sie besonders schnell abzuwischen. Doch was sind schon ein paar einzelne Zuhörer im Vergleich zur großen Mehrheit, die von meinem Vortrag profitiert?

Doch es geht noch besser. Durch das Wunder des Buchdrucks könnte ich mehrere Hunderttausend Leser mit meinem erstklassigen Rat beglücken. Wird mein Buch über das Geschirrspülen ein Bestseller, erreichen meine Worte Millionen. Und ich verdiene Millionen!

Wo wir gerade vom Geld sprechen. In den USA verdient eine Spülkraft etwa 9.000 Dollar im Jahr. Ein Berater hingegen um die 30.000, ein Ausbilder 50.000, ein Dozent 80.000 und ein Autor (der allerdings besser sein muss als ich!) immerhin 150.000 Dollar. Je größer also das Publikum, umso höher der Verdienst.

Daraus lässt sich schließen, dass aus einem Tellerwäscher niemals ein Millionär wird, mag der Job auch noch so befriedigend sein. Unbestritten verdienen Berater nicht schlecht, aber auch sie können es sich nicht leisten, schon in jungen Jahren in den Ruhestand zu gehen, wie das manchen Dozenten und Autoren durchaus möglich ist. Und was lernen wir daraus? Hände raus aus dem Spülbecken und ran an die Tastatur! Nur so haben Sie eine echte Chance, stinkreich zu werden und noch dazu einen erheblichen Einfluss auf die Sauberkeit und Gesundheit der Menschheit auszuüben!

Zumindest könnte es so laufen, wenn …, ja wenn da nicht dieses blöde Gesetz der Himbeermarmelade wäre. Was besagt denn dieses Gesetz, das so unerbittlich zwischen mir und den Reichtümern dieser Welt steht? Nehmen Sie ein Glas Himbeermarmelade und ein paar Scheiben Brot. Innerhalb kürzester Zeit werden Sie Folgendes feststellen:

Je mehr man sie verteilt, umso dünner wird die Schicht.

Zum großen Pech aller, die hinausziehen, um die Welt zu ändern und dabei reich zu werden, stellt sich immer wieder heraus, dass das Gesetz der Himbeermarmelade ein ebenso unumstößliches Naturgesetz wie das erste Gesetz der Thermodynamik. Ein Perpetuum mobile zu konstruieren ist in etwa so einfach wie die Marmelade zugleich dicker und weiträumiger auf der Brotscheibe zu verteilen. Anders ausgedrückt, besagt dieses Gesetz:

Entweder Einfluss oder Überfluss; beides gleichzeitig geht nicht.

Jeder Möchtegern-Helfer muss sich dem Gesetz der Himbeermarmelade beugen. Schreien Sie Ihre Botschaft durch ein Megafon oder sprechen Sie gesittet durch ein Mikrofon. Lehren Sie eine Disziplin oder gründen Sie eine Sekte. Unterrichten Sie Schüler oder bauen Sie eine Universität. Egal, was Sie tun, Ihre Botschaft wird dadurch auch nicht gewichtiger.

DAS WEINBERG'SCHE ZWILLINGSGESETZ

Eines meiner Experimente mit dem Gesetz der Himbeermarmelade bestand darin, das Buch *The Psychology of Computer Programming* zu schreiben. Ganz dem Gesetz entsprechend verdiente ich ziemlich gut damit, gewann dadurch aber kaum an Einfluss. Auch Jahre später verkauft sich das Buch immer noch gut, was bedeutet, dass die Probleme, die ich darin beschrieb, immer noch aktuell sind. Ich will ja wirklich nicht undankbar erscheinen, aber ich bereue den Titel dieses Buches inzwischen sehr, denn seit es erschienen ist, beschuldigen mich meine Klienten, ein Seelenklempner zu sein. Es stimmt zwar, dass viele Psychologen Berater sind und umgekehrt, aber diese Kombination ist keine Voraussetzung, um den einen oder anderen Beruf auszuüben. Daher möchte ich jetzt eines klarstellen: Ich bin und war auch noch nie Psychologe. Wenn Sie unter Depressionen leiden, kann ich Ihnen nicht weiterhelfen. Wenn Sie sich im Supermarkt nicht beherrschen können und alles Mögliche unter Ihre Jacke schieben, sollten Sie woanders um professionelle Hilfe bitten.

Ich bin weder niedergelassener Psychiater noch habe ich einen Abschluss in Psychologie. Die psychologischen Beweggründe menschlichen Verhaltens sind für mich ein Buch mit sieben Siegeln und werden es immer bleiben. Und während meiner Studienzeit habe ich sämtliche Kurse über Psychologie tunlichst vermieden und ließ mich nicht einmal in der Nähe eines Psychologieprofessors blicken.

Bis vor kurzem war ich der Überzeugung, dass Psychologie eine Wissenschaft ist, die zur einen Hälfte auf Irrtümern und zur anderen Hälfte auf Schein beruht. Des Weiteren hatte ich immer den Verdacht, dass auch Psychologen diese beiden Hälften miteinander verwechselten. Doch mit zunehmendem Alter und Reife lernte ich die Arbeit einiger weniger Psychologen zu schätzen, besonders derjenigen, die sich verständlich ausdrücken konnten.

Das mir fälschlicherweise angeklebte Etikett »Psychologe« half mir, die Misere von Psychologen verstehen zu lernen. Kein Mensch käme je auf den Gedanken, einen Nuklearphysiker mit seiner Theorie über diese komischen Quarks zu nerven. Aber jeder Trottel, Barkeeper oder Taxifahrer hält sich für einen Experten für menschliches Verhalten, ohne jemals einen Abschluss darin gemacht, eine Schulung besucht oder ein Buch darüber gelesen zu haben.

Es ist einfach Pech für alle Diplompsychologen, dass das menschliche Verhalten *meistens* so kinderleicht vorauszusagen ist. Von den Meteorologen haben wir gelernt, dass man in zwei von drei Fällen richtig liegt, wenn man behauptet, morgen wäre dasselbe Wetter wie heute. Deshalb hält sich eigentlich jeder für einen Wetterexperten – mit einer Treffgenauigkeit von immerhin 66 Prozent. Kein Wunder, dass es so viele Psychologen gibt, denn mithilfe nur eines einzigen Gesetzes, des Weinberg'schen Zwillingsgesetzes, lässt sich menschliches Verhalten mit einer Genauigkeit von 99 Prozent vorhersagen.

Falls Sie Psychologie studiert haben und dieses Gesetz nicht kennen, sollte Sie das nicht weiter beunruhigen. Kein Professor wird es jemals erwähnen, denn wer rückt schon freiwillig mit Berufsgeheimnissen heraus. Oder würden Sie etwa Psychologie studieren, wenn Sie wüssten, dass dort nur ein Prozent des vorhandenen Wissens besprochen wird und Sie die anderen 99 Prozent völlig mühelos in nur einer einzigen Minute lernen können?

Wie die meisten großartigen Gesetze entstand auch das Zwillingsgesetz aus einer völlig harmlosen Begebenheit. Meine Frau Dani und ich saßen an einem kalten Wintertag mitten in der Stoßzeit im Linienbus Richtung Broadway, als eine erschöpft wirkende, hübsche junge Frau mit acht Kindern im Schlepptau den Bus bestieg. »Was kostet das?«, fragte sie den Busfahrer.

»35 Cent für Erwachsene und Kinder unter fünf Jahren kosten nichts.«

»Okay«, meinte sie und klemmte sich das kleinste Kind unter den Arm, um ihren Geldbeutel aus der Tasche zu ziehen. Sie legte dem Busfahrer zwei Münzen hin und wollte sich mit ihrer Mannschaft in Bewegung setzen.

»Moment mal, junge Frau«, schrie da der Busfahrer im typischen Befehlston

New Yorker Busfahrer. »Sie wollen mir doch nicht weismachen, dass alle acht Kinder unter fünf sind?«

»Und ob sie das sind«, lautete ihre unwirsche Antwort. »Diese beiden sind vier, die zwei Mädchen sind drei, die zwei hier sind zwei und die Kleinen sind erst ein Jahr alt.«

Der Busfahrer war bass erstaunt und fragte in versöhnlichem Ton: »Donnerwetter, junge Frau, kriegen Sie denn *jedes Mal* Zwillinge?«

»Du lieber Himmel, nein, meistens kriegen wir gar kein Kind.«

Wahnsinn! Dani sah mich an. Ich sah Dani an. Wie alle anderen Passagiere amüsierte uns diese Unterhaltung, doch meine Frau und ich hatten gerade eine Erleuchtung größeren Ausmaßes gehabt.

Wir hatten gerade einen ziemlich frustrierenden Beratungsauftrag hinter uns, bei dem sich nichts bewegt hatte, egal, was wir auch unternommen hatten. Der Grund dafür war uns völlig schleierhaft, doch als wir uns dieses arme Pärchen bei dem vorstellten, was arme Pärchen eben tun, und daran dachten, dass daraus *meistens keine* Kinder, geschweige denn Zwillinge, entstehen, durchfuhr uns die Erkenntnis wie ein Blitz:

Fast immer und fast überall gilt: Wie sehr man sich auch anstrengt, es ändert sich nichts Wesentliches.

Machen Sie die Probe aufs Exempel. Schauen Sie sich um und schließen Sie die Augen. Wenn Sie die Augen wieder öffnen, werden Sie fast immer so ziemlich dasselbe sehen wie vorher. In anderen Worten lautet die Regel also, dass für fast jede Situation die Vorhersage getroffen werden kann, dass sie im *nächsten* Moment genau dieselbe ist wie einen Augenblick *zuvor*.

Hochstimmung ergriff uns. Weshalb auch nicht. Wir waren zufällig auf eine Gesetzmäßigkeit gestoßen, die gleichermaßen für Planeten und Polymere, Porzellan und Pfingstrosen, Parlamente und Pyjamas gilt. Aber vor allem für Personen!

Aus den unterschiedlichsten Gründen ließen wir diese großartige Erkenntnis erst mal auf sich beruhen. Was immer wir auch getan hätten, wäre ja sowieso ein Verstoß gegen das Weinberg'sche Gesetz gewesen. Natürlich hatten wir viele gute *Gründe*, nichts zu tun, aber Gründe bestehen aus *Worten*. Und das Gesetz sagte nichts über Worte, sondern über Ereignisse aus. Worte sind leicht zu verändern, aber sie bewirken in der Regel nicht viel.

Und warum machte uns die Entdeckung dieses Gesetzes nicht berühmt? Angeblich kennt dieses Gesetz jeder, obwohl uns bisher niemand eine respektable Referenzquelle nennen konnte. Aber na ja, angeblich ist ja auch jeder ein Experte in Psychologie.

Vielleicht liegt das Problem darin, dass die meisten Menschen zu viel von einem

Gesetz *erwarten*, besonders, wenn es sich um ein *psychologisches* Gesetz handelt. Das Gesetz soll ihnen sagen, wie sie sich ändern können oder, noch besser, wie sie andere Menschen ändern können. Das Weinberg'sche Gesetz ist in dieser Hinsicht eine große Enttäuschung, denn es besagt ja, dass alle Anstrengungen in den meisten Fällen vergebliche Liebesmüh sind, auch wenn sie nur sich selbst ändern wollten.[1]

RUDYS RÜBENREGEL

Ich bin kein überzeugter Pessimist. Ich gebe zu, dass es ab und zu gelingt, ein Problem zu lösen. Manchmal schaffe sogar ich das. Zum Beispiel letzte Nacht, als ich nicht schlafen konnte, weil der Wasserhahn ständig tropfte. Ich stand auf, versuchte, ihn fester zuzudrehen und stellte fest, dass die Dichtung kaputt war. Ich holte mitten in der Nacht Werkzeug und eine Ersatzdichtung aus dem Keller und schaffte es tatsächlich, das Problem zu beheben. Ich war ziemlich stolz auf mich.

Menschen, die sich für den Beruf eines Beraters entscheiden, haben wahrscheinlich früher einige Male die Erfahrung gemacht, dass sich manche Probleme tatsächlich lösen lassen. Derartige Erfolgserlebnisse veranlassen sie dazu, es wieder und wieder zu versuchen, und wer einmal einige Erfolge hintereinander hatte, wird süchtig danach. Mein erster Job bestand darin, Zeitungen auszuteilen. Kurz darauf kletterte ich auf der Karriereleiter eine Sprosse weiter und arbeitete in einer kleinen Eisdiele mit gerade mal vier Stühlen. Tausende von Eiskugeln später durfte ich in einer Eisdiele mit sechs, und noch später in einer mit schon zwölf Stühlen arbeiten. Auf allen Stationen wurde ich mit kleineren Problemchen konfrontiert, die ich mühelos lösen konnte.

Meinen großen Durchbruch hatte ich im zarten Alter von dreizehn, als ich in einem großen Kaufmarkt als Springer für das Auffüllen von Regalen eingestellt wurde. Als Springer wurde ich in allen Abteilungen eingesetzt und lernte so ziemlich alles über den Lebensmittelhandel. Innerhalb weniger Wochen wusste ich, was in jeder Abteilung Sache ist. Ich sah mich nach Problemen um, die ich lösen wollte.

Mir fielen bestimmte Muster auf. So bemerkte ich, dass diverse Konserven, die unentschlossene Kunden kurz vor der Kassen dann doch nicht haben wollten, gerne

[1] Dani und ich haben zu guter Letzt ein ganzes Buch über das Weinbergsche Gesetz geschrieben. Es heißt *On the Design of Stable Systems*, und wenn Sie eine Ausgabe erstehen möchten, ist die Freude beim Verleger bestimmt riesengroß. Und wir freuen uns über die Tantiemen. Dieses Buch ist etwas schwerer als das vorliegende, sowohl was den Inhalt als auch was das Gewicht anbelangt. Es könnte Ihnen zwar durchaus gefallen, aber wenn Sie glauben, Sie könnten anschließend die Welt verändern, täuschen Sie sich. Lang lebe das Gesetz der Himbeermarmelade!

hinter dem Zigarettenständer versteckt wurden. Oder dass die Kunden Milchprodukte immer von hinten aus dem Regal nahmen, obwohl ich die Sachen, die sich dem Verfallsdatum bedenklich näherten, immer ganz vorne hinstellte.

Am meisten fielen mir jedoch die Rüben auf. Ich habe sie nicht nur bemerkt, sondern mit jeder einzelnen persönlich Bekanntschaft geschlossen. Mir wurde klar, dass jede Rübe ihre eigene, unverwechselbare Persönlichkeit hat, und Woche für Woche schienen mich dieselben Rüben anzulächeln. Offensichtlich *kaufte* niemand Rüben. Rüben waren eine Dekoration und erfreuten alle Kunden mit ihrem bezaubernden Lächeln.

Eines Morgens stand ich mit Rudy, dem Leiter der Obst- und Gemüseabteilung, vor dem Obst und Gemüse. Wir überlegten, wie wir den äußerst begrenzten Platz am besten nutzen konnten. Rudy schlug sich schon seit längerer Zeit mit diesem Problem herum, ihm war jedoch noch keine sinnvolle Lösung eingefallen. Er fragte mich nach Ideen – und schon war ich zum Berater geworden!

»Mir ist aufgefallen«, sagte ich, »dass die Rüben nicht gerade besonders beliebt sind. Und das ist eigentlich noch untertrieben. Kein Mensch kauft Rüben. Wäre es ein großer Verlust, die Rüben ganz aus dem Angebot zu nehmen und den Platz stattdessen für anderes Gemüse zu nutzen?«

Rudy sah mich schräg von der Seite an. Anscheinend war ich, ein niederer Springer, zu weit gegangen, in dem ich mir anmaß, ihm mit seinem Problem weiterhelfen zu wollen. Aber schließlich hatte *er* mich um Hilfe gebeten. Zu meiner Überraschung lächelte er ganz plötzlich und griff nach einer leeren Bananenkiste. Er füllte sie mit Rüben und meinte: »Gute Idee, mein Junge.«

Ich strahlte und war stolz auf meine Fähigkeiten als Berater. Zum ersten Mal in meinem Leben hatte mir ein Erwachsener zugehört und meinen Rat befolgt. Rudy betrachtete den freien Platz, den die entschwundenen Rüben hinterlassen hatten, blickte mich an, dann das ganze Obst und Gemüse, das noch ausgepackt und einsortiert werden musste, und dann wieder mich. Nach einer langen Pause meinte er: »Nun, mein Junge, die Idee ist klasse. Was ist *jetzt* das am wenigsten beliebte Gemüse?«

Was kommt nach den Rüben?

Noch nach Tausenden von Beratungsjobs klingt mir noch immer Rudys raue Stimme im Ohr, als er mir diese Gretchenfrage stellte. Mein fantastischer Vorschlag hatte einen Haken. Für jedes größte Problem, das ich löse, rutscht das zweitgrößte nach!

Als ich noch Kurse abhielt, gab es immer einen Kursteilnehmer, der sich als echte Nervensäge entpuppte, und damit zu meinem größten Problem wurde. Immer wenn ich denjenigen überzeugen konnte, meinen Kurs zu verlassen, dachte ich für einen Moment: »Jetzt ist alles in Butter.«

Doch noch bevor ich diesen Gedanken zu Ende gedacht hatte, machte mir ein anderer Kursteilnehmer Ärger. Aus der zweitschlimmsten Nervensäge wurde die Nummer eins der Nervensägen. Doch ab und zu erinnere ich mich an die Rübenregel. So zum Beispiel letzte Nacht, als ich den Wasserhahn reparierte.

Mit dem beruhigenden Gedanken, dass der Wasserhahn mich nun nicht mehr vom Schlafen abhalten konnte, kroch ich zurück in mein Bett. Einige Minuten herrschte auch göttliche Stille. Dann hörte ich, wie ein abgebrochener Draht der Fernsehantenne vom Wind gegen das Fenster geschlagen wurde. Angespornt durch mein Erfolgserlebnis mit dem Wasserhahn hätte ich natürlich beschließen können, in der Eiseskälte nach draußen zu gehen, mit einer Leiter auf das Dach zu klettern und die Antenne zu richten. Doch Rudys Stimme warnte mich davor, dass die Behebung dieses Problems nur wieder ein weiteres offenbaren würde. Dieser verfluchte Draht schlug die ganze Nacht gegen das Fenster, und an Schlaf war nicht zu denken. Aber ich bin wenigstens auch nicht von der Leiter gefallen.

Es gibt keine Möglichkeit, Rudys Rübenregel zu entkommen:

Sobald du dein größtes Problem beseitigt hast, wird das zweitgrößte an erste Stelle befördert.

Als Berater identifiziere ich mich oft genug so sehr mit den Problemen meiner Klienten, dass ich anfange zu glauben, ich könnte sie ein für alle Mal aus der Welt zu schaffen. Doch nach Rudys Rübenregel ist das ein müßiges Unterfangen, denn es gibt *immer* ein weiteres Problem.

DIE HARTEN GESETZE DER BERATUNG

Zu Anfang dieses Kapitels habe ich Sie ja schon davor gewarnt, dass ich mir alle Mühe geben würde, Sie von Ihrem Entschluss, ein Berater zu werden, abzubringen. Ich habe Ihnen zuerst Sherbys Gesetz unter die Nase gerieben, das besagt, dass im Grunde niemand Ihre Hilfe will, und selbst wenn es so scheint, als bitte Sie jemand darum, ist das nur ein fauler Trick.

Anschließend habe ich Ihnen das Gesetz der Himbeermarmelade erläutert. Danach ist es ein Unding, etwas Sinnvolles bewirken zu wollen und dabei gleichzeitig gut zu verdienen. Doch vielleicht hat Sie das nur gelangweilt, bis Sie das Zwillingsgesetz kennen gelernt haben, demzufolge Sie weder das eine noch das andere schaffen können.

Damit nicht genug. Für den unwahrscheinlichen Fall, dass Sie tatsächlich etwas erreichen, beweist Ihnen Rudys Rübenregel, dass grundsätzlich für jedes gelöste Problem ein neues auftaucht und die Kette der Probleme quasi endlos ist.

Als Sie dieses Buch aufschlugen, haben Sie mich gewissermaßen zu Ihrem Berater gemacht. Sie kennen nun meine Geheimnisse, eine bessere Arbeit kann ich als Berater nicht leisten. Eigentlich sollten Sie dieses Buch jetzt weglegen und Ihre unrealistischen Träume ad acta legen. Doch dem Gesetz der Himbeermarmelade zufolge haben Sie nichts daraus gelernt.

Wenn Sie Berater werden möchten und dieses Buch noch immer nicht zur Seite legen, ist das eigentlich ein gutes Zeichen: Sie geben nicht zu schnell auf. Deshalb werde ich Sie jetzt als Belohnung in die wahren Geheimnisse der Beratung einweihen: das harte Gesetz der Beratung, das noch härtere Gesetz der Beratung und das härteste Gesetz der Beratung.

Das harte Gesetz der Beratung

Wir wissen ja nun, wie schwer es ist, etwas zu verändern. Für Sie als Berater bedeutet das, dass die meisten Ihrer Vorschläge nichts bewirken. Falls Sie diese Aussicht deprimiert, sollten Sie sich vom Beratungsgeschäft fern halten. Anderenfalls müssen Sie lernen, mit Misserfolgen fertig zu werden.

Und genau das bezeichne ich als das harte Gesetz der Beratung.

> **Wer mit Misserfolg nicht fertig wird, kann niemals Erfolg als Berater haben.**

Klingt ziemlich hart, nicht wahr? Ich kann es aber auch umgekehrt formulieren, um Ihnen wenigstens ein Fünkchen Hoffnung zu machen:

> **Da es einige erfolgreiche Berater gibt, muss es möglich sein, mit Misserfolgen fertig zu werden.**

Was gibt erfolgreichen Beratern die Kraft, trotz Misserfolgen nicht aufzugeben?

Das härtere Gesetz der Beratung

Warum gibt es immer noch ein Problem? Ich glaube, die Menschen brauchen Probleme, um die sie sich kümmern müssen – und wir Berater brauchen sie am nötigsten. Probleme zu lösen heißt für uns zu leben. Ich brauche Probleme so dringend, dass ich welche erfinden würde, wenn es plötzlich keine mehr gäbe. Keine Frage!

Rudy hätte das härtere Gesetz der Beratung natürlich besser ausgedrückt:

Sobald du dein größtes Problem beseitigt hast, beförderst DU das zweitgrößte an erste Stelle.

Die Fähigkeit, ein Problem in einer x-beliebigen Situation zu erkennen, ist das höchste Gut eines Beraters und gleichzeitig eine typische Berufskrankheit. Ein Berater muss Probleme verabscheuen, aber wenn er nicht mit ihnen leben kann, bringt der Job ihn um.

Das soll aber nicht heißen, dass Sie jegliche *Versuche*, ein Problem zu lösen, völlig aufgeben sollten. Ganz und gar nicht. Es heißt, dass Sie sich von dem Gedanken verabschieden müssen, irgendwann einmal alle Probleme *gelöst* zu haben. Sobald Sie diese irrwitzige Vorstellung bleiben lassen, können Sie sich wenigstens ab und zu entspannen und die Probleme sich selbst überlassen.

Menschen, die ihre Probleme lösen können, leben besser. Menschen, die ihre Probleme auch mal ignorieren können, leben am besten. Wenn Sie diese beiden Fähigkeiten nicht beherrschen, sind Sie in der Beratungsbranche fehl am Platz.

Das härteste Gesetz der Beratung

Mein Fell ist offensichtlich dick genug, um Misserfolge einstecken und Probleme ignorieren zu können. Anderenfalls hätte ich meinen Beruf schon längst an den Nagel gehängt und würde mit Sicherheit kein Buch darüber schreiben, wie man anderen am besten hilft.

Jetzt möchte ich Ihnen noch mein größtes Geheimnis verraten. Ich schreibe dieses Buch nicht für Sie, sondern für *mich*. Auch meinen Beruf übe ich hauptsächlich aus eigennützigen Gründen aus, denn jedes Mal, wenn ich versuche, anderen zu helfen, hilft es letztendlich mir mehr als meinen Klienten.

In meinem Büro hängt ein Sinnspruch, der diese Philosophie bestens auf den Punkt bringt:

Wer die Welt verändern will, fängt am besten bei sich selbst an.

Das mag selbstsüchtig oder paradox klingen, ist es aber nicht. Ich kann meinen Klienten nicht wirklich helfen, wenn ich meine eigenen Probleme mit in den Beratungsauftrag bringe, denn dann entsteht eine unübersichtliche Verflechtung aus ihren und meinen Problemen. Daher kehre ich erst mal gründlich vor meiner eigenen Haustür, bevor ich mich den Problemen anderer zuwende.

Dummerweise habe ich folgende Erfahrung gemacht:

Es ist viel schwerer, sich selbst zu helfen als anderen.

Das ist das härteste Gesetz der Beratung, und im Prinzip geht es in diesem Buch ausschließlich darum.

2 Der alltägliche Wahn

Mittlerweile dürfte Ihnen aufgefallen sein, dass viele Gesetze der Beratung irgendwie paradox, verzwickt und widersprüchlich sind, aber auch eines gewissen Humors nicht entbehren. Vielleicht wundert Sie das ein bisschen. Vielleicht dachten Sie, dass insbesondere Berater logisch denkende, zielstrebige, vor allem aber ernsthafte Menschen sind. Nichts liegt der Realität ferner.

Erstens sind Veränderungen das Hauptmetier von Beratern. Die meisten Menschen – oder besser Gruppen von Menschen – handeln die meiste Zeit nach logischen Gesichtspunkten. Das bedeutet, dass sie in der Regel ohne Berater auskommen. Die Notwendigkeit, einen Berater ins Spiel zu bringen entsteht erst, *wenn sie mit Logik nicht mehr weiterkommen.* Normalerweise ist das der Fall, wenn sie in einer Zwickmühle oder einem Widerspruch feststecken. Anders ausgedrückt, wenn nichts mehr geht.

WESHALB PARADOX?

»Nichts geht mehr« erinnert mich an einen »technischen« Beratungsauftrag, als bei einem Computer im wahrsten Sinn des Wortes nichts mehr ging. Aus unerfindlichen Gründen startete der Rechner zwar das Lohnprogramm und bearbeitete auch die Daten des ersten Mitarbeiters, doch anschließend geschah nichts mehr. Dieses Nichts wurde allerdings mit einer Geschwindigkeit von zehn Millionen Mal pro Sekunde verarbeitet. Die Programmierer zählten mir viele logische Gründe auf, weshalb genau das eigentlich überhaupt nicht passieren dürfte, doch es ließ sich nicht leugnen, *dass* es passierte. Und wenn die Gehalts- und Lohnabrechnung nicht in wenigen Stunden abgeschlossen sei, so meinten sie verzweifelt, wäre die Hölle los.

Ich wandte Sherbys zweites Gesetz der Beratung an und kam zu dem Schluss, dass hier der Faktor Mensch als Problemursache im Spiel sein müsse. Unübersehbar war, dass die Programmierer zu sehr in Panik waren, um noch klar denken zu können. Sämtliche logischen Fehlerbeseitigungsmaßnahmen waren gescheitert, weshalb ich beschloss, es einmal mit einer unlogischen Maßnahme zu probieren. Ich erzeugte einen Datensatz für einen fiktiven Mitarbeiter namens Achim Abel, der keine einzige Sekunde in der Firma gearbeitet und demzufolge auch kein Geld verdient hatte. Ich setzte seinen Datensatz vor alle anderen und startete das Programm neu. Logisch, dass sein Datensatz nicht bearbeitet werden konnte, aber – sieh an – alle weiteren Datensätze wurden ordnungsgemäß bearbeitet.

Wenn mit Logik alle Probleme gelöst werden könnten, wären Berater völlig überflüssig. Deshalb müssen sich Berater immer mit Widersprüchen auseinandersetzen. Daher mein Rat für alle Berater:

Probier's mal mit Vernunft und nicht mit Logik.

Manche Berater haben Schwierigkeiten, diesen Rat anzunehmen. Es ist ihnen ein innerstes Bedürfnis zu erfahren, welche Logik sich hinter Achim Abel verbirgt. Ich hatte damals keinerlei *logische* Gründe, es mit einem fiktiven Datensatz zu probieren, aber ich wusste genau, weshalb der Trick *vernünftig* war. Er war vernünftig, weil die Programmierer aufgrund ihrer Massenhysterie nicht mehr klar denken konnten. Deshalb konnte jede Maßnahme meinerseits die Situation nur verbessern. Die Idee mit Achim Abel war einfach die erste, die mir durch den Kopf schoss. Hätte sie nicht funktioniert, hätte ich einfach etwas anderes ausprobiert.

Viele Computerberater mögen es nun befremdlich finden, dass ich zu keinen weiteren Erklärungen über Achim Abel bereit bin, doch ich möchte, dass sie sich langsam an paradoxe Situationen gewöhnen. Wie alle anderen Leser auch werden sie in den folgenden Kapiteln noch viele merkwürdige Dinge lesen, von denen nicht alle erklärt werden können oder sollen.

Mag sein, dass so mancher Leser umso energischer auf logische Erklärungen pocht, je weniger ich Widersinniges mit Logik erkläre. Das hieße aber nur, dass sie lieber Recht haben als etwas bewirken wollen.

Logisch denkende Berater kommen leicht ins Straucheln, wenn sich ihre Klienten unvernünftig oder unlogisch benehmen, weil

... Menschen, die glauben alles zu wissen, am ehesten zum Narren gehalten werden.

Wenn sie dann ins Straucheln kommen, verstecken sich solche Berater gerne hinter hochtrabenden Erklärungen. Sie sind offensichtlich der Meinung, ihr mangelnder Sinn für Humor zeuge von einem hohen Maß an Logik. Normalerweise täuschen sie sich damit selbst am meisten.

In einer paradoxen Welt kommt jeder früher oder später ins Straucheln. Es ist zwar ganz hilfreich, wenn man den Grund dafür kennt, aber die wichtigsten Dinge lassen sich am besten mit einem Witz, Rätsel oder weiteren Paradoxa erklären. Überleben kann nur, wer sich seinen Humor bewahrt und niemals aufgibt. Und das bringt uns zum nächsten Paradoxon:

Das Leben ist zu wichtig, um ernst genommen zu werden.

KRANKHAFTER PERFEKTIONISMUS UND DIE REKORDLEISTUNGS-THERAPIE

> Der Hutmacher riss die Augen weit auf, als er das hörte, aber alles, was er *sagte*, war: »Was ist der Unterschied zwischen einem Raben und einem Schreibtisch?«
> »Na, jetzt wird es schon lustiger«, dachte Alice, »jetzt kommen Rätsel an die Reihe! – Ich glaube, das bringe ich heraus«, sagte sie laut.

Alice litt vermutlich an derselben Krankheit wie so viele Berater auch: der Unfähigkeit, Probleme einfach hinzunehmen, und der Verbissenheit, sie unbedingt lösen zu wollen. Da Alice aller Wahrscheinlichkeit nach keine Ahnung von Rudys Rübenregel hatte, ködert sie der verrückte Hutmacher erfolgreich mit seinem Rätsel und es folgt eine recht verrückte Unterhaltung. Schließlich reicht es Alice:

> »Hast du das Rätsel schon herausgebracht?« fragte der Hutmacher, wieder zu Alice gewandt.
> »Nein, ich gebe es auf«, sagte Alice, »wie heißt denn die Lösung?«
> »Keine Ahnung«, sagte der Hutmacher.
> »Auch nicht«, sagte der Schnapphase.
> Alice seufzte müde auf. »Ich finde, ihr könntet etwas Besseres mit eurer Zeit tun, als sie auf Rätsel ohne Lösung zu verschwenden«, sagte sie.
> »Du hast aber unklare Vorstellungen von Zeit!«, sagte der Hutmacher. »Wenn du damit so gut bekannt wärst wie ich, würdest du nicht davon reden, dass man *sie* vergeudet. Es ist nämlich ein *Er*.«
> »Ich weiß nicht, was du damit sagen willst«, erwiderte Alice."

Und schon wieder hing Alice am Haken.

Alice war jedoch nicht die Einzige, die mit diesem Rätsel ausgetrickst wurde, das, so Martin Gardner, zu Lews Carrolls Zeit zum Gegenstand wüster Spekulationen wurde. Carroll selbst schrieb schließlich, dass es keine Antwort auf dieses Rätsel gab, wie im Buch ja bereits erwähnt wird. Dennoch ging das Rätselraten unvermindert weiter, was niemanden, der Rudys Rübenregel kennt, weiter überraschen sollte.

Jeder Beruf hat seine typische Berufskrankheit. Die Hutmacher des 19. Jahrhunderts litten häufig an Quecksilbervergiftung, was zu einer Hirnschädigung führte. Daher auch der Ausdruck »verrückt wie ein Hutmacher«. Die Unfähigkeit, Probleme links liegen zu lassen, ist nur eine der zahlreichen Berufskrankheiten eines Beraters. Ebenso wie Hutmacher zeigen sie manchmal Zeichen des Wahnsinns, der jedoch nicht durch Quecksilber bedingt ist, sondert durch zu viel heiße Luft. Viele Berater holen sich einen Leberschaden, weil sie so oft geschäftlich essen gehen, einen Augenschaden, weil sie Unmengen an Geschäftsberichten lesen oder einen Rückenschaden, weil sie an endlosen Sitzungen teilnehmen. Die schlimmste Berufskrankheit von Beratern ist jedoch der *krankhafte Perfektionismus*.

Diese Krankheit kann jeden treffen, der um Problemlösungen gebeten wird. Dabei handelt es sich um eine Entzündung des Perfektionsnervs, also des Teils des Nervensystems, der auf Forderungen wie diese reagiert:

»Nennen Sie uns die kostengünstigste Lösung.« – »Erledigen Sie es so schnell wie möglich.« – »Geben Sie Ihr Bestes.«

Bei einem gesunden Menschen empfängt der Perfektionsnerv solche Forderungen und sendet einen Impuls an den Mund, um darauf zu antworten:

»Und zu welchen Opfern sind Sie im Gegenzug bereit?«

Bei einem erkrankten Menschen hingegen ist die Nervenleitung jedoch gestört, was den Mund so krankhafte Antworten wie diese äußern lässt:

»Ja, Chef. Sofort, Chef.«

Rekordleistungs-Charts

Die Folgekosten des krankhaften Perfektionismus sind nicht gerade gering. Jeder, der einmal an der Umsetzung eines Projekts beteiligt war, das von einem erkrankten Berater entwickelt wurde, ist an einem Heilmittel interessiert: eine Art Psychotherapie, die mithilfe von Rekordleistungs-Charts – so bezeichne ich sie – arbeitet.

Abbildung 2.1 zeigt ein Rekordleistungs-Chart, die als Heilmittel für einen erkrankten Berater dienen könnte, dem die Aufgabe gestellt wurde, den schnellsten Läufer der Welt zu besorgen. In der Grafik stehen sich die von Wettläufern erreichten Bestzeiten auf der X-Achse und die entsprechenden Entfernungen auf der Y-Achse gegenüber. Alle Rekordleistungs-Charts sind sich dahingehend gleich, dass immer ein Leistungsmaßstab in Beziehung zu einem anderen gesetzt wird. Was sie zeigen, ist, dass in der wirklichen Welt Kompromisse eingegangen werden müssen. Will man eine Höchstleistung in einem Maßstab erreichen, müssen Abstriche im anderen Maßstab gemacht werden.

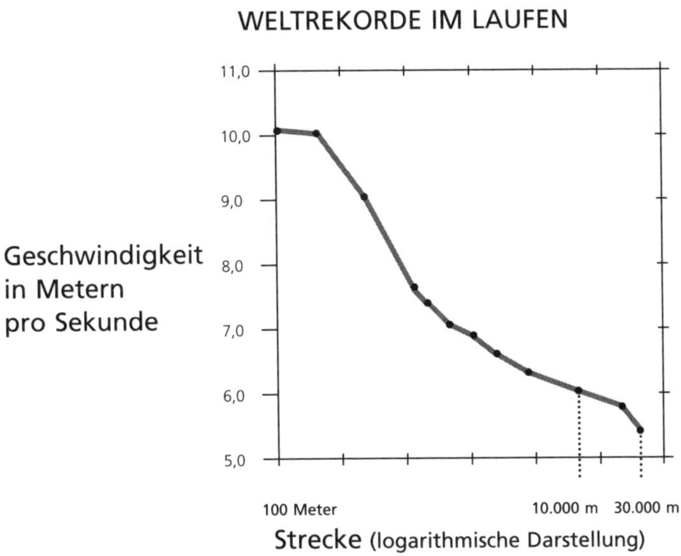

Abbildung 2.1: Weltrekorde im Laufen

In diesem Fall ist die Höchstgeschwindigkeit nur durch Abstriche in der Distanz zu erreichen. Geht man davon aus, dass der Weltrekord nun einmal die beste Leistung ist, die jemals erzielt werden konnte, gibt die abfallende Kurve bei zunehmender Entfernung Hinweise darauf, was bei der Entwicklung der Lösung zu beachten ist. Außerdem wird dadurch die Wechselbeziehung zwischen den beiden Größen deutlich, die mit Sicherheit auch für einen neuen Wettläufer gültig ist.

Aus dem Rekordleistungs-Chart können Sie also Folgendes entnehmen: Wer schneller sein will, muss Abstriche in der Distanz machen, vorausgesetzt, dass alle andere Faktoren gleich bleiben. Andersherum lässt sich sagen, dass man eine größere Distanz überwinden kann, wenn man langsamer läuft. Die wichtigste Erkenntnis lautet jedoch:

Für nichts kriegt man auch nichts.

Wir wollen diese Aussage als Rekordleistungs-Therapie bezeichnen.

Wenn Sie jemand bittet, schneller zu rennen, können Sie dieser Bitte durchaus entsprechen, vorausgesetzt, die Rennstrecke ist nicht zu lang. Umgekehrt können Sie längere Strecken laufen, wenn Sie willens sind, dafür das Tempo zu drosseln. Es ist jedoch äußerst unwahrscheinlich, dass Sie einen Kurzstreckenläufer finden, der seine

Geschwindigkeit auch über weitere Distanzen aufrecht erhalten kann, beziehungsweise einen Langstreckenläufer, der über eine kurze Distanz schneller läuft.

Krankhafter Perfektionismus kann große Verwirrung stiften, da den meisten erkrankten Menschen nicht klar wird, dass es – wie aus den Charts ersichtlich – natürliche Grenzen gibt. Abbildung 2.2 zeigt die Geschwindigkeits-Distanzkurve für einen bestimmten Läufers, der über keine Distanz einen Weltrekord hält.

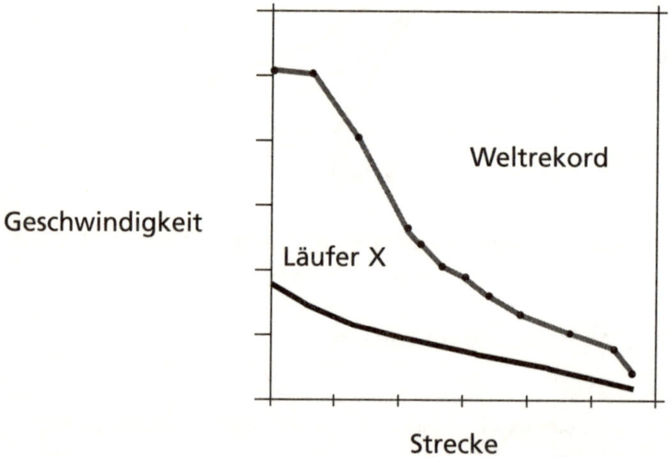

Abbildung 2.2: Leistung eines Langstreckenläufers im Vergleich mit den Weltrekordzeiten

Da unser Rekordleistungs-Chart Weltrekorde zeigt, wissen wir, dass unser Läufer X keine Chance hat, schneller zu laufen. Die Kurve von Läufer X zeigt ein mögliches Ergebnis im Verhältnis zur besten Leistung, die mit den beiden Größen Zeit und Geschwindigkeit zu erreichen ist. Aus der Kurve können wir auch ablesen, dass Läufer X relativ langsam startet, im Verlauf des Wettrennens keine Sprinterqualitäten erkennen lässt, aber eine gute Kondition hat und damit für Langstrecken geeignet ist.

Abbildung 2.3 zeigt eine weitere Kurve, diesmal die von Läufer Y, der sich als guter Sprinter erweist, aber keine längeren Distanzen überwinden kann. Abbildung 2.4 zeigt meine Kurve, der zu entnehmen ist, dass ich über jede Distanz versage.

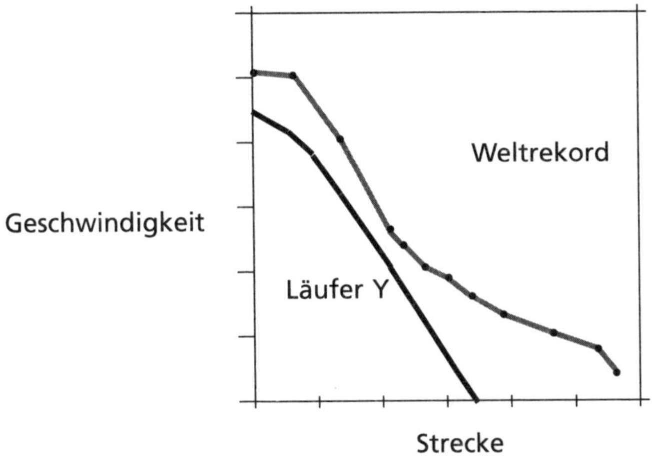

Abbildung 2.3: Leistung eines Sprintes im Vergleich mit den Weltrekordzeiten

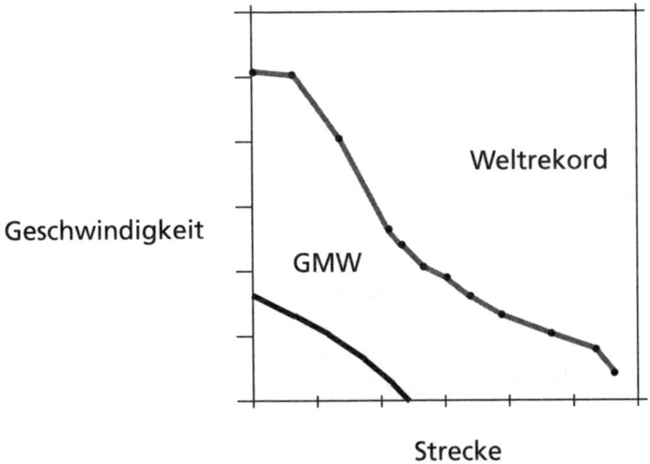

Abbildung 2.4: Leistung von Gerald M. Weinberg im Vergleich mit den Weltrekordzeiten

Die Rekordleistungs-Therapie

Abbildungen 2.1 bis 2.4 deuten schon an, wie sich der krankhafte Perfektionismus mithilfe der Rekordleistungs-Therapie heilen lässt. Wird ein krankhaft perfekter Berater gebeten, den »schnellsten Läufer der Welt« zu engagieren, sollte aufgrund der therapeutischen Konditionierung diese Reaktion ausgelöst werden:

> »Moment, ich schau mal eben in meinem Rekordleistungs-Chart nach!«

Nach der Auswertung seines Rekordleistungs-Charts fallen dem Berater sofort folgende Punkte ein, die der Klärung bedürfen:

1. Welche Strecke soll überwunden werden?
2. Es dürfte kein Problem sein, eine schnelle Kurzstreckenlösung zu finden, wenn nicht gleichzeitig auch für Langstrecken Bestleistungen erwartet werden.
3. Eine 08/15-Lösung wie GMW in Abbildung 2.4 ist einfach zu bewerkstelligen und senkt die Kosten, aber wenn Sie Rekordzeiten wünschen, werden Sie damit nicht viel Freude haben.
4. Wenn Sie eine Langstreckenlösung benötigen, müssen Sie für Kurzstrecken mit weniger guten Leistungen rechnen.

Sobald diese Punkte zur Sprache kommen, stehen die Chancen ganz gut, dass ein vernünftiger Ansatz zur Problemlösung verfolgt wird, da nun klar ist, dass man nichts umsonst bekommt.

Der Umkehrschluss besitzt leider keine Gültigkeit. Es kann durchaus sein, dass man nichts bekommt, obwohl man dafür zahlt. So können Sie GMW zwar durchaus gegen ein beträchtliches Spitzensportlerhonorar engagieren, aber kein Geld der Welt wird ihn 100 Meter in weniger als 15 Sekunden laufen lassen. Der gesunde Berater verwendet seine Zeit für die Ausarbeitung einer guten – nicht einer unmöglichen – Kurve.

Abstriche sind in jedem Geschäft erforderlich, und ein Berater muss über sie Bescheid wissen und seinen Klienten darauf hinweisen. Überhaupt gibt es ganz allgemeine Abstriche, die man im Leben machen muss, und die stellen die größten Geheimnisse der Beratung dar. Sie werden bald noch mehr zu diesem Thema lesen, doch bevor Sie sich in die Details vertiefen, möchte ich noch sagen, dass sich eigentlich jeder Kompromiss in einem Rekordleistungs-Chart wie in Abbildung 2.1 darstellen lässt. Die Größen und Kurven mögen unterschiedlich sein, aber im Endeffekt läuft es immer auf das Gleiche hinaus:

> **Erhöht man den Wert auf einer Seite, verringert sich der Wert auf der anderen Seite.**

Solange Sie nicht in Abstrichen und Kompromissen denken und mit diesen jonglieren lernen, werden Sie von Ihrer Berufskrankheit nicht genesen können.

Zeitliche Abstriche

Wenn Sie sich einmal der Rekordleistungs-Therapie unterzogen haben, ist nichts mehr wie es war. Wohin Sie auch blicken, überall werden Kompromisse eingegangen. Neulich lag ich entspannt im Garten und sah den Bienen zu, die von Blume zu Blume schwirrten, als mich plötzlich der Gedanke durchfuhr, dass selbst Blumen schwierige Kompromisse eingehen müssen, damit sie von den Bienen bestäubt werden. Bietet eine Blume zu wenig Nektar, denken die Bienen gar nicht daran, sich auf ihr niederzulassen. Bietet sie jedoch zu viel Nektar, bekommt die Biene alles, was sie braucht, auf einer einzigen Blume, und schon ist Schluss mit dem Bestäuben. Irgendwie muss die Blume also genau den richtigen Mittelweg zwischen beiden Extremen finden.

Ich machte mich auf in die Leihbücherei, um mich über Bienen und Blumen schlau zu machen, aber der Bibliothekar wollte das Buch einfach nicht herausrücken. Er schien mehr daran interessiert, eine mögliche Beschädigung oder gar den Verlust des Buches zu verhindern, als mir die gewünschte Information zu verschaffen. Ich war zunächst ziemlich wütend, bis mir klar wurde, dass auch Bibliotheksangestellte Kompromisse eingehen müssen. In diesem Fall ging es um die Abwägung, »aktuellen Zugriff« (für mich) oder »zukünftigen Zugriff« (für andere) gewähren zu wollen.

Ich beschloss, die entsprechenden Seiten zu kopieren, was mich schon wieder vor die Wahl stellte: Sollte ich sparen, auf die Gefahr hin, die gewünschten Informationen nicht vollständig kopiert zu haben oder sollte ich lieber gleich etwas mehr Geld für Kopien ausgeben, auf die Gefahr hin, auch überflüssige Informationen kopiert zu haben?

Jetzt oder später?

Alle drei der gerade erwähnten Kompromissprobleme – Bestäubung, Informationszugriff, Vervielfältigung – haben die Frage nach dem »Jetzt oder später?« gemeinsam. Mein Problem, welche Seiten ich wohl kopieren sollte, lässt sich auch als zeitlicher Gegensatz beschreiben. Was habe ich später davon, wenn ich jetzt kopiere? Alle zeitlichen Kompromisse zeichnen sich dadurch aus, dass die Gewissheit der Gegenwart gegen die Ungewissheit der Zukunft abgewogen werden muss. Wenn ich sicher wüsste, was ich später brauche, gäbe es dieses Problem nicht.

Letzte Woche sagte ich in einer Besprechung etwas, worüber sich eine Klientin sehr aufregte, was ich wiederum überhaupt nicht verstand. Ich musste eine Entscheidung treffen: Sollte ich mich ihrem Ärger gleich aussetzen, was die Besprechung wahrscheinlich erheblich verzögern würde, oder die Angelegenheit auf später verschieben? Vielleicht würde die Verzögerungstaktik dazu führen, dass sich das Problem von selbst löst, vielleicht würde es aber auch nur noch schlimmer und kostete mich noch mehr Zeit. Das Für und Wider war mir durchaus bewusst, und ich beschloss, ihr und den anderen Teilnehmern, deren Zeit ja auch kostbar war, mein Problem mitzuteilen. Ich sagte also zu ihr: »Mir ist bewusst, dass Sie nicht meiner Meinung sind. Ich möchte Ihren Einwand keinesfalls ignorieren, aber wir alle haben heute noch eine Menge zu erledigen. Was halten Sie davon, wenn wir das beim Mittagessen besprechen? Oder glauben Sie, dass wir die Sache erst klären müssen, bevor wir mit der Tagesordnung weitermachen?«

Somit habe ich das zeitliche Problem zum Problem aller gemacht, obwohl natürlich die Gefahr bestand, dass nun noch mehr Zeit mit einer langwierige Diskussion verschwendet wird. Ich gehe meistens so vor, denn meiner Erfahrung nach unterschätzen die meisten Menschen einen zukünftigen Zeitaufwand, vor allem, wenn es sich um Unangenehmes handelt wie die Auseinandersetzung mit einem wütenden Menschen. Viele denken: »Das gibt sich schon«, und manchmal stimmt das auch. Im Allgemeinen scheint es sich jedoch zu lohnen, in der Gegenwart etwas mehr Zeit in etwas zu investieren, um zumindest einen Eindruck davon zu erhalten, wie viel Zeit es in der Zukunft kosten würde. Und indem ich ein Zeitproblem zur Sprache bringe und Bereitschaft signalisiere, jetzt einen zeitlichen Beitrag zu leisten, mache ich deutlich, dass es um ein Problem mit *mangelnder Zeit*, nicht aber um *mangelnden Respekt* geht.

Fishers fundamentaler Lehrsatz

Vor vielen Jahren stellte Sir Ronald Fisher fest, dass jedes biologische System mit dem Problem der Gegenwart im Vergleich zur Zukunft konfrontiert wird und dass die Zukunft immer ungewisser als die Gegenwart ist. Jede Spezies muss den gegenwärtigen Umständen angepasst sein, um überleben zu können, aber nicht so gut, dass sie sich zukünftigen Veränderungen nicht mehr anpassen kann. Sein fundamentaler Lehrsatz der natürlichen Selektion besagt, dass eine Spezies sich umso schlechter an zukünftige Umstände anpassen kann, je besser sie an die Gegenwart angepasst ist.

Dieser Lehrsatz ist auf Individuen, Gruppen, Großunternehmen, Gesellschaftssysteme und Maschinen anwendbar und lautet:

> Je angepasster man ist, umso weniger anpassungsfähig ist man in der Regel.

Ich bezeichne dieses allgemein gültige Gesetz gerne als Fishers fundamentalen Lehrsatz.

In meiner Tätigkeit als Berater werde ich oft darum gebeten, bei der Einstellungspolitik mitzuhelfen. Unvermeidbar stellt sich da die Frage, ob man besser ältere Arbeitskräfte einstellt, die über mehr Erfahrung verfügen, oder jüngere, die eher in der Lage sind, sich künftigen Anforderungen anzupassen. Auch in diesem Punkt neige ich eher dazu, auf die Zukunft zu setzen, auch wenn das unter Umständen auf Kosten der momentanen Leistung geht. Meiner Erfahrung nach überschätzen viele Menschen, wie lange man im Durchschnitt braucht, um sich bestimmte Fähigkeiten anzueignen. Vielleicht liegt das daran, dass sie sich darauf versteifen, *optimale* Leistungen zu erhalten, anstatt sich mit annähernd optimalen Leistungen oder Lösungen zufrieden zu geben.

Auch wenn ich Schulungskonzepte ausarbeite, habe ich es mit dem gleichen Problem zu tun. Die meisten Mitarbeiter erwarten von einer Schulung, dass sie anschließend ihre jetzigen Anforderungen besser bewältigen können, anstatt sich anpassungsfähiger für zukünftige Aufgaben zu machen. Vielleicht haben sie die Erfahrung gemacht, dass Schulungen mit dem Anspruch, zukunftsorientiert zu sein, eher Fachwissen vermittelt als Anpassungsfähigkeit. Wenn sich eine Schulung nicht um ein konkretes Thema handelt, lässt sie die Teilnehmer leicht glauben, sie wäre für alles gut. Möglicherweise hat dieses Problem auch etwas mit Risiko zu tun: Wir wissen einfach nicht, was die Zukunft bringt.

Risiko oder Gewissheit?

Wirtschaftswissenschaftler haben eine bestimmte Methode, um die Kompromissbereitschaft zwischen gegenwärtiger Gewissheit und zukünftiger Ungewissheit zu bestimmen. Diese Methode besteht aus einem Gedankenspiel, bei dem die Teilnehmer gefragt werden, wie viel es ihnen wert ist, dieses Spiel zu spielen. Zum Beispiel:

> Ich werfe eine Münze. Bei Kopf gewinnen Sie 2,1 Euro. Bei Zahl bekommen Sie nichts. Wie viel Euro ist es Ihnen wert, bei diesem Spiel mitzumachen?

Die Wahrscheinlichkeit beträgt fünfzig zu fünfzig, keine Frage. Trotzdem sind viele Menschen nicht bereit, auch nur einen Euro auszugeben, um mitspielen zu können. Obwohl bei mehreren Spielen hintereinander der durchschnittliche Gewinn pro Spiel 1,05 Euro beträgt, wollen die meisten nur ein einziges Mal spielen. Ihnen ist der Euro, den sie sicher in der Tasche haben, wichtiger als die 2,10 Euro, die sie gewinnen könnten, und das Risiko, nichts zu gewinnen, gehen sie lieber nicht ein.

Unterschiedliche Menschen werden Ihnen einen unterschiedlich hohen Einsatz nennen. Manche bieten Ihnen 1,05 Euro, um mitspielen zu können, oder mehr, einfach um des Spaßes willen. Dank diesen Menschen wurden noch nicht alle Wettbüros geschlossen. Andere hingegen wollen nur ganz wenig einsetzen oder spielen überhaupt nicht mit. In meinen Workshops fordere ich oft nur einen Cent als Einsatz, und immer noch weigern sich manche mit den Worten: »Sie arbeiten immer mit Tricks. Die Sache sieht nach einem sicheren Spiel aus, aber es gibt garantiert einen Haken dabei. Wir lassen uns nicht länger zum Narren halten.« Keine Frage, diese Leute haben sich dennoch zum Narren gemacht: Schließlich haben sie darauf verzichtet, für nur einen Cent vielleicht 2,10 Euro zu gewinnen. Aber vielleicht hatte ja auch ich vor, sie zum Narren zu halten – wer weiß.

Der Zauber des dritten Mals

Früher habe ich mich darüber geärgert, wenn meine Klienten lieber an Althergebrachtem festhalten wollten, anstatt meine brillanten Vorschläge sofort in die Tat umzusetzen, vor allem, wenn meine Ideen Erfolg versprechende Zukunftsaussichten mit einem nur geringen Risiko in der Gegenwart verbanden. Bis mich ein Klient zur Seite nahm und mir erklärte, dass es da einen ganz erheblichen Unterschied zwischen seinem und meinem Risiko gab. Wenn meine Ideen in der Schublade verstaubten, würde eben mein Beratungsvertrag nicht verlängert. Würden meine Ideen umgesetzt, könnte ich möglicherweise als echter Held dastehen, doch selbst wenn sich meine Ideen als vollständiger Flop erwiesen, würde mir nichts Schlimmeres passieren, als dass mein Vertrag nicht verlängert würde, was ja sowieso geschehen könnte.

Sein Risiko wäre hingegen ein ganz anderes: Unternimmt er nichts, verschlechtert sich seine Lage auch nicht. Setzt er meine Vorschläge hingegen um, könnte er anschließend besser zwar dastehen, aber wenn sich meine Ideen als Flop erweisen, stünde er noch schlechter da als vorher. Mit seinem sicheren Posten war er bestens für die Gegenwart gerüstet. Mit meinem sowieso unsicheren Beratungsvertrag hatte ich ja schon damit zu rechnen, mich an *sein* Unternehmen anpassen zu müssen.

Deshalb liefert uns Fishers fundamentaler Lehrsatz einen Grund, weshalb Berater nötig sind. Berater sind im Allgemeinen weniger angepasst und deshalb potenziell anpassungsfähiger. Sie betrachten die Frage nach dem Jetzt oder Später ganz anders als die direkt Betroffenen. Das macht sie zum einen zu einer wertvollen Quelle möglicher Lösungen, zum anderen aber auch zu Menschen, denen man nicht trauen kann.

Wenn man einem Klienten über längere Zeit nur Vorschläge mit einem geringen Risiko unterbreitet, kann sich eine Vertrauensbasis entwickeln. Auch hier ist wieder ein zeitlicher Kompromiss gefragt, dessen Fragestellung lautet: Sorgt man als Berater für weniger eindrucksvolle Ergebnisse in der Gegenwart, in der Hoffnung, später die wirklich umwerfenden Ergebnisse erzielen zu können? Allerdings besteht die Gefahr, dass der Berater sich zu sehr den gegenwärtigen Umständen anpasst, um in Zukunft noch einen fantastischen Geistesblitz zu haben.

Diese ständigen Kompromisse in unserem Beruf könnten ein Phänomen erklären, das ich sowohl bei mir als auch bei anderen Beratern beobachtet habe:

Berater kommen meist erst beim dritten Problem voll in Fahrt.

Wir Berater bezeichnen dieses Phänomen gerne als »Zauber des dritten Mals«. Dummerweise hat sich das im Kundenkreis noch nicht herumgesprochen, weil ein Berater entweder schon bei dem ersten Problem wieder entlassen oder aufgrund endloser Verzögerungen niemals zum Ende kommt. Der Zauber des dritten Mals ist eines der Geheimnisse der Beratung, die wir unseren Klienten unbedingt enthüllen sollten.

DAS O-SAFT-PRINZIP

Langfristig gesehen ist die Rekordleistungs-Therapie sehr heilsam. Kurzfristig gesehen besteht dabei jedoch die Gefahr, lukrative Beratungsaufträge zu verlieren. Es gab Zeiten, da fürchtete ich ständig, Aufträge an krankhaft perfektionistische Kollegen zu verlieren, doch mit LeRoys Hilfe habe ich diese Ängste überwunden.

LeRoy war der Chef eines Softwareunternehmens, das mich beauftragt hatte, bei der Entwicklung von Problemlösungen behilflich zu sein. Vor lauter Arbeit kam ich tagelang nicht dazu, ein Gespräch mit LeRoy zu führen, und die einzige Gelegenheit, die sich etwas später ergab, war, ihn beim Frühstück zu erwischen – ein dicker Verstoß gegen eine unumstößliche Regel, denn nur eines ist noch schlimmer als ein geschäftliches Mittagessen: ein geschäftliches Frühstück.

LeRoy teilte meine Gefühle, weshalb wir den geschäftlichen Teil bereits vor der zweiten Tasse Kaffee hinter uns gebracht hatten. Während des Frühstücks unterhielten wir uns über einige wirklich interessante Themen.

LeRoy wollte alles über das Beratungsgeschäft von mir erfahren, während ich ihm Löcher über die Softwarebranche in den Bauch fragte. LeRoy meinte, dass wir sehr ähnliche Probleme hätten, nämlich nicht zu wissen, ob und wann wir endlich einen offiziellen Auftrag bekämen. Das war mein Stichwort.

»Es würde mich brennend interessieren, weshalb Sie *mir* den Auftrag gegeben haben«, meinte ich. »Natürlich nur, wenn Sie offen darüber sprechen können.«

»Kein Problem«, entgegnete LeRoy und prostete mir mit Orangensaft zu. »Sie haben den Auftrag erhalten, weil Sie der Einzige waren, der das O-Saft-Prinzip umgesetzt hat.«

»Das was? Wie denn? Vielleicht sollte ich Ihnen sagen, dass ich keinen Orangensaft trinke. Ich kriege davon Blähungen.«

»Das O-Saft-Prinzip hat überhaupt nichts mit Orangensaft zu tun. Er ist Teil eines Tests, ob sich ein Hotel für eine Konferenz eignet, aber er lässt sich auf alle möglichen Dienstleister anwenden.«

»Wie Berater?«

»Oder Softwarefirmen. So habe ich von diesem Test erfahren. Einer *meiner* Kunden hat mir davon erzählt, als ich ebenfalls wissen wollte, weshalb er mir einen Auftrag erteilte.«

»Und wie geht er?«

»Ganz einfach. Stellen Sie sich vor, Sie suchen ein geeignetes Hotel für die jährliche Vertriebskonferenz, an der siebenhundert Mitarbeiter teilnehmen.«

»Ich kenne das Problem. Ziemlich aufwändig, würde ich mal sagen.«

»Schon, aber mit dem O-Saft-Prinzip ist das Ganze ein Kinderspiel. Zumindest lässt sich damit ohne große Mühe die Spreu vom Weizen trennen.«

»Ich bin ganz Ohr. Wie funktioniert dieser Test?«

LeRoy grinste mich über seine Tasse hinweg an. »Erklären Sie dem Hotelmanager, Ihr Firmenchef hätte für die Vertriebskonferenz eine heilige Tradition eingeführt. Alle Mitarbeiter trinken jeden Morgen mit Orangensaft auf den Erfolg des Unternehmens.«

»Frühstück für siebenhundert Leute?« Ich verzog das Gesicht. »Eine schauderhafte Vorstellung!«

»Na, das behaupten Sie ja nur dem Hotelmanager gegenüber. Das gehört zum Test. Dann erklären Sie, dass diese Zeremonie jeden Morgen exakt um 7.00 Uhr stattfinden muss …«

»Das wird ja immer schlimmer!«

»… und dass vor jedem Mitarbeiter ein großes Glas mit frisch gepresstem Orangensaft stehen muss.«

»Ein großes Glas?«

»Genau. Ein richtig großes Glas, nicht so wie dieses hier.«

»Und dann noch *frisch gepresst*?«

»Vor maximal zwei Stunden frisch gepresst.«

»Langsam verstehe ich das Problem.«

»Genau das ist ja der Test. Und dann hören Sie sich an, was der Manager dazu sagt.«

»Wahrscheinlich sagt er, dass es ein Ding der Unmöglichkeit ist.«

»Kann passieren«, meinte LeRoy. »Aber dann ist er durchgefallen.«

»Ich könnte mir durchaus vorstellen, dass jemand ›Kein Problem‹ sagt, nur um die Reservierung zu kriegen.«

»... womit er ebenfalls durchfällt. Denn entweder lügt er oder er glaubt, es wäre kein Problem. Ich weiß nicht, was schlimmer ist, aber ich würde in keinem der beiden Hotels buchen.«

»Und wie kann man den Test bestehen?«

»Indem er uns die Antwort gibt, die auch Sie uns gegeben haben.«

Ich war ziemlich verblüfft. »Ich kann mich nicht erinnern, mit Ihnen über Orangensaft gesprochen zu haben. Was habe ich denn gesagt?«

LeRoy lächelte. »Sie sagten, das wäre ein echtes Problem, bei dem Sie uns helfen könnten, ... und es würde uns so und so viel kosten. Damit haben Sie das O-Saft-Prinzip beherzigt.«

»Das ist Ihr einziges Entscheidungskriterium? Ich könnte doch leicht jede Menge Aushilfskräfte finden, die für 1000 Euro pro Orange morgens um 5.00 Uhr mit dem Saftpressen anfangen. Wäre Ihnen das so viel Geld wert?«

»Vielleicht, vielleicht aber auch nicht. Das entscheide ich, nicht der Hotelmanager. Wenn Sie zu teuer gewesen wären, hätten Sie den Job nicht bekommen. Aber das ist ein anderer Test. Warum sollte man auf den niedrigsten Preis achten, wenn derjenige den Auftrag dann doch nicht erledigen kann oder Orangensaft aus der Flasche in kleinen Gläsern serviert.«

Nach dem Frühstück machten wir uns wieder an die Arbeit. Ich kann mich nicht mehr erinnern, wie mein Auftrag ausging, aber das O-Saft-Prinzip, das ich ein wenig umformuliert habe, werde ich wohl nie wieder vergessen:

Wir erledigen das – und das kostet so und so viel.

Ich wende dieses Prinzip täglich an. Wann immer ich auf der Suche nach einem Dienstleister bin, stelle ich klar, was ich brauche und lasse mir den Preis dafür nennen. Anschließend entscheide ich mich, ob es mir die Sache wert ist.

Das O-Saft-Prinzip hat mir schon viel Zeit gespart, da ich mich nicht mehr mit den falschen Leuten herumärgern muss. Ich habe damit Reparaturwerkstätten, Büros, Restaurants und Hotels getestet. Ich setze es als Heilmittel ein, wenn mein Kunde und ich einen Anfall von krankhaftem Perfektionismus erleiden und wir an einen Plan glauben, der uns etwas umsonst verspricht. Außerdem nutze ich ihn, wenn *ich* Berater beauftragen will.

3 Effizient arbeiten, ohne die leiseste Ahnung zu haben, worum es eigentlich geht

Die meisten Berater kommen schon als Experten auf die Welt. Das vereinfacht so manches, aber für Kunden kann das zu einem Problem werden, wie die folgende Geschichte verdeutlicht.

DAS PROBLEM MIT EXPERTEN

Der Elefant im Konferenzraum

Irgendwann im März, kurz nach der Aufsichtsratsitzung von Sylvan Forest Products, einem Forstwirtschaftsbetrieb, kam ein Elefant aus den Wäldern und zog kurzentschlossen in den Konferenzraum der Firma ein. Bis zur nächsten Sitzung im September bemerkte niemand etwas davon, doch als der Firmenchef an jenem Morgen den Raum betreten wollte, bekam er die Tür nicht auf. »Da stimmt was nicht«, meinte er. »Irgendetwas blockiert die Tür.«

Der Rechnungsprüfer spähte unter der Tür durch und sah den Schatten eines Elefantenfußes. »Sieht so aus, als wären da drinnen Bäume gewachsen. Am besten, wir holen den Förster.«

Gesagt, getan. Dem Förster gelang es mithilfe eines Stemmeisens, die teure Eichentür aufzudrücken, doch der Elefant lehnte sich mit vollem Gewicht dagegen und drückte die Tür wieder zu. »Ich glaube nicht, dass das Bäume sind«, meinte der Förster. »Sieht mir mehr wie ein großes graues Monster aus – vielleicht ein Wal.«

Nun wurde ein Walforscher hinzugezogen, der vorschlug, den Konferenzraum unter Wasser zu setzen, damit der Wal herausschwimmen könne. Der Raum begann sich mit Wasser zu füllen, doch der Elefant spritze es mit seinem Rüssel durch die beschädigte Tür wieder hinaus. Der Walforscher erblickte den Rüssel und meinte: »Kein Wunder, dass er nicht herausschwimmt. Es ist gar kein Wal, sondern eine Riesenschlange.«

Nun wurde ein Schlangenkundler hinzugezogen, der folgenden Rat gab: »Am besten, man wirft einige ölgetränkte brennende Lappen in den Raum. Das schlägt die Schlange garantiert in die Flucht.« Doch der Elefant trat die brennenden Lappen sofort wieder aus. Der Aufsichtsrat rief nun den Hausmeister, der den Vorraum putzen, die Holzsplitter zusammenkehren, das Schmutzwasser aufwischen und die ölige, verrußte Einrichtung saubermachen sollte.

Der Hausmeister fragte, wie es zu diesem Chaos gekommen war. Er hörte sich die Geschichte an, griff in seine Jackentasche und zog eine Tüte mit Erdnüssen heraus. Als er einige Nüsse durch die Tür steckte, griff der Elefant – der mittlerweile sehr hungrig war – mit seinem Rüssel danach. »Na komm, mein Kleiner«, lockte der Hausmeister den Elefanten und hielt ihm mehr Erdnüsse hin. Der Elefant verließ ohne Zögern den Konferenzraum. Nachdem er die restlichen Erdnüsse verspeist hatte, zog er sich schüchtern wieder in den Wald zurück.

»Woher wussten Sie, dass es ein Elefant ist?« wollte der Rechnungsprüfer wissen.

»Ich wusste es nicht, es war nur eine Vermutung, da es sich um eine Mischung aus einem Baum, einem Wal und einer Schlange zu handeln schien. Und daher dachte ich mir, es wäre besser, meine Erdnüsse zu opfern als zuzulassen, dass der Konferenzraum völlig zerstört wird.«

Unbekannte Welten

Welchen Experten würden Sie denn anrufen, wenn ein Elefant in Ihrem Besprechungszimmer sitzt? Probleme der schlimmeren Sorte kommen nicht in ordentlich beschrifteten Päckchen an. Und wenn, dann ist die Beschriftung sicherlich falsch. Deshalb sind diese Probleme ja auch so schlimm.

In drei von vier Fällen muss sich ein Berater um ein Problem kümmern, das nicht zu seinem Fachgebiet gehört. Doch für einen Laien ist ein Berater nun mal der Experte schlechthin. Ein guter Berater kann viele dieser Probleme trotzdem beheben, denn er ist nicht nur ein Experte, sondern auch ein Problemlöser. Wenn Sie mal in der

Trickkiste eines Beraters wühlen, werden Sie feststellen, dass seine besten Tricks rein gar nichts mit seinem Fachgebiet zu tun haben, sondern universell einsetzbare Kniffe darstellen.

Zunächst wollen wir uns mit den Tricks befassen, die nicht nur hilfreich sind, wenn Sie Probleme jenseits Ihres Fachgebiets bewältigen sollen, sondern auch dann, wenn Sie sich vollkommen jenseits der Ihnen bekannten Welt bewegen.

MARVINS MEDIZINISCHE MYSTERIEN

In jeder Branche gibt es Berufsgeheimnisse. Und obwohl wir *unsere* natürlich wie die Kronjuwelen hüten, sind wir auf die Berufsgeheimnisse anderer furchtbar neugierig. Am interessantesten sind sie für uns, wenn sie aus der Medizin kommen. Zu meinem Glück habe ich einen sehr netten Schwager, der zufällig auch noch Arzt ist und noch dazu ein recht zynischer. Er weihte mich, einen Nichtmediziner, in einige Mysterien der Medizin ein.

Das erste große Geheimnis der Medizin lautet, so Marvin:

Neunzig Prozent aller Krankheiten heilen von selbst – ohne jegliches Zutun eines Arztes.

Aus diesem Grund muss ein Arzt nichts weiter tun als sich an den hippokratischen Eid halten und seinen Patienten vor Schaden bewahren. Na ja, ein bisschen mehr muss der Arzt doch noch tun. Er muss seinen Patienten das beruhigende Gefühl geben, dass etwas gegen seine Krankheit unternommen wird. Etwas, das nur mit umfangreichem medizinischem Fachwissens möglich ist, sonst träfe man sämtliche Mediziner bald auf den Fluren der Arbeitsämter wieder.

Krankheiten heilen sich in neunzig Prozent aller Fälle selbst, weil der menschliche Körper »weise« ist. Das hört sich zwar irgendwie komisch an, beschreibt aber die einfache Tatsache, dass aus der biologischen Zerstörungsprüfung, die seit unzähligen Generationen in unendlich vielen Individuen durchgeführt wurde, Ergebnisse vorliegen, die unserem Körper zur Verfügung stehen. Die meisten dieser Zerstörungsprüfungen erfolgten ganz ohne Mithilfe der modernen Medizin, und jeder Körper, der einen Konstruktionsfehler bezüglich seiner Selbstheilungskräfte aufwies, wurde als natürliche Ausschussware schon frühzeitig aussortiert. Somit sind wir, die wir heute die Erde bevölkern, direkte Nachkommen einer ununterbrochenen Linie von Überlebenskünstlern.

Das erste medizinische Mysterium

Lässt sich dieses Geheimnis der Medizin auch in die Beratungsbranche übertragen? Das kommt ganz darauf an, welchen Organismus der Berater »heilen« möchte. Verfügt der Organismus über erprobte Selbstheilungskräfte, sollte sich der Berater damit begnügen, keinen Schaden anzurichten. Menschen arbeiten zum Beispiel schon seit Jahrtausenden in kleinen Gruppen zusammen, weshalb davon ausgegangen werden kann, dass in ihrem Genpool gewisse Selbstheilungskräfte gegen Teamstörungen vorhanden sind. Es mag hin und wieder zu Schwierigkeiten kommen, die sie nach einem Berater rufen lassen, doch es besteht eine hohe Wahrscheinlichkeit, dass sich das Problem mit minimalem Aufwand, wie zum Beispiel durch geduldiges Abwarten, beheben lässt.

Bei Computern hingegen sollte man nicht auf eine systemimmanente »Weisheit« hoffen. Wird ein Berater beauftragt, einen Computer zu »heilen«, muss bittere Medizin verabreicht werden oder gar das Computergehirn amputiert werden. Da nach Sherbys Gesetz hinter jedem Problem menschliches Versagen steckt, sollte der Berater auch diejenigen in die Behandlung mit einbeziehen, die für den Computer zuständig sind. Wenn wir nun davon ausgehen, dass der »Körper« in diesem Fall aus Menschen und Maschine besteht, kann man ein wenig Körperweisheit voraussetzen und die Heilmethode entsprechend anpassen.

Kurz – wir können Marvins Arztgeheimnis folgendermaßen umformulieren:

Man sollte stets nur sanfte Eingriffe bei Organismen vornehmen, die sich möglicherweise selbst heilen können!

Marvins Geheimnisse gelten natürlich nicht nur in der Medizin. Sein erstes großes Geheimnis ist unter Technikern auch als das erste Gesetz der Technik bekannt:

Wenn etwas nicht kaputt ist, sollte man es auch nicht reparieren.

Alle Organismen, die nicht krank sind, können sich wahrscheinlich selbst heilen.

Das zweite medizinische Mysterium

Das zweite große Geheimnis hat Marvin zufolge mit Penicillin zu tun. Von den zehn Prozent aller Krankheiten, die sich nicht von selbst heilen, werden weitere neunzig Prozent geheilt, indem man Penicillin oder ein anderes Antibiotikum verabreicht. Ganz im Gegensatz zur weit verbreiteten Meinung reichen Antibiotika allein jedoch nicht aus. Es kommt unter anderem auch auf die Dosis und Dauer der Einnahme an, und das Wissen darüber erklärt, warum Ärzte so gut verdienen.

Wer bei einem harmlosen Schnupfen wahllos zu Antibiotika greift, verstößt klar gegen Marvins erstes großes Geheimnis. Ein Schnupfen gehört nämlich definitiv zu den Krankheiten, die der Körper selbst heilen kann, weshalb die Einnahme von Penicillin in diesem Fall völliger Unsinn ist. Penicillin mag einen psychologischen Effekt haben, aber das hat jedes Placebo auch. Antibiotika zählen auf jeden Fall nicht zu den Placebos, denn selbst wenn sie den Schnupfen kalt lassen, wirken sie. Manche Menschen erleiden auf Penicillin sogar einen allergischen Schock, der im schlimmsten Fall tödlich enden kann. Im weniger schlimmen Fall führt die häufige Einnahme dazu, dass die Erreger immun gegen Antibiotika werden, und die Medizin, wenn man sie dann wirklich einmal braucht, keine Wirkung mehr zeigt. Und damit wären wir bei Marvins zweitem großen Geheimnis angelangt:

Wird ein Organismus, der sich selbst heilen kann, wiederholt medizinisch behandelt, verliert er seine Selbstheilungskräfte.

Dieses Gesetz sollten sich alle Eltern hinter die Ohren schreiben, die ihrem Vierjährigen noch immer die Nase putzen, nicht zu vergessen alle Berater, die davon leben, immer wieder ein und dasselbe Problem für einen Kunden zu lösen.

Das dritte medizinische Mysterium

Fast jeder Mensch hat irgendwie Angst vor so starken Medikamenten wie Penicillin. Aus diesem Grund setzen sie das Antibiotikum zu früh ab. Wenn die lästigen Symptome nicht sofort verschwinden, brechen sie die Behandlung einfach ab. Bei bakteriellen Infektionen kann es durchaus vorkommen, dass sich noch Krankheitssymptome zeigen, obwohl die Erreger schon bekämpft werden. Ein vorzeitiges Absetzen hat häufig ein erneutes Ausbrechen der Krankheit zur Folge, und dieses Mal sind die Erreger vielleicht schon immun gegen das Antibiotika.

Marvins drittes großes Geheimnis lautet:

Jede Behandlung besteht aus zwei Teilen: der eigentlichen Medizin und der korrekten Anwendung.

Marvin hat diese Lektion im Urlaub in Frankreich gelernt, als er eine Packung Zäpfchen gegessen hatte. Ich habe sie von zahlreichen Klienten gelernt, bei denen ich vergessen hatte, einen Beratungsvertrag zur Umsetzung meiner Empfehlungen abzuschließen.

Das vierte medizinische Mysterium

Marvin ist nicht nur ein normaler Arzt, er ist Psychiater. Von all den Tratsch- und Klatschgeschichten über Medizin und Ärzte sind mir die über Verrückte am liebsten. Die folgende Geschichte handelt jedoch nicht von Verrückten, sondern von Psychiatern, und wie wir alle wissen, können die ja gar nicht verrückt sein.

Einmal im Monat fährt Marvin in die psychiatrische Klinik, um seine Ärztekollegen bei der Behandlung der schwersten Fälle zu beraten. Marvin sagt immer, das sei der einfachste Teil seines Jobs, da er für diese Beratung weder medizinisches noch psychiatrisches Fachwissen benötige. Bei jedem Fall, der ihm vorgetragen wird, fragt Marvin nach der Behandlungsform. Lautet die Antwort, Behandlung A, empfiehlt Marvin Behandlung B und umgekehrt. Natürlich verpackt er das gekonnt in fachliches Kauderwelsch (Ärzte fallen am ehesten auf ihre eigenen Tricks herein), doch das Prinzip ist einfach und genial genug, um Marvins viertes großes Geheimnis darzustellen:

> **Wenn ihre Methode nicht funktioniert, sag' ihnen, sie sollen etwas anderes probieren.**

Übrigens ist das vierte große Geheimnis eigentlich ein alter Hut. Schon Dr. Krankheit, der großartige Komiker, machte damit seine Witze. Die gingen ungefähr so: Der Patient sagt: »Doktor Krankheit, wenn ich den Kopf so drehe, tut es schrecklich weh.« Krankheit sieht seinem leidenden Patienten mitfühlend in die Augen und empfiehlt ihm: »Na, dann drehen Sie Ihren Kopf nie wieder so!«

Das fünfte medizinische Mysterium

Dr. Krankheits Heilmethode, wie das vierte große Geheimnis auch bezeichnet wird, sollte bei jedem Berater funktionieren. Da Marvin ein Berater ist, kommen ihm nur die Problemfälle zu Ohren, die die Klinikärzte nicht selbst lösen können. Aus diesem Grund weiß Marvin eines mit Sicherheit: Was immer seine Kollegen tun, es bringt nichts. Sie sind auf eine Behandlungsform fixiert und kommen davon nicht weg. Außerdem ist Marvin klar, dass sein System nur dann funktioniert, wenn sie ihm eine Menge Geld zahlen müssen. Und damit wären wir beim fünften großen Geheimnis:

> **Sorg dafür, dass deine Kunden so viel zahlen, dass sie auch tun, was du ihnen sagst.**

Anders ausgedrückt:

Das Wichtigste bei Beratungen ist die richtige Höhe des Honorars.

Dieses Geheimnis ist so wichtig, dass ich ihm das ganze Kapitel 12 widme.

Das sechste medizinische Mysterium

Zweifellos kann das fünfte Geheimnis von *jedem* Berater angewendet werden. Wir können so viel voneinander lernen, wenn wir unsere Geheimnisse miteinander teilen, doch noch mehr lernen wir, wenn wir einige der Gesetze im Zusammenhang betrachten. So besagen zum Beispiel zwei Gesetze zusammengenommen:

Brich die Behandlung nicht zu früh ab. Zieh die Behandlung nicht unnötig hinaus.

Möglicherweise gibt es also noch einen guten Grund für ein hohes Honorar. Sein Geheimnis hat eigentlich wenig mit den Geheimnissen an sich zu tun, sondern damit, genau zu wissen, wann jedes einzelne anzuwenden ist. Womit wir beim sechsten großen Geheimnis wären:

Know-how bringt weniger Geld als Know-when.

Komiker wie Dr. Krankheit können beim Publikum mit den schlechtesten Witze Lachkrämpfe auslösen. Bei Witzen kommt es ebenso wie bei der Beratung auf das richtige Timing an. Ein guter Witz ist Verrücktheit im richtigen Augenblick. Marvin ist übrigens der Meinung, dass »verrücktes« Verhalten nichts anderes als »normales« Verhalten jenseits der üblichen Grenzen ist. Für Berater ist »cleveres« Vorgehen identisch mit »verrücktem« Verhalten, sofern es funktioniert.

FEHLER GUT VERKAUFEN

Vor langer Zeit begab sich ein Mann zu Levine, dem Schneider, da es bei ihm angeblich sehr preiswerte Maßanzüge gab. Als der Anzug fertig genäht war, stellte der Mann bei der Anprobe fest, dass er ihm überhaupt nicht passte. »Sehen Sie«, meinte er, »die Jacke ist hinten am Rücken viel zu weit.«

»Kein Problem«, erwiderte Levine und zeigte seinem Kunden, wie er einen Buckel machen konnte, um die Jacke hinten auszufüllen.

»Aber was ist mit dem rechten Ärmel? Der ist sechs Zentimeter zu lang.«

»Kein Problem«, sagte Levine erneut und zeigte dem Mann, wie er sich so zur

Seite beugen konnte, dass sein rechter Arm länger wurde und in der Ärmel passte.

»Und was ist mit der Hose? Das linke Hosenbein ist definitiv zu kurz.«

»Kein Problem«, entgegnete Levine zum dritten Mal und zeigte dem Mann, wie er seine Hüfte nach oben heben konnte, damit das Bein kürzer wurde und er zwar schlimm humpelte, aber immerhin die richtige Beinlänge für die Hose bekam.

Nachdem er keine weiteren Reklamationen mehr anmelden konnte, verließ der Mann humpelnd die Schneiderei, obwohl er das Gefühl hatte, er wäre von Levine hereingelegt worden. Unterwegs sprach ihn ein Fremder an: »Entschuldigung, aber ist das ein neuer Anzug, den Sie da tragen?«

Der Mann war hocherfreut, dass das dem Fremden nicht entgangen war und erwiderte freundlich: »Ja, richtig. Warum fragen Sie?«

»Nun ja, ich selbst brauche auch einen neuen Anzug. Wer ist denn Ihr Schneider?«

»Levine, gleich da vorne!«

»Vielen Dank«, sagte der Fremde im Davoneilen, »ich will, dass Levine auch *mir* einen Anzug schneidert. Er muss ein wahres Genie sein, wenn er sogar für einen Krüppel wie Sie einen Anzug schneidern kann.«

Das Bolden'sche Gesetz

Wann immer ich Programmierern Geschichten erzähle, will einer garantiert die von Levine hören. Irgendwie komme ich mir dabei wie Lewis Carroll vor, der Alice Liddell die Geschichte von *Alice im Wunderland* erzählt, die sich hocherfreut als die Protagonistin des Romans wiedererkennt.

Im Wunderland gibt sich Alice immer selbst die Schuld an dem ganzen Kuddelmuddel um sie herum, ganz wie es sich für eine junge Dame gehört. Doch im Wunderland der Computer, wo das Kuddelmuddel schon fast einen Normalzustand darstellt, brauchen Programmierer eine weniger bedrohliche Geschichte. Aus diesem Grund lieben sie Levine.

Levine war zwar nicht in der Lage, eine gerade Naht zu nähen, aber anstatt die Fehler zu beheben oder zu lernen, wie es richtig geht, wandte er lieber das Bolden'sche Gesetz an:

> **Fehler, die man nicht reparieren kann, lassen sich immer noch gut verkaufen.**

Levine ließ sich nicht weiter von der Tatsache beunruhigen, dass seine Kunden den neuen Anzügen zuliebe als Krüppel herumlaufen mussten. Im Gegenteil, er hängte ein neues Schild in sein Schaufenster: »Levine, das Schneidergenie – spezialisiert auf Maßanzüge für Krüppel«.

Auch wenn viele Programmierer stolz darauf sind, dass sie ihre Fehler so gut verkaufen können, haben sie das Bolden'sche Gesetz nicht für sich allein gepachtet, wie die nachfolgenden, zufällig ausgewählten Begebenheiten aus den unterschiedlichsten Lebensbereichen verdeutlichen.

- Beim Schlachten fallen Fleischstücke und Innereien an, die kein Mensch freiwillig essen würde. Deshalb werden sie zu Hotdogs und Würstchen verarbeitet. Würstchenhersteller machen keinen Hehl daraus, sondern werben sogar noch damit: »Unsere Hotdogs bestehen aus speziellen Zutaten «.
- Viele Innenarchitekten scheinen Probleme mit dem Entwurf von Hotelbadezimmern zu haben. Badezimmerfenster würden womöglich die Fassade verschandeln, weshalb meist nur ein Abluftgebläse eingebaut wird. Die Hersteller dieser Gebläse sind anscheinend nicht in der Lage, diese Gebläse so zu entwickeln, dass sie erschwinglich und gleichzeitig in der Lage sind, die kleinen Badezimmern mit Dusche trocken zu halten. Deshalb werben viele Hotels mit dem Slogan »Luxus-Heizlampen in sämtlichen Badezimmern«.
- Anfang des 19. Jahrhunderts gruben Brunnenbohrer nach Wasser und Salz. Zu ihrem Pech wurden viele Quellen verunreinigt, wenn man bei den Bohrungen zufällig auf Erdöl stieß. G.H. Bissell schließlich dachte sich, dass dieses zähe Zeug sicher zu irgendetwas nützlich sein könnte. Durch Destillation erfand er so nützliche Produkte wie Leuchtgas, Paraffinwachs, Schmiermittel und Lampenöl, weshalb er den ruinierten Wasserbrunnen einen neuen Namen gab – Ölquelle – und ein reicher Mann wurde.
  Dennoch erlebte die Ölindustrie nicht nur rosige Zeiten. Neben all diesen wunderbaren Produkten, die sich mit Erdöl herstellen ließen, wurde dabei auch noch ein gefährliches und absolut nutzloses Nebenprodukt erzeugt: Benzin. Es dauerte noch einige Jahre, bis jemand auf die glorreiche Idee kam, das Bolden'sche Gesetz auch für Benzin anzuwenden.
- Auch in der Medizin gilt das Bolden'sche Gesetz schon seit ewigen Zeiten. Es kommt häufig vor, das ein Medikament unangenehme Nebenwirkungen zeigt. Anstatt das Medikament wegzuwerfen, wird aus der ungewollten Nebenwirkung plötzlich die beabsichtigte Wirkung, und aus der Arznei ein »Wundermittel«. Ein Mittel gegen Bluthochdruck hatte zum Beispiel starken Haarwuchs als Nebenwirkung, weshalb es schon bald als Wunderwaffe im Kampf gegen Glatzköpfigkeit vermarktet wurde.
  In einem anderen Fall erhielt ein Patient die niederschmetternde Diagnose

»Krebs im Endstadium«, und die Ärzte gaben ihm nur noch ein knappes Jahr. Neunzehn Jahre später, nach einer wenig spektakulären Behandlung, wird der putzmuntere und durchaus lebendige Patient der Öffentlichkeit als »ein medizinisches Wunder modernster Therapien« präsentiert, anstatt die Fehldiagnose zuzugeben.

- Dann haben wir da noch die Geschichte mit den Bananen. Die Verbraucher weigerten sich, Bananen mit hässlichen braunen Flecken zu kaufen, weshalb Chiquita eine Riesenkampagne über das Radio verbreiten ließ. Man dichtete ein Liedchen, das so ähnlich ging wie »zeigen sich *braune Flecken* auf goldgelbem Schein, schmecken die Bananen erst richtig fein«.

  Die Bananenfans schluckten die Botschaft mit Begeisterung, doch noch beeindruckender ist der Slogan, den sich Restaurants mit lausigem Service einfallen ließen, um ihre grantigen Stammgäste zu beruhigen: »Gutes Essen braucht Zeit«. Wer könnte daran zweifeln? Doch es braucht ja auch Zeit, die Soße anbrennen zu lassen.

  Diese Aufzählung ließe sich endlos fortsetzen. Ein Theater, in dem eine Aufführung flopt, wirbt natürlich mit den Worten »Noch viele gute Plätze frei.« Ein Pharmazieunternehmen, dessen Produkt nicht ganz so wirksam ist wie das Konkurrenzprodukt, wirbt mit dem Slogan »Mehr Medizin in jeder Kapsel«. Ein Politiker, der keine Ahnung von der Gesetzgebung hat, mutiert zum »Menschen wie du und ich, der unsere Rechte vor den Intellektuellen schützt«. Ein unfähiger Hersteller betont, dass seine Kunden dank der außergewöhnlich langen Lieferzeiten »genug Zeit haben, sich auf die neue Ausrüstung vorzubereiten«, während andere, die ihre Ladenhüter loswerden möchten, damit werben, »sofort liefern« zu können.

Das Bolden'sche Gesetz in der Beratung

Keine Frage, das Bolden'sche Gesetz ist sehr eigennützig. Das bedeutet jedoch nicht, dass es irgendeinen Schaden anrichtet. Berater, die es aufgrund moralischer Bedenken nicht anwenden wollen, verzichten auf zahlreiche Gelegenheiten, ihren damit Klienten weiterzuhelfen. Ich möchte Ihnen hierzu ein paar Beispiel aus meiner Arbeit erzählen.

Einer meiner Kunden bat mich, ihm bei der Verkürzung der Umlaufzeit in seinem Betriebssystem zu helfen, da die Programmierer Ewigkeiten warten müssten, bis ihnen die Ergebnisse der Programmtestläufe vorlägen. Die langen Umlaufzeiten würden die Programmierer so frustrieren, dass sie die Programme manchmal schon freigeben, bevor alle Fehler behoben waren, was ziemlich hohe Kosten nach sich zog. Ich untersuchte die Programme eingehend und kam zu dem niederschmetternden Ergebnis, dass die Umlaufzeiten nur durch eine neue Ausstattung, die den Kunden Millionen kosten würde, verkürzt werden konnten.

Anstatt zugegeben, mit meiner Weisheit am Ende zu sein, erklärte ich meinem Kunden, dass das wahre Problem nicht die Umlaufzeit, sondern die Fehler seien. Ich taufte die Umlaufzeit kurzerhand in »Grübelphase« um, und brachte den Programmierern bei, wie sie dank der zusätzlichen Grübelphase so manchen Fehler beheben konnten. Da die Programme nun fehlerfreier liefen, verringerte sich auch die Zahl der Testläufe, weshalb die Umlaufzeit keine so große Rolle mehr spielte. Noch bevor ich meine Schulung abgeschlossen hatte, beschwerten sich einige Programmierer, dass die Programmierarbeiten nun viel zu schnell vonstatten gingen.

Die Idee, die Umlaufzeit als eine »Grübelphase« zu deklarieren, war natürlich eigennützig. Sie ersparte es mir, meine Unfähigkeit bei der Lösung der technischen Probleme zugeben zu müssen. Mein Kunde profitierte aber trotzdem von ihr. Bei der Beratung geht es zwar nicht darum, mich als Genie hervorzutun, aber auch nicht darum, mich zum Trottel zu machen. Beratung ist kein Test für den Berater, sondern ein Dienst am Kunden.

Mit den eigenen Fehlern Pluspunkte sammeln

Besonders einige spezielle Kunden machen es einem Berater nicht leicht, immer daran zu denken, dass er nicht auf dem Prüfstand steht. Wenn ich ständig dieselbe Frage oder Bemerkung zu hören bekomme, reißt mir manchmal der Geduldsfaden. Bei einer Teambesprechung mit einigen Kunden meldete sich zum Beispiel ständig ein Techniker namens Arnie zu Wort, der auf wirklich jeden Vorschlag entgegnete: »Das habe ich schon ausprobiert, das klappt nicht «. Schließlich reichte es mir und ich fuhr ihn an: »Anscheinend haben Sie wirklich schon alles andere ausprobiert, Arnie. Warum versuchen Sie es nicht einfach mal damit, Ihren Mund zu halten, wenn jemand einen Vorschlag macht?«

Daraufhin herrschte betretenes Schweigen im Raum. Mir wurde auf der Stelle klar, dass ich einen schwerwiegenden Fehler begangen hatte. In einem einzigen Moment der Schwäche hatte ich mein Image als besonnener Gesprächsleiter zerstört. Ich atmete tief durch, da ich einen so guten Kunden nicht kampflos aufgeben wollte, und sagte: »So, nun wissen Sie also, dass ich nicht perfekt bin. Ich habe die Geduld verloren und das tut mir Leid. Es verletzt mich wirklich sehr, dass alle meine Vorschläge abgelehnt werden, bevor ich sie näher erklären kann, und ich vermute, dass ich nicht der Einzige hier im Raum bin, dem es so geht.«

Ich sah einige der Anwesenden zustimmend nicken, daher fuhr ich fort. »Arnie,

Sie lehnen jeden Vorschlag mit der Begründung ab, dass Sie ihn schon ausprobiert haben und er nicht funktionierte. Ich will ja gar nicht abstreiten, dass Sie Recht haben, aber die Ideen, die wir hier entwickeln, müssen genauso wenig perfekt sein wie ich. Ich versuche wirklich, mich zu beherrschen, aber manchmal funktioniert es eben einfach nicht. Soll das etwa heißen, dass ich es nie wieder versuchen sollte?«

Arnie war ziemlich verblüfft. »Nein, natürlich nicht. Ich habe auch gar nicht gemeint, dass die Vorschläge keinen Versuch wert wären. Ich wollte damit nur sagen, dass ich weiß, dass sie unter bestimmten Umständen nicht klappen. Eigentlich wollte ich Sie und meine Kollegen dazu animieren, noch etwas an den Ideen zu feilen.«

Im weiteren Sitzungsverlauf drückte sich Arnie anders aus: »Das ist ein guter Vorschlag, und er wird sicherlich funktionieren, wenn wir diese und jene Probleme vorher lösen.«

Nach der Besprechung nahm mich eine der Anwesenden zur Seite und gratulierte mir zu meiner brillanten Reaktion. »Ich hätte fast wirklich geglaubt«, meinte sie zu mir, »dass Arnie Sie zur Weißglut gebracht hat. Sie sind echt cool.«

In diesem Fall wollte ich meinen Fehler ehrlich zugeben, aber es half nichts, sie glaubte mir nicht. Das ist die Gefahr mit dem Bolden'schen Gesetz: Die Kunden fangen an zu glauben, der Berater sei perfekt (was ja nicht weiter tragisch ist, solange man es nicht selbst glaubt).

DIE KUNST DER TÄUSCHUNG

Wer beruflich so viel fliegt wie ich, will manchmal einfach nicht mit Sitznachbarn plaudern. Mein Freund Daniel erzählt seinen Sitznachbarn zur Abschreckung immer, dass er Metzger sei. Ich selbst greife zu einem weitaus wirkungsvollerem Trick, indem ich behaupte: »Ich bin Gebrauchtwagenhändler.« Mit einem Metzger unterhalten sich die Leute ja manchmal schon gerne, aber mit einem Gebrauchtwagenhändler? Niemals!

Da ich inkognito als Gebrauchtwagenhändler reise, habe ich mich mit diesem unbeliebten Menschenschlag ein wenig auseinander gesetzt. Ich glaube nicht, dass Autohändler so ziemlich das Letzte sind und will deshalb mal mit einigen Vorurteilen aufräumen:

Ich gebe zu, dass Gebrauchtwagenhändler das Bolden'sche Gesetz überstrapazieren. Ist ein Wagen im Grunde schrottreif, handelt es sich selbstredend um einen »Klassiker«. Schluckt er Benzin ohne Ende, nennt man das »sich persönlichen Luxus gönnen«. Ein Gebrauchtwagen wird auch nie als »gebraucht«, sondern als »gut eingefahren« bezeichnet. Dennoch wird Sie kein Gebrauchtwagenhändler schlichtweg anlügen, wenn es nicht unbedingt sein muss. Bevor wir den Gebrauchtwagenhändler also auf den letzten Platz verweisen, sollten wir uns mit den Tricks weniger kreativer Menschen befassen. Zum Beispiel mit Politikern.

»Neusprech«

Nehmen wir einmal an, die Bananenrepublik Zwergenland zieht gegen das ungefähr fünfzig Mal größere Riesenland in den Krieg. Selbstverständlich schickt Riesenland daraufhin seine Kriegsmarine los. Doch Zwergenland hält sich nicht an die Regeln der modernen Kriegsführung, weshalb sich diese militärische Auseinandersetzung hinzieht.

Unfähig, seinen Irrtum einzugestehen oder den Rückzug anzutreten, verkündet der Präsident von Riesenland der Nation, dass ein Krieg das beste Mittel sei, die Moral der Nation zu heben und endlich die veralteten Waffenbestände aufzubrauchen. Außerdem könne man auch gleich die neuen Waffen ausprobieren.

Schon bald sind die Waffenlager leer und die Leichenhallen voll. Das Volk hat die Nase langsam voll, und dem Präsidenten fallen keine Parolen mehr ein. Deshalb fängt er an, sein Volk zu belügen. Im Fernsehen verkündet er: »Wir haben den Krieg gewonnen«. In einer eindrucksvollen Parade lässt er sämtliche Streitkräfte aus Zwergenland abziehen. Seine fast aussichtlose Klemme wird als triumphaler Sieg des Guten über das Böse dargestellt.

George Orwell bezeichnet diese Technik in seinem Roman 1984 als »Neusprech«. Er beschrieb eine Gesellschaft, in der sich Politiker des Neusprech bedienten, um ihre Zwecke zu verfolgen. Unsere Politiker sind jedoch nicht so unehrlich. Sie bemühen sich zwar redlich, das Bolden'sche Gesetz anzuwenden, aber irgendwie scheint es ihnen an der nötigen Fantasie zu fehlen. Sie greifen nur deshalb auf Neusprech zurück, weil ihnen alle anderen Tricks nicht gelingen.

Die Narrengoldregel

Man sollte sich auch nicht auf Gebrauchtwagenhändler und Politiker versteifen. Die Menschen, die ein Stückchen Ödland als Bauland deklarieren, sind mindestens ebenso große Anhänger der Narrengoldregel:

Was nicht da ist, wird vorgetäuscht.

Die Immobilienmaklervariante trägt auch den klangvollen Namen »Eichenwaldlegende«. Stellen Sie sich mal Bauland vor, auf dem es nichts gibt – keinen Baum, keinen Strauch, kein Wasser. Anstatt einen Teich oder kleinen Bach anzulegen oder vierzig

Jahre zu warten, bis aus jungen Pflänzchen richtige Eichen geworden sind, denken sich diese Menschen ganz einfach einen Namen für das Stück Land aus, in unserem Fall zum Beispiel »Am Eichenwald«, um das Fehlen jedweder Eichen wenigstens durch einen schönen Namen zu kompensieren.

Im Ödland von Nebraska, in dem Bäume noch seltener sind als Wasser und Wasser noch seltener als Hügel und man kilometerweit über flaches Land blicken kann, tragen Straßen und Ortschaften lauter Namen von Dingen, die es dort einfach nicht gibt. Der Pinienwald, die Kastanienhöhe, der Pappelsee, das Ahornwäldchen, die Weidenhöhe und vieles mehr werden auf Straßenschildern und Wegweisern einfach vorgetäuscht.

Sie wissen sicher, was ich meine, oder? Die Eichenwaldlegende ist so verbreitet, dass niemand in einem Ort namens Eichelbergquell nach Eichen, einem Berg oder gar einer Quelle suchen würde. Und die Makler trifft nicht mehr Schuld als Techniker und Ingenieure. In den guten alten Zeiten, als noch Gaslicht verwendet wurde, versicherten seine Befürworter, dass Gaslicht genauso gesund sei wie natürliches Sonnenlicht. So angewendet bedeutet die Narrengoldregel, dass jeder Fabrikant, der Kinder zwölf Stunden am Tag in einer mit Gaslicht beleuchteten Fabrik arbeiten ließ, ein wahrer Menschenfreund war, da die Kinder wenigstens nicht auf wohltuendes Licht verzichten mussten, wenn es einmal regnete.

Auch von Röntgenstrahlen hieß es früher, dass sie der Gesundheit dienen und vor allem im Kampf gegen Krebs eine äußerst wirksame und unbedenkliche Waffe seien. Die Befürworter von Röntgenstrahlen hatten zwar keine Ahnung über die Heilung von Krebs, dafür aber umso mehr über den Bau von Röntgenapparaten.

Was soll es also schaden, eine hässliche Sache mit Narrengold zu überziehen? Wie Röntgenstrahlen, die sowohl Krebs verursachen wie auch heilen können, sind doch die meisten technologischen Neuerungen Fluch und Segen zugleich. Wie war das noch mal, als das Computerzeitalter begann? Die Befürworter versicherten uns, dass Computer das Ende der eintönigen und langweiligen Büroarbeit wären. Wie kommt es dann dazu, dass die Arbeit am Computer mittlerweile *gleichbedeutend* mit eintöniger, langweiliger Büroarbeit ist? Bestimmt nicht deshalb, weil es unmöglich ist, die Arbeit durch den Computer interessanter und anregender zu machen.

Also weshalb ist es so weit gekommen? Weil es immer einfacher erscheint, über Fehler hinwegzutäuschen als sie zu beseitigen. Computer wurden mit einer so dicken Narrengoldschicht überzogen, dass sich niemand dafür interessiert, was die Arbeit am Rechner langweilig oder interessant, stupide oder anregend, trivial oder wichtig macht. Und genau das ist die Gefahr, wenn wir glattzüngigen Berater die Narrengoldregel anwenden. Sobald die Täuschung funktioniert, vergessen wir, wie das mit den Reparaturarbeiten eigentlich ging.

Die Umkehrung der Narrengoldregel

Sollten wir Berater die Narrengoldregel jemals anwenden? Was du befürchtest, das man dir tu, das füge vorher anderen zu? Wann immer ich mich versucht fühle, die Narrengoldregel anzuwenden, denke ich Abraham Lincoln. Obwohl Politiker, war Abe für seine Ehrlichkeit bekannt, die sich auch in seinem Lieblingsrätsel wiederfindet. »Wenn man einen Hundeschwanz als Bein bezeichnet, wie viele Beine hat dann ein Hund?« Alle tippten natürlich immer entweder auf eins oder auf fünf, doch Lincoln widersprach, »Nein. Die richtige Antwort ist vier. Auch wenn man einen Schwanz als Bein bezeichnet, bleibt es doch ein Schwanz und kein Bein.«

Ich gebe voller Scham zu, dass ich in jüngeren Jahren vieles beschönigt habe. Der Grund, weshalb ich jetzt so vehement gegen den Schein kämpfe ist, dass ich meine Schuld abtrage. Computerprogrammierer bezeichnen ihre Fehler zum Beispiel gerne als Bugs, also Käfer. (Ich weiß das, weil ich dieses Neusprech selbst in meinen ersten Computerbüchern verwendet habe.) Solange Fehler als Bugs bezeichnet werden, denkt man dabei an kleine Tierchen, die rein zufällig in die Programme gekrabbelt sind, und jeder fühlt sich für sie ebenso wenig verantwortlich wie für andere Naturereignisse.

Wenn ich heute einen Auftrag zur Verbesserung eines Programms annehme, gewöhne ich als erstes jedem ab, über Bugs zu reden. Sobald wir dann über Fehler sprechen, ist die halbe Schlacht schon gewonnen. Inzwischen kann ich viele Probleme sogar schon dadurch entdecken, indem ich auf die beschönigenden Worte achte, mit denen sie beschrieben werden. Kunden, die gerne Euphemismen verwenden, verstecken irgendetwas, vielleicht sogar vor sich selbst. So ist eine Kosten-Nutzen-Analyse in den meisten Fällen nichts anderes als eine Kostenanalyse, der Nutzen interessiert nämlich niemanden. Gemeint ist damit nichts anderes als »Wir schreiben jeden Cent auf, den uns dieses Vorhaben kosten würde, damit es auf gar keinen Fall umgesetzt wird.«

Und noch ein Beispiel: Als ich für einen Kunden einmal ein Problem mit seiner hohen Mitarbeiterfluktuation lösen sollte, hörte ich den Personalleiter ständig über »Flexibilität« sprechen, ein wohlklingender Begriff, der für ihn nichts anderes bedeutete als »die Freiheit, jeden zu entlassen, den ich nicht leiden oder nicht mehr brauchen kann.« Begriffe dieser Art haben mich früher immer ziemlich geärgert, doch mittlerweile ziehe ich mir die nötigen Informationen daraus, um die Situation zu verbessern. Dafür gilt die Umkehrung der Narrengoldregel:

Was vorgetäuscht wird, muss repariert werden.

Die arrogante Einstellung des Personalleiters im obigen Beispiel fand übrigens ihre Entsprechung in den nicht sonderlich loyalen Mitarbeitern, die sich dachten: »Wenn das Management die Leute einfach so feuern kann, bin ich vielleicht der Nächste, den es trifft. Sobald mir jemand einen halbwegs guten Job anbietet, bin ich hier weg.« Es macht ziemlich viel Arbeit, so einen Kreis zu durchbrechen, doch der erste Schritt ist immer der Gleiche: Es muss Schluss mit Begriffen wie »Flexibilität« gemacht werden, die über die Wahrheit hinwegtäuschen.

Der närrische Berater

Die meisten Menschen wenden die Umkehrung der Narrengoldregel bei Beratern ganz instinktiv an. Ertappen sie ihren Berater bei einer Lüge, schließen sie daraus, dass er etwas zu verbergen hat. Doch selbst wenn es nur so *scheint*, als lüge er, sitzt er in der Klemme. Wir Berater sollten uns immer viel Mühe damit geben, unser Können zu untertreiben, doch schon kleine Unsicherheiten können uns dazu verleiten, gelegentlich zu übertreiben.

Vor ein paar Jahren hörte mich eine sehr kluge Kollegin über meine vielen Bücher prahlen. Sie nahm mich zur Seite und erklärte mir, dass ich ein viel besserer Berater wäre, wenn ich nicht ständig versuchen würde, mein Image als berühmter Autor aufzupolieren.

»Aber ich bin ein berühmter Autor«, protestierte ich ohne jegliche Selbstzweifel. »Zumindest in einigen Kreisen gelte ich als einer. Glauben die anderen mir etwa nicht?«

»Das ist nicht der Punkt. Wenn Ihre Klienten Sie für einen Lügner halten, sinken Sie in ihrer Achtung, und Ihre Vorschläge werden ignoriert. Wenn sie Ihnen glauben, sinken sie in ihrer Achtung vor sich selbst, und ignorieren Ihre Vorschläge ebenfalls. Verstehen Sie, was ich meine?«

Ich musste zugeben, dass sie Recht hatte. Sie fuhr fort: »Nun, wenn Sie diese Geschichten nicht erzählen, um Ihren Klienten zu helfen, wem sollen sie dann helfen? Wenn Sie so dringend Hilfe brauchen, sollten Sie sich selbst einen Berater suchen.«

Ich glaube, in dem Moment habe ich angefangen, mich als Gebrauchtwagenhändler auszugeben.

4 Sehen, was da ist

Die Idee, universell einsetzbare Werkzeuge für verschiedene Spezialgebiete der Beratung zu verwenden, stört Sie hoffentlich nicht. Ich will damit nicht sagen, dass Sie außer diesen Universalwerkzeugen nichts weiter brauchen, sondern Sie davor warnen, sich nur auf Spezialwerkzeuge zu verlassen.

DAS GESETZ DES HAMMERS

Schenkt man einem Kind zu Weihnachten einen Hammer, hämmert es bald auf alles ein.

Ein Spezialist, der nur mit einem einzigen Werkzeug arbeitet, muss womöglich Schrauben mit einem Hammer einklopfen. Oft ist es jedoch nicht der Berater, der auf Spezialwerkzeuge besteht, sondern der Klient. Bei meiner Tätigkeit für Computerfirmen erwarten meine Kunden immer, dass ich ihr Problem mithilfe eines Programms löse. Wenn ich einen Vorschlag mache, in dem kein einziger Computer vorkommt, können sie sich nicht vorstellen, was das bringen soll.

Ein Werkzeug erfinden, das den Blick schärft

Wer überwiegend mit Spezialwerkzeugen arbeitet, mag sich schwer tun, spontane Lösungen aus dem Stegreif zu finden. Vor einigen Jahren arbeitete ich für ein Softwareunternehmen, das die Qualität seiner Produkte verbessern wollte. Der Manager konnte nicht so recht erklären, was er unter mangelnder Qualität genau verstand, sondern beschränkte sich auf die Aussage »zu viele Reklamationen«.

»Wie viele Reklamationen sind denn zu viel?«, fragte ich, woraufhin er mir einen halben Meter an Beschwerdebriefen in die Hand drückte. Ich las mir ein paar davon durch und schlug dann vor: »Am besten wir sortieren diese Briefe nach Beschwerdegrund. Dann wissen wir, was das schlechteste Produkt ist.«

»Super Idee«, meinte er. »Kein Wunder, dass Sie ein so gefragter Mann sind. Ich hole uns jetzt einen Programmierer.«

»Wozu das denn?«

»Na, damit er uns ein Sortierprogramm schreibt.«

»Aber das ist doch nicht nötig.«

Er sah mich erst verwundert an, dann sagte er anerkennend. »Ach so, natürlich, Sie haben schon so ein Programm, klar.«

»Nein, eigentlich nicht«, erwiderte ich, »aber Sie haben alles, was wir brauchen, hier in Ihrem Büro.« Ich deutete auf die Landkarte von Nordamerika, auf der sämtliche Kundenstandorte mit einem roten Fähnchen markiert waren. »Haben Sie noch mehr von diesen Fähnchen?«

Wieder blickte er mich erstaunt an und reichte mir die Schachtel mit den Fähnchen. Ich ging zu seiner Pinnwand, heftete ein neues Blatt Papier darauf und ließ mir von ihm die Namen seiner Softwareprodukte nennen. Für jeden Produktnamen machte ich ein Kästchen. Dann bat ich ihn, den ersten Beschwerdebrief vorzulesen. Sobald der Produktname fiel, steckte ich ein Fähnchen in das entsprechende Kästchen und bat ihn, mit dem nächsten Brief weiterzumachen. Nach einer Viertelstunde wussten wir genau, welches Produkt am häufigsten reklamiert wurde.

Der Manager war beeindruckt, obwohl es ihm offensichtlich Leid tat, dass wir kein Programm verwendet hatten. Ich schlug ihm vor, dass er jetzt, da ich über die nötigen Informationen verfügte, ein Programm zur Sortierung künftiger Reklamationen schreiben lassen könne. Das machte ihn glücklich, und ich machte mich an die Arbeit.

Die »Fähnchentechnik«, die mir ganz spontan eingefallen ist, war so erfolgreich, dass ich sie gleich in mein Standardrepertoire aufnahm. Diese Methode besticht durch ihre Einfachheit, ist schnell zur Hand und man kann damit Informationen, die irgendwo im Unternehmen versteckt sind, besser darstellen als mit Computern. Es gibt aber noch eine ganze Reihe anderer Werkzeuge, die noch einfacher sind als Fähnchen und Tafeln, und die jeder Berater verwenden kann, wenn er etwas sehen will, das sein Klient übersieht.

DAS STUDIUM DER GESCHICHTE

Hefeteig und die Eigendynamik

Sonnenstrahlen tanzten auf dem weißen Leinentischtuch, als Sparks seinen Blick durch den Raum schweifen ließ, in dem heute ein festliches Abendessen für die Unternehmensspitze stattfinden sollte. Heute war sein erster Arbeitstag als frisch gebackener Marketingberater.

»Gefällt es Ihnen?«, wollte Wilfram wissen.

»Es sieht viel schöner aus, als ich es mir vorgestellt habe, aber der Brotkorb überrascht mich schon.«

»Der Brotkorb?«

»Ein paar Cracker und die üblichen Weißbrotscheiben. Ich hätte nicht gedacht, dass gut verdienende Führungskräfte dieses Weißbrot überhaupt anfassen.«

»Ihr erster Tag als Marketingberater und schon die erste Überraschung?«

»Nein, nicht die erste«, erwiderte Sparks und strich sich noch ein Butterbrot. »Ich habe mir den ganzen Morgen angesehen, wie die Marketingabteilung aufgebaut ist.«

»Und? Ist alles in Ordnung?«

»Wie bitte? Das soll wohl ein Witz sein! Es fehlt an den richtigen Leuten, aber die ganze Organisation ist so schlecht, dass auch gute Mitarbeiter nicht helfen würden. Selbst mit verbundenen Augen könnte ich eine Abteilung besser organisieren.«

Wilfram seufzte. »Oh, tut mir Leid, das zu hören. Ich war eigentlich immer ganz stolz darauf, dass sich mein Plan für diese Abteilung all die Jahre bewährt hat.«

»*Ihr* Plan?«

»Ja, auch ich bekam nach meiner ersten Beförderung den Auftrag, die Marketingabteilung auf Vordermann zu bringen.«

Sparks befürchtete, seine Karriere als Berater könnte sehr kurz werden – noch keine vier Stunden im Job, und schon war er seinem Kunden schmerzhaft auf die Füße gestiegen. Er beschloss, das Thema zu wechseln. »Ich verstehe gar nicht, warum die kein besseres Brot backen können. Dieses Zeug ist ja kaum genießbar. Wo kommt das überhaupt her? Aus dem Gefängnis?«

»Nein, das Brot ist von Mrs. Oldenhauser.«

»Vielleicht sollte man Mrs. Oldenhauser dafür ins Gefängnis stecken.«

»Na, ich weiß nicht so recht. Mrs. Oldenhauser ist eine sehr nette Dame. Sie und ich engagieren uns für den Witwen- und Waisenbund.«

Sparks schnappte sich eine weitere Scheibe Brot und strich wie besessen Butter darauf.

Wilfram erlöste ihn mit einem Lächeln. »Möchten Sie die Geschichte über das Weißbrot von Mrs. Oldenhauser hören?« Spark nickte mit vollem Mund, und so fuhr Wilfram fort. »Jack und Myrna Oldenhauser und ich waren Nachbarn. Damals waren wir alle noch ziemlich arm. Myrna war eine gute Ernährung immer sehr wichtig, aber sie konnte sich die Lebensmittel, die sie haben wollte, nicht leisten. Sie fing daher an, ihr eigenes Brot zu backen.«

Er schwieg einen Augenblick und seufzte wehmütig. »Es war ein *fantastisches* Brot. Ich weiß noch ganz genau, dass viele Nachbarn immer ganz zufällig genau dann bei Myrna in der Küche vorbeischauten, wenn der erste Laib aus dem Ofen kam. Mmh, ich kann es immer noch schmecken.

Das Brot war so gut, dass die Nachbarn Myrna baten, doch auch für sie zu backen. Natürlich gegen Bezahlung, und Myrna konnte das zusätzliche Geld gut gebrauchen. Nach einer Weile hatte es sich im ganzen Viertel herumgesprochen, dass Myrna eine exzellente Brotbäckerin war, und bald musste sie weitere Aufträge ablehnen, weil ihr Ofen sowieso schon rund um die Uhr in Betrieb war.

Zu Weihnachten schenkte Jack seiner Frau einen Doppelofen, damit sie mehr Kunden bedienen konnte. Zu dieser Zeit halfen auch ihre Kinder schon in jeder freien Minute beim Brotbacken, sodass Myrna Winona Jenkins als Küchenhilfe einstellte.

Bald war der Lebensmittelhändler überfordert, Myrnas Nachfrage nach qualitativ hochwertigen Zutaten nachzukommen, weshalb sie sich direkt an einen Großhändler wandte. Das bedeutete einige Abstriche hinsichtlich der Qualität hinzunehmen, aber ihr blieb nichts anderes übrig, wenn sie regelmäßigen Nachschub wollte.

Einige Monate nach der ersten Lastwagenlieferung musste sie mit ihrem Bäckereibetrieb in ein Industriegebiet umziehen, weil der Lieferverkehr in unserer Straße überhand genommen hatte. Ich habe Myrna danach nur noch selten zu Gesicht bekommen, aber eines Tages rief sie mich an und bat mich, ihr bei der Umstrukturierung ihres Einkaufs, der Personalabteilung, der Mahnabteilung und des Vertriebs zu helfen.

Ich kann mich noch gut daran erinnern, dass es ihr überhaupt nicht in den Kram passte, das Brot am Tag vor der Auslieferung zu backen, und es auch noch in halbrohem Zustand auszuliefern. Aber sie wollte ja möglichst frisches Brot in den Regalen haben. Auch Konservierungsmittel wollte Myrna nicht verwenden, aber aufgrund der langen Lieferkette blieb ihr nichts anderes übrig.

Damit die Arbeitsplätze auf lange Zeit sicher waren, beschloss Myrna zu expandieren. Mittlerweile besitzt sie die größte Bäckerei in ganz Amerika, und ihr Brot findet sich in Tausenden Restaurants und wird von Millionen Hausfrauen gekauft.«

Die Weißbrotwarnung

Ein Computerberater meinte zu dieser Geschichte nur: »Die Story zieht sich ziemlich, bis sie endlich auf den Punkt kommt. Und um welchen Punkt ging es gleich noch mal?« Wie auch Sparks muss er noch jede Menge über das Zuhören lernen. Zum einen muss er lernen, sich in Geduld üben, und zum anderen muss er lernen, dass eine Geschichte mehr als nur eine Pointe haben kann.

Als Wilfram seine Geschichte endlich zu Ende erzählt hatte, war sich Sparks sicher, er hätte kapiert, worauf Wilfram hinauswollte. »Na, das ist ja wirklich eine tolle Erfolgsstory. Tut mir Leid, dass ich vorhin so über das Brot gelästert habe.«

»Aber wieso denn? Sie haben doch Recht. Das Zeug schmeckt wie halbroher Hefeteig.«

»Ich dachte, Sie wären mit Mrs. Oldenhauser befreundet?«

»Bin ich ja auch, aber das heißt nicht, dass ich ihr scheußliches Brot esse. Sie isst es ja nicht einmal selbst. Sie hat sogar ihren eigenen Koch.«

»Und was wollten Sie mir mit der Geschichte dann sagen?«

»Zum Beispiel, dass es ein frisch gebackener Berater leichter haben kann, wenn er ab und zu über die Weißbrotwarnung nachdenkt.«

»Die Weißbrotwarnung? Was ist das denn?«

»Wer immer dieselben Zutaten verwendet, kriegt immer dasselbe Brot.«

»Na, diese Binsenweisheit kennt wohl jedes Kind!«

»Kennen tut sie wohl jeder, aber *erinnern* sich die Leute bei passender Gelegenheit auch an sie? Ich erinnere mich noch genau daran, als Myrna beschloss, ihr eigenes Brot zu backen. Wir saßen gemütlich in ihrer Küche und aßen Brot aus Mrs. Wellingtons Bäckerei. Ich habe Myrna gefragt, wie es ihr denn schmeckt.«

›Ob es mir schmeckt?‹ fragte sie zurück. ›Das soll wohl ein Witz sein! Es werden die falschen Zutaten verwendet, aber es ist sowieso so schlecht gebacken, dass nicht einmal die besten Zutaten helfen würden. Selbst mit verbundenen Augen könnte ich ein besseres Brot backen.‹«

»Ach *darum* geht es. Sie hätte sich erst gründlich über Mrs. Wellingtons Bäckerei und deren Entwicklung informieren sollen, bevor sie ihr eigenes Geschäft eröffnet.«

»Das ist schon witzig«, schmunzelte Wilfram. »Genau das habe ich ihr nämlich auch vorgeschlagen.«

»Und? Hat sie es gemacht?«

»Aber nein, sie entgegnete, dass Mrs. Wellington für dieses Brot ins Gefängnis gehört.«

»Autsch! Jetzt habe ich es kapiert. Aber ich hatte sowieso vor, Sie bezüglich der Marketingabteilung um Rat zu fragen.«

»Dann haben Sie es aber nicht kapiert. Wenn ich *wüsste*, wie man die Marketingabteilung am besten organisiert, hätte ich es schon längst selbst getan. Ich brauche Sie nicht, um meine eigenen Fehler zu wiederholen.«

»Ich soll Sie also *nicht* fragen, wie Sie vorgegangen sind?«

»Doch, fragen Sie mich, was ich *gemacht habe*, aber nicht, was Sie *machen sollen*. Ich weiß nämlich nur, was nicht funktioniert ... Ah, gut. Da kommt der Krabbencocktail.«

Die Boulding'sche Rückschlussregel

Irgendwo in diesem weitem Land gibt es bestimmt eine Mrs. Halliburton, die auch ins Weißbrotgeschäft einsteigen will. Hoffentlich steht ihr ein Berater zur Seite, damit ihre Geschichte ein anderes Ende findet als die von Mrs. Oldenhauser. Sie könnte viele Fehler vermeiden. Sie könnte Kleinigkeiten entdecken, die Mrs. Oldenhauser übersehen hat. Sie könnte die guten Ideen übernehmen und die schlechten bleiben lassen.

Das Wichtigste, was unsere Mrs. Halliburton jedoch von Mrs. Oldenhauser lernen könnte, ist, dass Mrs. Oldenhauser es versäumt hat, aus der Vergangenheit zu lernen. Wie Gertrude Stein schon sagte: »Die Geschichte lehrt uns die Geschichte«. Doch wer die Geschichte nicht studiert, kann nichts aus ihr lernen.

Wie Sparks sind die meisten Menschen zu ungeduldig, um sich mit der Geschichte zu befassen. Daher kann ein guter Berater durch das Studium der Geschichte Dinge entdecken, die anderen vor ihm entgangen sind. Er kann daraus lernen, Fehler zu vermeiden, Gelegenheiten am Schopf zu packen, beizubehalten, was sich bewährt hat und bleiben zu lassen, was erwiesenermaßen nicht funktioniert. Außerdem lernt er etwas über die Umgebung, in die ein Organismus eingebettet ist. Denn auch wenn er den Organismus ändert, muss dieser in der Umgebung des vorherigen bestehen können.

Der Wirtschaftswissenschaftler Kenneth Boulding behauptet, Berater studieren die Geschichte, weil:

Alles ist, wie es ist, weil es sich dazu entwickelt hat.

Diese Regel ist so wichtig für Berater, dass ich mir einen besonderen Namen dafür ausgedacht habe: die Boulding'sche Rückschlussregel. Jedes Mal, wenn Sie als Berater einen neuen Auftrag angenommen haben und sich schnell mit der Situation vertraut machen müssen, sollten Sie diese Regel beherzigen. Dazu müssen Sie ganz ruhig bleiben und womöglich der langen, langweiligen und völlig unwichtigen Geschichte Ihres Klienten zuhören.

Sparks' Gesetz der Problemlösung

Selbst wenn sich die Geschichte Ihres Klienten als unwichtig erweisen sollte, gibt es gute Gründe dafür, einen Auftrag mit einem geschichtlichen Überblick zu beginnen, denn diejenigen, die am Entstehungsprozess eines Problems beteiligt waren, sind nämlich in irgendeiner Weise auch am Lösungsprozess eines Problems beteiligt.

Hüten Sie sich jedoch davor, die Fehler unseres jungen Sparks zu wiederholen: Es ist keine gute Idee zu glauben, man habe den Kern eines Problems sofort erfasst, und selbst wenn das der Fall ist, sollte man nicht gleich vorlaute Kommentare darüber abgeben. Wenn Sie den für das vorherrschende Chaos verantwortlichen Menschen gleich eine Moralpredigt halten, stellen Sie möglicherweise nachher fest, dass:

1. es für eine Entscheidung, die heute nur als idiotisch bezeichnet werden kann, ursprünglich vernünftige und Gründe gab;
2. derjenige, der die aus heutiger Sicht idiotische Entscheidung traf, Ihr Klient oder sein Vorgesetzter ist.

Aus diesen und anderen Gründen sollten Sie bei der Anwendung der Boulding'schen Rückschlussregel immer an Sparks' Gesetz der Problemlösung denken:

> **Die Wahrscheinlichkeit, ein Problem lösen zu können, wird immer geringer, je mehr man sich seinem Verursacher nähert.**

Studierhilfen

Beim Studium der Geschichte benötigt der Berater einige Richtlinien, damit er nicht der Versuchung erliegt, seinen Klienten zum Sündenbock zu machen:

> **Mach es nicht unnötig kompliziert und geh nicht ins Detail; du bist Berater, nicht Staatsanwalt.**

Wenn Sie Ihre Mitmenschen einem Kreuzverhör unterziehen, treten Sie ihnen leicht auf die Füße. Außerdem lenken Sie sie mit Ihren Fragen möglicherweise in eine Richtung, die in ihren Augen nichts mit der Sache zu tun hat, anstatt darauf zu hören, was nach Ansicht Ihres Klienten wichtig ist. Sie können ja durchaus anderer Meinung sein, was wichtig und was unwichtig ist, dennoch ist es von größter Wichtigkeit, welche Prioritäten Ihr Klient diesbezüglich setzt. Hören Sie daher lieber zu, als selbst ständig Fragen zu stellen.

In der Rolle des Zuhörers erhalten Sie natürlich auch viele völlig unwichtige Informationen. Halten Sie sich an den folgenden Tipp, um Wichtiges von Unwichtigem unterscheiden zu können:

Studiere, um verstehen, nicht kritisieren zu lernen.

Die Leute, die für die Situation verantwortlich sind, die zu einem Problem wurde, sind verständlicherweise recht empfindlich, da sämtliche Änderungsvorschläge als Angriff auf ihre Person, ihre Intelligenz oder ihre Fähigkeit, vorausschauend zu planen, ausgelegt werden können. Sie sind normalerweise durchaus zu Gesprächen bereit, um ihre Vorgehensweise zu erklären, doch beim leisesten Hauch einer Kritik hüllen sie sich meist sofort wieder in Schweigen.

Da diese Menschen aber die Geschichte der Problementstehung am besten kennen, sind sie Ihre beste Informationsquelle. Anstatt sie mit Kritik zu verschrecken, sollten Sie daher versuchen, ihr Vertrauen zu gewinnen.

Betone die guten Seiten an der aktuellen Situation.

Die negativen Seiten kommen früh genug ans Tageslicht, glauben Sie mir. Wenn Sie sie nicht zur Sprache bringen, werden es andere für Sie tun, sogar diejenigen, die das ganze Drama verschuldet haben. Mrs. Oldenhauser weiß auch ganz genau, dass ihr Brot nicht schmeckt. Schließlich konnte sie ihre eigene Geschichte lange genug studieren. Wie Ihre Klienten auch. Und Sie. Oder etwa nicht?

DIE WARUMWAFFE

Wenn Sie die Kunst beherrschen, Ihren Mitmenschen Informationen und Geheimnisse zu entlocken, die anderen vorenthalten werden, werden Sie als Berater niemals am Hungertuch nagen. Viele meiner Klienten engagieren mich als eine Art Spiegel, in dem sie sich selbst erkennen können. Doch mancher Kunde dreht den Spieß um und lässt mich Dinge an mir erkennen, die ich in keinem Spiegel sehen kann. So erging es mir mit Lambert von der Seventh National Bank.

Machen Kleider einen Berater?

Es begann ganz harmlos. Ich verbrachte einen Tag bei der Seventh National Bank, um alles Mögliche zu untersuchen. Am nächsten Tag sollte ich einige Ergebnisse vorlegen und würde dafür ein fantastisches Honorar bekommen. Mein Plan war, beim Abendessen meine Aufzeichnungen durchzusehen und ein paar Vorschläge für den nächsten Tag auszuarbeiten.

Lambert bot mir an, mich ins Hotel zu fahren. Er sah aus wie ein Zwölfjähriger, der sich den besten Anzug seines Vaters geliehen hat, um wie ein Banker zu wirken. Das sah mir ganz nach der umgekehrten Narrengoldregel aus. Lambert gab sich mit diesem Anzug für jemanden aus, der er in Wahrheit gar nicht war, was bedeutete, dass er irgendetwas verbergen wollte. Ich hätte es wirklich besser wissen müssen und sein freundliches Angebot ablehnen sollen. Wann immer ich mein inneres Alarmsystem auf unschuldig blickende große Augen ignoriere, halse ich mir nur Ärger auf.

Lambert hatte sich anscheinend nur deshalb erboten, den Chauffeur zu spielen, weil ihm eine persönliche Frage auf dem Herzen lag, die er sich in der Bank nicht zu stellen traute. Als wir auf den Aufzug warteten, platzte er damit heraus. »Weshalb ziehen Sie sich eigentlich so an?« fragte er mich und deutete dabei ohne mit der Wimper zu zucken mit dem Finger auf meine Erscheinung.

Darauf war ich nicht vorbereitet, daher versuchte ich, Zeit zu gewinnen und konterte: »Wie? *So*?«

»Na ja, eben so. Ohne Anzug. Ohne Krawatte. Jeans.«

»Das sind aber doch *feine* Jeans«, verteidigte ich mich schwach.

»Ja, aber *wieso* dann feine Jeans und keine Blue Jeans? Und wieso sind sie so kurz, dass man Ihre Socken sieht? Und diese gelbbraunen Schuhe! Weshalb tragen Sie keine braunen oder schwarzen? Schließlich arbeiten Sie jetzt in einer Bank ...«

»Ich *berate* nur in einer Bank. *Sie* arbeiten in einer Bank.«

»Dann beraten Sie eben in einer Bank, aber Sie sehen aus, als wollten Sie ein Picknick veranstalten oder so was.«

»Was ist so schlimm daran?«

»Nichts. Bitte verstehen Sie mich nicht falsch. Ich will Sie nicht kritisieren. Ich möchte einfach nur wissen, weshalb Sie sich so freizeitmäßig anziehen. Ich dachte immer, ich müsste mich für die Arbeit besonders ordentlich anziehen, und nun tauchen Sie auf, und niemand scheint sich an Ihrem Freizeitdress zu stören. Ich will das einfach nur verstehen. Vielleicht kleide ich mich die ganze Zeit völlig unpassend.«

Er meinte es tatsächlich ernst, daher hörte ich sofort auf, beleidigt zu sein. »Hören Sie, Lambert. Die Art meiner Kleidung ist das Ergebnis vieler Erfahrungen und vieler Jahre Berufstätigkeit. Ich glaube nicht, dass ich Ihnen in einigen Minuten erklären kann, wie sich das alles entwickelt hat.«

»Verstehe. Ich dachte nur, Sie hätten einen kurze Erklärung für mich. Vielleicht fällt Ihnen bis morgen ja etwas ein, das Sie mir erzählen können.«

»Okay, vielleicht morgen.«

Im Hotel angelangt, war ich so sehr mit seiner Frage beschäftigt, dass ich mich kaum auf die Speisekarte konzentrieren konnte. Anstatt mich mit meinen Notizen zu befassen, schwirrte mir nur eine Frage durch den Kopf. Warum zog ich mich *so* an?

Es war ja nicht so, dass mir keine Gründe einfielen, die ich Lambert nennen könnte. Ich trug bequeme Kleidung, weil ich mich dann besser auf meine Aufgaben konzentrieren konnte. Außerdem war ich auf Geschäftsreise, und Jeans verknittern nun mal nicht so leicht wie ein Anzug. Dann wollte ich noch zwei weitere meiner Kunden besuchen. Bei dem einen hatte ich noch nie jemanden mit Krawatte in der Firma gesehen, der andere hatte seine Firma im sonnigen Süden, wo es viel wärmer und feuchter war als hier. Ich musste also für alle Gelegenheiten ausgerüstet sein.

Mir fiel noch ein weiteres Argument ein. Ich war zum ersten Mal für die Seventh National Bank tätig und hatte keine Ahnung über die Firmenkultur und die Kleiderordnung. Außerdem hatte ich mit Leuten der oberen und unteren Unternehmensebene zu tun und wollte durch meine Kleidung weder der einen noch der anderen Gruppe zugeordnet werden können. Es kann sonst vorkommen, dass sich eine der beiden Seiten für meine Vorschläge taub stellt.

Gut, ich gebe zu, dass nicht alle meine Gründe logisch zu erklären waren. Hin und wieder lasse ich mich von modischen Trends beeinflussen, gleichzeitig glänze ich in Sachen Mode aber auch durch Unwissenheit. Ich habe keine Ahnung, ob meine Kleidung gerade in oder out oder schon wieder in ist. Wie eine Uhr, die vor- oder nachgeht, aber trotzdem zwei Mal täglich die richtige Zeit anzeigt, bin auch ich hin und wieder nach der neuesten Mode gekleidet, weil ich meinem Stil immer treu bleibe.

Vielleicht aber auch nicht. Ich befürchte, dass einiges in meinem Kleiderschrank noch nie modern war und es auch nie sein wird. Ich trage so genannte »Hochwasserhosen«, weil ich für meine Größe relativ kurze Beine habe und mir als Kind sämtliche Hosen immer zu lang waren. Die anderen Kinder haben mich immer ausgelacht, wenn ich meine Hosenbeine umgekrempelt habe, aber meine Mutter bestand darauf, da mein Hosensaum sonst vor Dreck starrte.

Ich zermarterte mein Hirn nach weiteren Argumenten. Da fielen mir meine Allergien ein. Ich vertrage weder Wolle noch Kunstfasern auf der Haut, und auf Metall reagiere ich mit unzähligen roten juckenden Bläschen. Einen Wollpullover brauche ich aber manchmal, wenn es richtig kalt ist, und da ich darunter einen Rollkragenpulli aus Baumwolle anziehen muss, trage ich eben mehrere Kleidungsschichten.

Es könnte auch gut sein, dass ich deshalb Rollkragenpullis trage, weil ich Krawatten aus tiefstem Herzen verachte. Ich habe mal gelesen, dass das Wort »Krawatte« von dem französischen Ausdruck für Kroate kommt und ursprünglich mit den Soldaten von König Ludwig XIV. zu tun hat. Für mich macht das durchaus Sinn, denn das Wort »Sklave« hat seinen Ursprung in »Slawe«. In meinen Augen sieht jeder Krawattenträger so aus, als hätte man ihm bereits die Schlinge um den Hals gelegt.

Dieses Vorurteil hat den Vorteil, dass ich mir jede Menge Geld spare. Ich genieße den Ruf, sparsam zu sein, was vielleicht auch damit zu tun hat, dass ich nie die neuesten Modelle an Hemden, Hosen, Mänteln, Schuhen und Socken trage.

Ja, nicht einmal Socken. Es kann mir nicht passieren, dass ich zwei erwische, die nicht zusammenpassen, denn ich kaufe nur Socken derselben Machart und Farbe. Ich kaufe immer dreißig Paar auf einmal, denn ich bin zu Hause für das Zusammenlegen der Wäsche zuständig, und es gibt nichts Schlimmeres, als nach passenden Socken zu suchen. Ich kann in absoluter Dunkelheit meine Socken packen, wenn ich mitten in der Nacht zum Flughafen muss, und habe immer die passenden dabei, ohne meine Frau Dani aufwecken zu müssen.

Doch der Hauptgrund für meine unmodischen Socken ist Geld. Wenn in der Hotelwäscherei ein Socken kaputt oder verloren geht, brauche ich sein Gegenstück nicht wegschmeißen. Wahrscheinlich könnte ich mir den Schaden von der Wäscherei ersetzen lassen, aber das ist mir die Mühe nicht wert. Ich gebe mir nämlich die allergrößte Mühe, mir mein Leben so mühelos wie möglich zu gestalten.

Falls ein Klient darauf bestünde, würde ich mir bestimmte Kleidungsstücke sogar zulegen. Derzeit bin ich nicht im Besitz einer Krawatte, aber wenn es unbedingt sein muss, kaufe ich eine und setze sie ihm auf die Rechnung … Meine Rechnung! Mein Klient! Mist, was habe ich nur getan? Mir stundenlang Gedanken über meine Kleidung zu machen, anstatt meine Arbeit zu erledigen! Und es gab noch so viel zu tun.

Doch es war zu spät. Mir blieb keine Zeit mehr, mir Gedanken über Seventh National Bank zu machen. Ich wollte nur noch eins: ab ins Bett, damit ich morgen wenigstens ausgeschlafen hätte. Als ich mich von einer Seite auf die andere wälzte und in meinen Träumen von tanzenden Socken heimgesucht wurde, die alle unterschiedlich aussahen, verfluchte ich Lambert und seine idiotische Frage.

Ich erwachte mit diesem Fluch auf den Lippen. Lambert war für mich wie der Grashüpfer, der den Tausendfüßler unschuldig fragte: »Wenn du spazieren gehst, wie entscheidest du, welches Bein du zuerst bewegst?« Und ich war der arme Tausendfüßler, der sich keinen einzigen Schritt mehr fortbewegte.

Die endlose Begründungskette

Mit seiner unschuldigen Systemanalytikerart hatte Lambert mich mit der Warumwaffe konfrontiert. Ich hätte es wirklich besser wissen müssen. Schließlich hat mich mein Vater schon immer gewarnt:

> **Uns geht vielleicht die Energie, die Luft oder das Wasser aus, aber gute Gründe werden uns niemals ausgehen.**

Die Leute können immer begründen, warum sie etwas tun. Ist man mit der Begründung nicht zufrieden, liefern sie mehr Gründe. Und noch mehr. Und immer noch mehr.

Die Leute können auch immer begründen, warum sie etwas *nicht* tun. Oder es läuft so ab wie bei Hamlet, der Gründe für das Für und Wider gleichzeitig parat hat.

Lambert hatte mir eine Warum-Frage gestellt, und ich hatte versucht, sie innerhalb einer begrenzten Zeitspanne zu beantworten, was dazu geführt hatte, dass ich völlig unvorbereitet in der Bank aufkreuzte und Gefahr lief, den Job zu verlieren.

Doch Moment mal! Wenn mich Lambert mit der Warumwaffe außer Gefecht gesetzt hatte, könnte ich sie doch auch gegen ihn und seine Kollegen ins Feld führen, oder? Das gab mir neuen Mut. Ich ging in die Bank und stellte Fragen über alles, worüber ich gestern informiert worden war.

»Warum ist Ihr System auf diese Weise aufgebaut?«

»Warum müssen die Änderungen bis 1. Juli umgesetzt sein?«

»Warum führen Sie das Unternehmen auf diese Weise?«

»Warum setzen Sie dieses Gerät nicht häufiger ein?«

»Weshalb verwenden Sie dieses Gerät so oft?«

»Weshalb verlangen Sie in diesem Antrag diese Informationen?«

»Warum wird nicht nach diesen anderen Informationen gefragt?«

Es klappte. Sie redeten. Sie stritten. Sie sprudelten nur so über, und ich erfuhr mehr als während des ganzen vorherigen Tages. Zum Schluss waren sie derart von meiner Beobachtungsgabe beeindruckt, dass mein Beratervertrag um weitere drei Monate verlängert wurde. Ich war dermaßen zufrieden mit *mir*, dass ich nicht einmal Lamberts Angebot, mich zum Flughafen zu bringen, ablehnte.

Wir waren noch nicht einmal auf der Autobahn, als Lambert die Kleiderfrage stellte, doch diesmal war ich darauf vorbereitet. »Warum sollte ich mich *nicht* so anziehen, Lambert? Man kann ja schlecht nackt herumlaufen, also muss man sich irgendetwas anziehen. Warum also nicht so wie *ich*?«

Dummerweise war Lambert zu sehr der unschuldige Systemanalytiker als darauf hereinzufallen. »*Warum* kann man eigentlich nicht nackt herumlaufen?«, fragte er.

Ich bin dem mir unbekannten Fahrer des grünen 1975 Valiant unendlich dankbar, dass er sich genau in dieser Sekunde vor den Wagen von Lambert drängte und mir Zeit gab, mich gegen die Warumwaffe zu wappnen. Als Lambert sich ausreichend von dem Schreck erholt hatte, um sich mir wieder zuzuwenden, war ich bereit für seine letzte Frage.

»Im Ernst, Jerry, wenn Sie doch anziehen können, was Sie wollen, warum können Sie dann nicht auch nackt umherlaufen?«

»Na, das ist doch klar, Lambert«, meinte ich, während er von der Autobahn abbog und die Straße zum Flughafen entlang fuhr. »Wenn Gott gewollt hätte, dass wir im Adamskostüm umherlaufen, wären wir auch *nackt* auf die Welt gekommen.«

Lambert hatte es offensichtlich die Sprache verschlagen, denn ich hörte keine weiteren Fragen mehr von ihm, und konnte meine Reise ohne weitere Schwierigkeiten fortsetzen.

WAS VERBIRGT SICH HINTER DEM OFFENSICHTLICHEN?

Die Größe macht noch lange kein Pferd aus

Wenn Sie die Warumwaffe auf Ihre Klienten richten, können Sie zwar viele interessante Informationen aus ihnen herauskitzeln, doch das Problem, die den Fakten zugrunde liegenden Regeln zu erkennen, ist damit noch nicht gelöst. Eine extrem nützliche Methode ist, die Regeln vom Klienten selbst zu erfahren und diese anschließend auf das Problem anzuwenden. Rick ist Leiter der Abteilung für Datenverarbeitung, doch seine große Liebe sind Pferde. Neulich kam er nach Lincoln, um an den Wartungsproblemen seines Unternehmens mitzuarbeiten, doch bevor wir damit anfingen, wollte er unbedingt erst zur Landes-Pferdeschau in Nebraska.

Ich habe zwar unseren Schäferhund Sweetheart erzogen, doch so große Tiere wie Pferde waren mir schon immer suspekt. Immer wenn ich in der Nähe eines Pferdes bin, ist meine einzige Sorge, dass es mir auf den Fuß tritt. Als ich Rick davon erzählte, grinste er mich an und meinte fröhlich: »Die Größe macht noch lange kein Pferd aus.«

»Was soll das denn bedeuten?«, wollte ich wissen.

»Na, denken Sie doch mal eine Zeit lang darüber nach.« gab er mir zur Antwort. »Das sagen Sie mir auch immer, wenn ich einen Ihrer geheimnisvollen Ratschläge nicht gleich verstehe.«

Mir blieb nichts anderes übrig, als meinen Mund zu halten und den Pferden zuzusehen, aber irgendwie wurde ich aus seiner Bemerkung einfach nicht schlau. Als wir in mein Büro zurückkamen, kam Sweetheart zur Tür, um Rick zu begrüßen. Er blieb wie angewurzelt auf der Schwelle stehen. »Was ist los?«, wollte ich wissen.

Er warf einen ängstlichen Blick auf Sweetheart und meinte: »Schauen Sie sich mal diese Zähne an. Sie könnte mich mit Haut und Haaren verspeisen.«

Das Gesetz der Verpackung

Ich lachte und erklärte ihm, dass ihre Körperhaltung und die Art, wie sie mit dem Schwanz wedelt, keinesfalls darauf hindeuteten, dass sie ihn beißen wollte. Die einzige Gefahr war, dass sie ihm die Hand leckten würde.

»Gut«, meinte Rick und streckte vorsichtig seine Hand aus, die auch sofort abgeleckt wurde. »Wissen Sie, genau das meinte ich damit, als ich Ihnen sagte, dass die Größe allein kein Pferd ausmacht. Jeder, der mit Pferden arbeitet, achtet auf alle möglichen Merkmale und überlegt sich, wie sie sich auf das Training auswirken. Jeder, der nicht mit Pferden arbeitet, stellt bei einem Pferd nur das offensichtlichste Merkmal fest, nämlich seine Größe. «

Rick hatte mir eine Lektion über etwas erteilt, das ich als das Gesetz der Verpackung bezeichne.

Die meisten von uns kaufen nach der Verpackung und nicht nach dem Inhalt.

Sprachwissenschaftler und Philosophen sagen dazu:

Der Name eines Dings ist nicht das Ding selbst.

Dies soll uns daran erinnern, dass wir neuen Dingen gerne einen Namen geben und davon ausgehen, der Name wäre ein wahre und umfassende Beschreibung des Dings. Rick weiß über das Gesetz der Verpackung zwar Bescheid, doch da er keine Hunde, sondern Pferde trainiert, war das Einzige, was *er* an Sweetheart registrierte, ihre großen Zähne.

Ein erfahrener Experte kann die vielfältigen Aspekte einer Situation erfassen, doch der Berufsanfänger sieht nur die Größe oder die Zähne, das Offensichtlichste also. Eskimos zum Beispiel haben Dutzende von Wörtern für Schnee und sind auch in der Lage, diese unterschiedlichen Arten von Schnee zu erkennen. Wir kennen eigentlich nur eine Art von Schnee, den wir auch so bezeichnen, und erst wenn wir Ski fahren lernen, erweitert sich unser Vokabular um Ausdrücke wie »Neuschnee« oder »Pulverschnee«. Wenn wir lernen, Schnee präziser zu beschreiben, können wir auch Probleme beim Skifahren besser lösen.

Genauso verhält es sich auch bei der Beratung. Ein unfähiger Berater erfasst Probleme nicht, sondern bezeichnet sie mit dem erstbesten *Namen*, der ihm dazu einfällt. Dabei kann es sich um einen irreführenden Euphemismus handeln, da der Kunde die Narrengoldregel anwendet, um etwas zu verbergen, oder um eine einfache Bezeichnung dessen, was auf den ersten Blick offensichtlich ist. Sobald das Problem mit einem gängigen Namen getauft wurde, wird es schwieriger zu lösen.

Wartung kontra Planung

In den letzten Jahren erhielt ich immer mehr Anrufe von Kunden, denen ich bei der Kostenreduzierung für die Softwarewartung helfen sollte. Ich bin mittlerweile der Überzeugung, dass »Wartung« der nichtssagendste Begriff ist, die wir je geprägt haben.

Rick zum Beispiel begann unsere Besprechung mit den Worten, dass er etwa 80 Prozent seines Softwarebudgets für Wartung ausgebe. Ich fragte nach, ob dieser hohe Betrag daher kommen könnte, weil viele verschiedene Bereiche unter diesem Namen zusammengefasst würden, so wie ich nur die Größe des Pferdes gesehen hatte, obwohl ein Pferd noch viele anderen Eigenschaften hat. Rick ließ mich daher nachprüfen, was unter dem Namen Wartung alles erledigt wird.

Ich versuchte, die Arbeit so zu betrachten wie ein Eskimo den Schnee. Ich stellte fest, dass etwa die Hälfte aller Tätigkeiten eine andere Bezeichnung verdient hätten. Die Produktpreise, die sich alle paar Monate änderten, waren in die Programme integriert, anstatt sie in Tabellen anzulegen, die leicht gepflegt und überprüft werden konnten. Ein Team aus drei Programmierern arbeitete in Vollzeit daran, die Software ständig zu ändern, um die Preise zu aktualisieren.

Die unglückliche Wahl der Bezeichnung wirkte sich auf den Ansatz aus, mit dem Rick die Situation zu verbessern versuchte. Da die Arbeit unter »Wartung« lief, hatte Rick die Leistung seiner Mitarbeiter beim Programmieren und Testen der Programme in den Vordergrund gerückt. Ich schlug ihm vor, nicht länger von einem »Wartungsproblem« zu sprechen, sondern es als »Missverhältnis zwischen Programmentwicklung und Wartungsfreundlichkeit« zu betrachten.

Aus dieser Perspektive betrachtet, gab es einen Lösungsansatz von der Entwicklungsseite und von der Wartungsseite. Das Programmierteam beschloss, den Programmcode umzuschreiben und die Preise in einer Preisliste, die bereits bei der Kundenbetreuung vorlag, beizufügen. So hatten die Programmierer also nichts mehr mit der Wartung zu tun. Außerdem freuten sich die Anwender, die Preisliste als Datei zu bekommen, die sie bequem auf ihrem Rechner aktualisieren konnten.

Die Methode der Irreführung

Einer meiner Kunden erzählte mir die Geschichte vom Optimisten und Pessimisten, die sich über Philosophie stritten. Der Optimist verkündet: »Unsere ist die beste aller möglichen Welten.« Der Pessimist seufzt und erwidert: »Du hast ja so Recht.«

Diese Geschichte steht für all die endlosen Meinungsverschiedenheiten, die entstehen, wenn zwei Parteien ein und dieselbe Situation anders bezeichnen, selbst wenn sie dieselben Begriffe dafür verwenden. Oft sind die verwendeten Bezeichnungen nicht nur unterschiedlich, sondern schließen sich gegenseitig aus. Derselbe Kunde berichtete mir, dass sein größtes Problem die Etatüberschreitungen bei der Softwareentwicklung wären. Als ich den Programmierern einen Besuch abstattete, erzählten sie mir, das Management wäre zu geizig, die notwendigen Mittel zu bewilligen, damit sie ihre Arbeit ordentlich erledigen könnten. Was der Manager als Etatüberziehung bezeichnete, nannten die Programmierer Etatknappheit.

Die Methode der Irreführung beschreibt den Vorgang, einen emotional besetzten Begriff für eine Situation zu verwenden, um von einem bestimmten Aspekt dieser Situation abzulenken. Wird das Problem als Etatüberziehung bezeichnet, soll damit ausgedrückt werden, dass die Höhe des Etats korrekt bemessen war. Wird es als Etatknappheit bezeichnet, ist gemeint, dass die Arbeit mit den verfügbaren Mitteln so gut wie möglich erledigt wurde. Beide Bezeichnungen lenken die Aufmerksamkeit des Beraters von jeweils einer Seite des Projekts ab. Manager, die den Etat festlegen, sprechen von der Überziehung, um von ihrem Beitrag zum Problem abzulenken. Angestellte hingegen reden von Etatknappheit, denn dadurch lenken sie die Aufmerksamkeit von sich weg auf das Management.

Die Drei-Finger-Regel

Kein Berater sollte darauf hereinfallen, wenn sein Klient zur Methode der Irreführung greift, doch hin und wieder kann es jedem von uns passieren. Es gibt jedoch ein gutes Indiz, das eine Irreführung vermuten lässt, und das ist der Zeigefinger. Viele Menschen deuten unbewusst mit dem Zeigefinger in eine bestimmte Richtung, wenn sie uns in die Irre führen wollen. Wann immer ich diesen Finger sehe, denke ich an folgendes chinesisches Sprichwort:

> **Wenn du mit einem Finger auf jemanden deutest, achte darauf, wohin die anderen drei deuten.**

Das hilft sogar, wenn *ich* selbst mit dem Finger der Irreführung herumfuchtele.

DIE FÜNF-MINUTEN-REGEL

Letztendlich macht sich nur ein unerfahrener Berater Sorgen darüber, ob er an die nötigen Informationen kommt. Es gibt so viele Möglichkeiten, den Blick zu schärfen, und der erfahrene Berater weiß, dass er niemals unter Informationsmangel leiden wird. Eigentlich leide ich mehr unter dem Gegenteil: Bei jedem Neuauftrag macht mir erst mal die Informationsflut zu schaffen, die da auf mich einstürzt: langwierige, langweilige Geschichten von allen, mit denen ich mich unterhalte … Tausende von Gründen, weshalb etwas so und nicht anders ist … Schuldzuweisungen und irreführende Zeigefinger. Mit den Jahren ist in mir die Überzeugung gereift, dass sich irgendwo in dieser Masse an Fakten die Lösung des Problems verbirgt. Die Lösung, die jeder Klient von alleine finden könnte, wenn er sich nur durch diesen Berg an Fakten wühlen würde.

Doch natürlich tun sie das nicht und ziehen deshalb einen Berater hinzu, der aufmerksam lauscht, was sie ihm zu sagen haben, und es dann in anderen Worten zusammenfasst. Heutzutage wende ich immer gleich die Fünf-Minuten-Regel an, wenn mich Fakten zu überwältigen drohen:

> **Kunden wissen grundsätzlich, wie sie ihre Probleme eigenhändig aus der Welt schaffen können und sagen es einem auch – und zwar in den ersten fünf Minuten.**

Das stimmte bei Wilfram, dessen Problem mit schleichenden Änderungen in die Geschichte über das Weißbrot eingeflochten war. Es stimmte bei der Seventh National Bank, deren Problem sich unter dem Stichwort »zu viele Formalitäten« (bei der Kleiderordnung und vielen anderen Dingen) zusammenfassen ließe und die Kreativität der Mitarbeiter unterdrückte. Und es stimmte bei Rick, der seinem Problem den falschen Namen gegeben hatte, und bei dem anderen Kunden, der nicht zwischen einer Etatüberziehung und einem zu knapp bemessenen Etat unterscheiden konnte.

Als Berater hätte ich diese Zeichen in den ersten fünf Minuten des Gesprächs erkennen müssen und mir damit viel Mühe sparen können, die nötigen Informationen zu sammeln oder nach einem Muster zu suchen, das hinter den Fakten steckt. Doch manchmal bin ich gerade in den ersten fünf Minuten so nervös, dass ich einfach nicht genau zuhören kann. Das Einzige, was mir dann auffällt, sind die Zähne meines Klienten.

5 Sehen, was nicht da ist

Ich war so stolz auf »meine« Fähnchentechnik, dass ich sie viele Jahre lang für jedes beliebige Qualitätsproblem einsetzte. Diese Fähnchen schienen ein so nützliches Werkzeug zu sein, dass sich mein Blick für das Offensichtliche trübte. Eines Tages besuchte ich einen Klienten mit einem ganz anderen Qualitätsproblem und entdeckte ein schwarzes Brett für Beschwerden.

»Oh«, meinte ich und deutete auf das Brett, »haben Sie Probleme mit der Softwarequalität?«

»Nein, wir habe die beste Software der ganzen Branche. Wie kommen Sie darauf?«

FEHLENDE WERKZEUGE

Mit einem Mal wurde mir klar, was ich eigentlich schon längst hätte begreifen müssen: Das *Fehlen* von Werkzeugen für die Bearbeitung von Beschwerden war ein Zeichen für Qualitätsprobleme. Die systematische Bearbeitung von Beschwerden ist Teil der Qualitätssicherung bei Software. Fehlt dieser Teil, bemerken die Hersteller womöglich gar nicht, dass sie Qualitätsprobleme haben, was es natürlich erheblich erschwert, das Problem in den Griff zu kriegen. Vermutlich hätte es bei einem Großteil meiner Klienten gereicht, ein System für die Reklamationsbearbeitung einzuführen. Die Auswertung hätte dann automatisch für eine Verbesserung der Produktqualität gesorgt.

Es traf mich hart, dass schon andere vor mir meine Technik erfunden hatten. Ich suchte nach etwas, das mein angekratztes Image als Berater wieder aufpolieren würde. Ich war stolz darauf, dass ich mit meinen Fähnchen genau sagen könnte, welches Team die schlechteste Produktqualität lieferte. Diesem Team half ich dann, die Fehler und Schwächen zu beheben, was eine verbesserte Qualität zur Folge hätte. Das funktionierte natürlich, aber irgendwie fühlte ich mich nie so richtig wohl dabei. Ich kam mir immer vor wie ein Voodoopriester, der die armen Menschen, die nicht ordentlich arbeiten, mit Nadeln malträtiert.

Wer nicht schrecklich intelligent ist, sollte wenigstens gut zuhören können. Mein Klient fragte mich etwas später, »Weshalb sind Sie denn so pessimistisch? Wollen Sie denn gar nicht sehen, was für einen tollen Job unsere Programmierer leisten?« Super, welch genialer Einfall! Ich hatte die Fähnchen immer dafür verwendet, die Produkte mit Qualitätsproblemen zu markieren. Genauso gut hätte ich mit ihnen die Teams markieren können, die exzellente Arbeit leisten. Als ich diesen Teams später einen Besuch abstattete, bekam ich gleich Dutzende von Ideen, wie sich die Software verbessern ließe.

Wieder einmal hatte ich nicht gesehen, was nicht vorhanden war. Ich war so auf Probleme fixiert, dass mir Nicht-Probleme entgingen, das heißt, die Probleme, die da sein hätten können, aber eben nicht da waren. Ich durchwühlte meine Beratertrickkiste und musste entsetzt feststellen, dass mir Werkzeuge fehlten, mit denen ich Dinge sehen konnte, die nicht da waren. Ich habe noch immer nicht alle fehlenden Werkzeuge gefunden, aber einige neue habe ich mittlerweile. Wenn ich doch nur sehen könnte, welche mir noch fehlen …

RÜCKSCHLÜSSE ZIEHEN AUS DEM, WAS NICHT DA IST

Junge Berater sind in der Regel sehr stolz auf ihre Ideen. Es hatte mir schon einen ziemlich herben Schlag versetzt, dass die Idee mit den Fähnchen offensichtlich lange vor mir geboren worden war. Im Laufe der Zeit habe ich aber gelernt, dass kaum wirklich neue Werkzeuge erfunden werden. Einzig die Art, sie anzuwenden, mag neu sein.

Als ich mich zum ersten Mal mit der Fähnchentechnik beschäftigte, habe ich ihren Nutzen nicht voll erkannt. Sie gibt nicht nur Aufschluss darüber, welche Probleme vorhanden beziehungsweise nicht vorhanden sind, sondern auch darüber, welche die meisten Schwierigkeiten verursachen. Wenn diese feststehen, ist der Rest ein Kinderspiel, denn mithilfe der Boulding'schen Rückschlussregel können Sie eine Menge über das System herausfinden, das zur Verbreitung des Problems geführt hat.

Das Gesetz der Problemstreuung

Wenn Sie zum Beispiel Rudys Rübenregel mehrmals hintereinander anwenden, ändert sich die Streuung der restlichen Probleme. Nehmen wir einmal an, dass die Streuung je Tausend Reklamationen über Ihre Produktserie so verteilt ist: Die drei größten Probleme führen zu 700, 150 beziehungsweise 60 Beschwerden, wobei es über die restlichen

Produkte insgesamt 90 Reklamationen gibt. Sagen wir, es gelingt Ihnen, sämtliche Bugs des schlechtesten Programms zu beheben, das immerhin für 70 Prozent aller Reklamationen verantwortlich ist. Somit führen die restlichen Produkte zu 160 beziehungsweise 60 Beschwerden, während die restlichen Produkte für 90 Reklamationen verantwortlich sind. Nun beseitigen Sie die Mängel des zweitschlechtesten Produkts, das immerhin die Hälfte der restlichen Reklamationen ausmacht, das heißt, nun haben Sie es noch mit einem Produkt zu tun, das in 60 Fällen reklamiert wird und mit 90 Reklamationen über andere Produkte oder auch mit nur noch 40 Prozent aller Mängel, die vom schlechtesten Produkt herrühren.

Schritt für Schritt wird so der Anteil an Reklamationen, die durch das schlechteste Produkt entstehen, immer geringer, während die Reklamationen über die restlichen Produkte einen immer ähnlicheren prozentualen Anteil annehmen. Daher besagt das Gesetz der Problemstreuung:

Ein guter Problemlöser kann viele Probleme haben, aber er hat nur selten ein einziges großes.

Abgesehen von den Ausnahmen, die für fast jedes Gesetz gelten, kann ein Berater viel über seinen Klienten erfahren, wenn er die Streuung der bestehenden Probleme untersucht. Sind die Probleme relativ gleichmäßig verteilt, könnte der Berater zwar auf die Idee kommen, dass der Kunde ein großes Problem übersieht, doch wahrscheinlicher ist es, dass er sich irgendwie mit allen Problemen arrangiert, ohne eines außer Kontrolle geraten zu lassen.

Die Tatsache, dass es kein einzelnes großes Problem gibt, deutet darauf hin, dass es bereits funktionierende Problemlösungsmechanismen gibt. Und selbst wenn Sie kein besonders schwerwiegendes Problem zu lösen haben, können Sie den vom Kunden bevorzugten Lösungsmechanismus in Ihre Strategie integrieren, um ihn damit schwer zu beeindrucken.

Fehlende Lösungen

Hat ein Kunde nur ein einziges, dafür aber wirklich schwerwiegendes Problem, liegt der Verdacht nahe, dass ihm etwas ganz Wesentliches fehlt – Lösungsstrategien oder Methoden, seine Probleme nach Schweregrad zu ordnen. Wenn Sie an die Boulding'sche Rückschlussregel denken, wird klar, warum dies die logische Schlussfolgerung ist: Führt ein einziges Problem über einen längeren Zeitraum zu erheblichen Schwierigkeiten, liegt es auf der Hand, dass der Kunde alles andere als ein guter Problemlöser ist und sich nicht darauf konzentriert, das schlimmste Problem immer zuerst anzugehen.

Obwohl die Lösung des größten Problems in diesem Fall natürlich ein grandioser Erfolg wäre, ist es mehr als unwahrscheinlich, dass Ihre Ratschläge auf fruchtbaren Boden fallen. Anstatt nach bestehenden Lösungsmechanismen zu suchen, würden Sie vermutlich einen ganz simplen Trick anwenden wollen, mit dem ein großer Teil des Problems aus der Welt zu schaffen und gleichzeitig Ihre Glaubwürdigkeit zu erhöhen wäre. Mit dem so gewonnenen Vertrauen in Ihre Fähigkeiten hätten Sie genügend Unterstützung, um den nächsten Teil des Problems anzupacken.

Der Nachteil dieser Vorgehensweise liegt darin, dass Ihr Klient nur noch abhängiger von Ihnen wird und seine Probleme noch schlechter selbst lösen kann. Besser ist es daher, das Riesenproblem zunächst zu ignorieren und erst einmal Problemlösungsstrategien – möglichst einfacher Natur und todsicher wirksam – zu entwickeln. Auch wenn Sie mit Sicherheit kein Ehrenabzeichen dafür erhalten, ein kleines Problem gelöst zu haben, lernt der Klient auf diese Weise, wie er seine Probleme selbst lösen kann. Außerdem steigern Sie so sein dafür notwendiges Selbstvertrauen.

Fehlende Geschichte

Achten Sie auch auf die Entwicklungsgeschichte der Problemstreuung, denn wenn das eine, sehr große Problem erst seit kurzem besteht, möglicherweise aufgrund eines einschneidenden externen Ereignisses, empfiehlt es sich, dieses Problem direkt mithilfe der Lösungsstrategien anzupacken, die der Klient bereits vor seinem plötzlichen Auftreten schon anwandte.

Bei einem meiner Kunden verunglückte die Chefdesignerin bei einem Reitunfall tödlich. Ich kannte sein Unternehmen und wusste daher, dass es ein sehr gesundes Unternehmen war, in dem es auch für Führungskräfte ganz normal war, regelmäßig in den Urlaub zu fahren. Ihre Mitarbeiter konnten mit dieser Situation umgehen. Daher beschlossen mein Kunde und ich, weder überstürzt einen neuen Designer anzustellen noch einen unerfahrenen Angestellten entsprechend zu befördern. Stattdessen verteilten wir die Arbeit der verunglückten Designerin auf das restliche Designerteam, wobei wir darauf achteten, dass jeder einen Bereich übernahm, der seinen Kenntnissen entsprach … Gleichzeitig konnten die Designer einen Teil ihrer Aufgabenbereiche wählen, den sie an unerfahrenere Mitarbeiter abgeben konnten.

Auf diese Weise gelang es dem Unternehmen, trotz dieses herben Schlags eine Krise zu vermeiden. In einem Unternehmen, in dem Urlaubssperre und Überstunden die Regel sind und keiner weiß, was seine Kollegen den lieben, langen Tag eigentlich machen, hätte dieser Ansatz nicht funktioniert. Für solche Unternehmen ist das plötzliche Ausscheiden eines Mitarbeiters ein großes Problem – mit dem aber gerade diese

Unternehmen jederzeit rechnen müssen. Wenn ich in diesem Fall als Berater um Hilfe gebeten würde, würde ich mir die Angst vor der drohenden Katastrophe zunutze machen, um einige strukturelle Änderungen einzuführen, wie zum Beispiel ein System zum Informationsaustausch, mit dessen Hilfe die Mitarbeiter die Tätigkeiten ihrer Kollegen kennen lernen.

Fehlender Hilferuf

Es liegt wohl in der Natur von Kunden, für drängende Probleme immer eine Sofortlösung zu wollen, doch Schnellschüsse sind meist wenig hilfreich. Normalerweise muss ich mich jedoch nicht mit derartigen Problemen herumschlagen, da Menschen, die Probleme mehr schlecht als recht lösen, nur in den seltensten Fällen um Hilfe bitten. Was hier fehlt, ist also der Hilferuf. Denken Sie bitte daran, wenn sich vor Ihren Augen plötzlich ein Problem auftut. Sicherlich wird von Ihnen als Berater erwartet, dass Sie zur Lösung dieses Problems beitragen, doch eine stillschweigende Erwartungshaltung ist nicht genug. Kümmern Sie sich nur um Probleme, um deren Lösung man Sie ausdrücklich gebeten hat.

Es ist einer der Widersprüche in unserer Branche, dass wir Berater so gut wie nie von den Menschen um Hilfe gebeten werden, die sie am nötigsten haben. Da kann es einem schon schwer fallen, nicht helfend einzugreifen, wo man doch praktischerweise sowieso gerade in der Nähe ist. Tun Sie es nicht! Wenn kein Hilferuf zu vernehmen war, ist die Chance hoch, dass Sie nicht helfen können.

Manche Berater haben Kunden, die aus irgendwelchen Gründen gezwungen sind, die Berater zu engagieren – wie Straftäter, die regelmäßig ihren Bewährungshelfer oder einen vom Gericht bestellten Psychiater aufsuchen müssen. Auch wenn Sie unter einem Mangel an Klienten leiden sollten, brauchen Sie diese Kollegen wahrlich nicht beneiden, denn deren Erfolgsquoten sind ziemlich frustrierend. Diese Berater stellen nämlich schnell fest, dass sie als erstes den Hilferuf aus ihren Klienten herauskitzeln müssen, und selbst bei dieser Aufgabe ist die Erfolgsquote sehr gering.

WIE MAN ETWAS SEHEN KANN, DAS NICHT DA IST

Die Reaktion auf einen fehlenden Hilferuf ist nur ein Beispiel, wie ein Berater *fehlende* Elemente als Orientierungshilfe nutzen kann. Auslöser für andere Reaktionen kann beispielsweise die Beobachtung sein, dass in einer Firma keine Frauen oder keine Mitarbeiter zwischen 35 und 50 Jahren beschäftigt sind, dass es dem Projektleiter kein bisschen Leid tut, wenn Mitarbeiter kündigen, oder dass keiner jemals über firmeninterne Weiterbildung spricht. Mir hat es bei einem Auftrag sehr geholfen, dass mir aufgefallen ist, dass es in keinem Büro persönliche Dinge gab. Bei einem anderen stellte ich fest, dass bestimmte Möglichkeiten eines neuen Computers von niemandem genutzt wurden. Und bei einem dritten Auftrag fiel mir auf, dass der Abgabetermin eines Projekts niemals erwähnt wurde. Erfahrungen wie diese haben mich davon überzeugt, dass ich meine Fähigkeit, fehlende Dinge zu sehen, weiter ausbauen sollte.

Aber wie kann man etwas sehen, was nicht da ist? Zugegeben, der Weisheit letzter Schluss bleibt auch mir noch verborgen, aber nützliche Tipps kann ich Ihnen geben.

Die eigenen Grenzen kennen

Da jeder Beratungsauftrag etwas Einmaliges ist, ist es schwierig, allgemein gültige Regeln für nicht vorhandene Dinge aufzustellen. Es gibt jedoch ein Element, das bei *keinem* Beratungsauftrag fehlt: Sie. Nehmen wir einmal an, dass Ihnen bei Ihrem letzten Auftrag die Faktoren X, Y und Z entgangen sind. Wenden Sie die Boulding'sche Rückschlussregel an und fragen Sie sich, warum. Höchstwahrscheinlich liegt es daran, dass *Ihnen selbst* etwas fehlte, nämlich die Gabe, X, Y und Z zu erkennen. Sofern Sie daher nicht daran arbeiten, Ihre Beobachtungsgabe zu verfeinern, werden Sie auch beim nächsten Auftrag X, Y und Z übersehen.

Ich selbst habe früher immer übersehen, dass mich eigentlich niemand um Hilfe gebeten hatte. Aus diesem Grund habe ich einige Techniken entwickelt, die mich zwingen, darauf zu achten. Wenn mich potenzielle Kunden anrufen, bitte ich sie, mir Ihre Anfrage schriftlich zu bestätigen. So kann ich schwarz auf weiß nachlesen, worum sie mich bitten beziehungsweise worum sie mich *nicht* bitten.

Selbst wenn ich bereits bei einem Kunden im Haus bin und dort eine Aufgabe erledigen soll, bitte ich ihn darum, mir eine schriftliche Auftragsbeschreibung zu geben. Wenn ich sofort handeln muss, notiere ich mir den Auftrag auf meinem Laptop, drucke ihn aus und lasse ihn von meinem Kunden lesen und unterschreiben. In den meisten Fällen stellt sich heraus, dass ich seine Bitte missverstanden habe, und durch die Genehmigung des Kunden bleibt uns eine Menge Ärger erspart.

Obwohl ich diese Methode für äußerst sinnvoll und nützlich halte, kann es sein, dass sie Ihnen nicht weiterhilft oder den Kunden sogar verärgert. Ich kann keine bestimmte Technik empfehlen, aber im Allgemeinen sollten Sie sich an diesen Grundsatz halten:

Stellen Sie fest, was Ihnen des Öfteren entgeht und entwickeln Sie ein Gegenmittel für diese Fälle.

Lassen Sie sich helfen

Die Verschiedenartigkeit der Menschen kann für einen Berater ziemlich frustrierend sein, da er sich bei jedem neuen Auftrag immer und immer wieder auf die unterschiedlichsten Menschen einstellen muss. Für das Erkennen fehlender Elemente ist diese Verschiedenartigkeit jedoch ein wertvoller Verbündeter. Stellen Sie so vielen Menschen wie möglich die Frage »Was übersehe ich?«. Unterhalten Sie sich mit langjährigen Mitarbeitern, die mit der Situation vertraut sind, mit externen Kräften, die das Ganze aus einer anderen Perspektive sehen und mit Mitarbeitern aller Firmenebenen und aller Bereiche. Hören Sie sowohl auf deren erste Eindrücke als auch auf Anregungen, die ihnen später noch einfallen.

Ich hatte einmal die Aufgabe, die Produktivität eines Programmiererteams zu erhöhen. Zunächst versuchte ich herauszufinden, ob dem Team irgendwelche Werkzeuge fehlten, doch das schien nicht der Fall zu sein, da die Programmierer alles, was sie benötigten, sofort erhielten.

Meine Erkundigungen brachten mich also kein bisschen weiter. Deshalb schlug ich eine Pause vor. Auf dem Weg zur Herrentoilette traf ich den Hausmeister, den ich sofort fragte, was seiner Meinung nach in der Firma fehlte. Er dachte einen Moment nach und antwortete dann: »Sie lassen mich nie die Tafeln abwischen.« Mit einem Mal kam mir eine Idee und ich schaute mir die Büros der Programmierer noch einmal an. In jedem Büro gab es eine voll beschriebene Tafel mit dem Hinweis »Nicht wegwischen«.

Als ich in die Besprechung zurückkehrte, fragte ich nach dem Sinn dieser Tafeln, was zu einer längeren Diskussion über den sinnvollen Einsatz von Hilfsmitteln führte. Ihrem Zweck entsprechend genutzt, ist eine Tafel ein sehr nützliches Werkzeug, um Ideen festzuhalten und weiterzuentwickeln. Als privater Notizblock für Telefonnummern und Computercodes, die nicht abgewischt werden dürfen, wird sie ihrem Zweck jedoch entfremdet. Im Laufe unserer Diskussion fanden wir heraus, dass in dem Unternehmen zwar kein Mangel an Werkzeugen herrschte, es aber keine Regeln für den sinnvollen Gebrauch derselben gab. Die meisten Werkzeuge wurden ebenso zweckentfremdet wie die Tafeln – ein Missstand, den wir gleich beheben wollten.

Erweitern Sie Ihren Horizont

Mein Gespräch mit dem Hausmeister steht für eine weitere Technik, um Dinge, die nicht da sind, sehen zu können. Der Hausmeister lebt in einer anderen Welt als die Programmierer und kann daher Dinge sehen, die ihnen entgehen. Wenn wir also Menschen mit einem anderen kulturellen Hintergrund zu Rate ziehen, können wir ihre Perspektive als Vergleichsmodell zu der Welt heranziehen, die wir untersuchen sollen. Als Berater erhalte ich Einblick in die unterschiedlichsten Firmen. Jede hat ihre eigenen Vorgehensweisen, die in einer anderen vielleicht gar nicht bekannt sind. Ich übernehme gerne Aufträge im Ausland, da mir dabei oft klar wird, was in meiner eigenen Kultur fehlt oder als selbstverständlich gilt.

In Dänemark zum Beispiel beschäftigen viele kleinere Unternehmen eine so genannte »Lunch-Lady«, die jeden Tag ein sehr appetitliches Sandwichbüfett aufstellt. Das Mittagessen wird dort in der Regel gemeinsam eingenommen. Es herrscht eine entspannte Atmosphäre, in der aber durchaus geschäftliche Dinge besprochen werden. Bei Besprechungen zur Entwicklung von Problemlösungen habe ich bemerkt, dass sich die Dänen immer an einen großen Tisch zurückziehen, um eine Kleinigkeit zu essen oder zu trinken, wenn eine Entscheidung getroffen werden muss, da sie somit die gewohnte entspannte Atmosphäre schaffen.

Auch in manchen amerikanischen Unternehmen ist ein gemeinsames Essen für Arbeitsgruppen nichts Ungewöhnliches, doch in den meisten Unternehmen verstreuen sich die Arbeitsgruppenmitglieder in den Pausen. Aufgrund meiner Erfahrungen in Dänemark empfinde ich die amerikanische Praxis als verpasste Gelegenheit, Fähigkeiten zur gemeinsamen Entscheidungsfindung zu entwickeln. In mehreren Firmen habe ich das Management dazu überredet, zumindest einmal pro Woche ein Teamessen zu spendieren, was sich sehr positiv auf die Teamarbeit auswirkt.

Arbeiten Sie mit Einkaufslisten

Verlassen Sie sich besser nicht auf Ihr Gedächtnis, um bestimmte Situationen wieder abzurufen, sondern stellen Sie eine Liste mit allen möglichen Dingen zusammen, die fehlen könnten. Heutzutage gibt es für jeden Zweck eine Liste, ob wir nun aufschreiben, welche Unterlagen wir für eine Besprechung brauchen, was für die Vorbereitung von Analysen alles nötig ist oder was bei einer überarbeiteten Datei geachtet werden muss. Wir haben diese Listen immer als Checklisten bezeichnet, bis einer unserer Kunden sie Einkaufslisten genannt hat. Im Gegensatz zu einer Checkliste, auf der steht, was vorhanden sein oder getan werden *muss*, steht auf einer Einkaufsliste alles, was vielleicht nicht zwingend notwendig ist, aber möglicherweise praktisch wäre, im Vorratsschrank zu haben. Die Tipps, die Sie gerade durchlesen, sind daher eher wie eine Einkaufsliste zu verstehen. Sie müssen sie nicht Punkt für Punkt abhaken, sondern können sich einfach überlegen, was davon für Sie nützlich sein könnte.

Gerade wenn die Umstände Ihres Aufgabenbereichs nicht klar definiert werden können, lässt sich schwer im Voraus bestimmen, welche Elemente für den Erfolg vorhanden sein *müssen*. Daher empfiehlt es sich, mit einer Einkaufsliste zu arbeiten. Ebenso empfiehlt es sich, sich nicht blindlings auf diese Liste zu verlassen, da dies die Wahrscheinlichkeit erhöht, etwas Wichtiges zu übersehen.

Den Ansatz überprüfen

Eine Einkaufsliste sagt Ihnen nicht nur, was fehlt, sondern kann Ihnen auch zeigen, ob Ihre Suche nach fehlenden Dingen erfolgreich war. Packen Sie Ihre Einkaufsliste weg, bis Sie eine Liste mit den fehlenden Dingen aufgestellt haben. Dann vergleichen Sie beide Listen miteinander. Enthält Ihre Einkaufsliste mehr Punkte als die Liste mit den fehlenden Dingen, denken Sie möglicherweise in falschen Bahnen.

Der beste Ansatz ist zwar keine Garantie dafür, dass Sie alles sehen, ein falscher jedoch garantiert mit ziemlicher Sicherheit, dass Ihnen etwas entgeht. Werten Sie jedes Anzeichen, dass Ihr Ansatz nicht ausgereift ist, als Hinweis darauf, dass ein anderer Ansatz zu besseren Ergebnissen führt. Wenn ich zum Beispiel in einer Teambesprechung herauszufinden versuche, was in einem Unternehmen fehlt, und immer nur ein oder zwei Mitarbeiter das Wort ergreifen, ist klar, dass ich nicht alle Meinungen zu hören bekomme. Deshalb versuche ich zuerst, auch den anderen Teilnehmern die Chance zu geben, sich zu Wort zu melden. Gelingt das nicht, breche ich die Besprechung ab und vereinbare Einzelgespräche.

ÜBER DEN SINN DES UNSINNS

Was fehlt eigentlich auf *meiner* Einkaufsliste? Ich habe sie wieder und wieder gelesen und sie liest sich sehr vernünftig, womit auch schon klar ist, was mit ihr nicht stimmen kann! Wenn mir nicht ein paar unvernünftige Dinge einfallen, ist der Ansatz zu konventionell.

Als ich noch jung und dumm war, habe ich mich darauf gefreut, alt und weise zu werden oder zumindest über vernünftige und zuverlässige Kniffe zu verfügen, die mich weise wirken lassen. Doch jetzt, nachdem ich mit den konventionellen Seiten des Lebens ausreichend Erfahrung sammeln konnte, kann ich mit den weit hergeholten Überlegungen der Jugend nichts mehr anfangen.

Warum ich meinen Lehrberuf an den Nagel hing

Vor ein paar Jahren dachte ich, ich wäre weise genug, um als Dozent am College zu arbeiten. Gesagt, getan. Ich hegte diese Illusion einige Wochen, doch der Kontakt mit den Studenten bereitete ihr ein jähes Ende. Von da an ging es nur noch bergab. Ich wollte jedoch nicht kampflos aufgeben und bildete mir ein, ich müsse einen Kurs in analytischem Denken geben – als ob ausgerechnet ich das vermitteln könnte! Es waren die Teilnehmer dieses Kurses, die mir den endgültigen Gnadenstoß verpassten.

Eine meiner Studentinnen, Judy, teilte mir eines Tages mit, dass sie an ein anderes College in Oberlin wechseln wollte. Ich schätzte sie als Person mit einer schnellen Auffassungsgabe und einem bissigen Humor, weshalb ich ihr Vorhaben sehr bedauerte.

»Es liegt nicht an diesem College«, erklärte sie mir zu meiner Beruhigung. »Meine Schwester geht nach Oberlin, und wir stehen uns ziemlich nahe.«

»Ist sie älter oder jünger?«

»Weder noch.«

»Weder noch?«

»Wir wurden am selben Tag geboren.«

»Aha«, triumphierte ich. Als Mitentdecker des Weinberg'schen Zwillingsgesetzes befand ich mich nun auf vertrautem Boden. »Sie sind Zwillinge.«

»Nein, wir sind keine Zwillinge.«

»Am selben Tag geboren, aber keine Zwillinge? Seid ihr Stiefschwestern?«

»Nein, wir haben dieselben Eltern.«

»Dann sind Sie adoptiert?«

»Nein, wir haben dieselben *biologischen* Eltern.«

»Hm. Seltsam. Am selben Tag geboren, dieselben Eltern, aber keine Zwillinge? Mal überlegen. Was übersehe ich?«

»Na, dann denken Sie doch mal nach. Mal sehen, ob Sie die Prinzipien anwenden können, die Sie uns lehren.«

Ich möchte nicht näher auf meine Qualen eingehen. Es genügt zu sagen, dass ich mir lieber die Zunge abbeißen wollte als zuzugeben, dass ich nicht auf die Lösung kam. Als der Kurs das nächste Mal stattfand, hatte ich dunkle Ringe unter den Augen.

Offensichtlich hatte sich Judy diesen Spaß schon öfter erlaubt und erkannte die Symptome. Als angehende Medizinstudentin fühlte sie sich wohl verpflichtet, mich von meinem Leid zu erlösen, denn sie verriet mir die Lösung, ohne dass ich mein Versagen eingestehen musste.

»Drillinge«, sagte sie, und mein Selbstbewusstsein sank unter den Nullpunkt. Verzweifelt suchte ich nach Gründen, weshalb dieses Rätsel einfach nicht fair war. Was würde diese Göre denn sonst von mir denken? Sie würde womöglich den Respekt vor

Dozenten und Professoren verlieren. Wie würde sie sich in Oberlin benehmen? Und was würden die in Oberlin von uns denken, wenn wir ihnen so eine impertinente Person schicken?

»Finden Sie nicht auch, dass das ein bisschen weit hergeholt ist?« Etwas Besseres viel mir in der kurzen Zeit nicht ein.

»Warum soll das weit hergeholt sein, Jerry? Ich bin schließlich einer der Drillinge!«

Ich hätte auf die anderen Dozenten hören sollen. Sie hatten mich davor gewarnt, dass sich die Studenten noch ganz andere Freiheiten herausnehmen würden, wenn ich mich bei meinem Vornamen anreden ließe. Und was noch schlimmer war, die *anderen* Studenten hörten uns zu. Vielleicht könnte ich ihr Mitleid mit mir für mich ausspielen.

»Für *Sie* ist das natürlich nicht weit hergeholt, aber wie viele von Ihnen haben denn schon andere Drillinge kennen gelernt?« Ich hielt den Atem an. Pu, ich hatte richtig geraten. Keiner meldete sich. »Sehen Sie, es *ist* weit hergeholt, zumindest im wahren Sinn des Wortes. «

Das hätte sie eigentlich lehren sollen, sich nicht auf eine semantische Diskussion mit einem Dozenten einzulassen, doch die Jugend ist nicht klug genug, um nachzugeben. »Ich kann Ihre Argumentationsweise nicht gelten lassen. Es könnte zwar sein, dass Sie bisher noch keine Schwestern kennen gelernt haben, die am selben Tag geboren wurden und trotzdem keine Zwillinge sind. Es könnte aber auch sein, dass Sie es praktischerweise vergessen haben, nur um Recht zu behalten.«

»Das können Sie definitiv ausschließen. An solche Schwestern würde ich mich mein Lebtag erinnern.«

»Ich glaube, Sie irren sich, und ich kann es Ihnen sogar beweisen. Wollen wir um fünf Dollar wetten?«

Mittlerweile weiß ich, dass kein ehrbarer Dozent einem armen Studenten Geld abknöpfen würde. Doch ich wollte Judy unbedingt eine Lektion erteilen. Schließlich wollte sie ja nach Oberlin wechseln, und dort könnte sie vielleicht jede Menge Ärger bekommen. Es ist ja nicht jeder so tolerant wie ich. »Gut, abgemacht. Und die anderen sind die Schiedsrichter, wenn entschieden wird, wer die Wette gewinnt.«

»Das können wir jetzt gleich entscheiden, wenn Sie wollen.«

»Jetzt gleich? Wie wollen Sie denn beweisen, dass ich Schwestern kenne, die am selben Tag Geburtstag haben, dieselben Eltern haben und doch keine Zwillinge sind?«

»Ganz einfach. Sie leben in Ihrem Haus.«

»Was? Bei mir zu Hause? Machen Sie sich doch nicht lächer… Arggh!«

Ich seufzte laut und lang, als mir des Rätsels Lösung aufging. Und in diesem Augenblick wurde mir klar, dass es mir mehr Spaß bereitete, über mich selbst zu lachen als Dozent zu sein. Außerdem konnte ich gar nicht anders.

Das Weinberg'sche Gesetz über Weithergeholtes

Ich habe diese Geschichte an diesem Tag bestimmt 50 Mal erzählt (ja, auch ein ausscheidender Dozent genießt ein paar Privilegien). Als ich nach Hause kam, musste ich einfach Dani davon erzählen. Und den Schwestern, die dieselben Eltern haben, am selben Tag geboren wurden, aber keine Zwillinge sind.

Vermutlich haben Rose und Sweetheart den Sinn dieser Geschichte nicht ganz kapiert, aber sie hatten auch ihren Spaß, denn wenn sie meine Frau und mich lachen hören, bellen sie immer ganz aufgeregt und wedeln freudig mit dem Schwanz. Da sie besser hören als sehen und sie auch gerne etwas von weither holen, habe ich mir das Weinberg'sche Gesetz über Weithergeholtes ausgedacht:

> **Manchmal erscheint einem etwas als weit hergeholt, weil man kurzsichtig ist.**

Ich wollte es nicht das Weinberg'sche Drillingsgesetz nennen, um den Reiz des Rätsels nicht zu verderben. Außerdem sind Rose und Sweetheart keine Drillinge. Ich glaube, es waren sieben Welpen in dem Wurf.

Die Dreierregel

Ich bin wahrscheinlich nicht der einzige Mensch, der klug und erfolgreich sein möchte und deshalb blöde Wetten verliert und sich selbst zum Narren macht. Wenn man immer Recht haben will, ist es außerordentlich schwierig zu erkennen, welche Glieder in der eigenen Gedankenkette fehlen. Nachdem ich diese peinliche Wette mit Judy verloren hatte, war mir klar, dass ich mein Repertoire an Methoden zum Aufspüren von fehlenden Elementen aufstocken musste. Besonders mit solchen Techniken, die ich auf meine eigenen Denkprozesse anwenden konnte.

Aus meiner Arbeit mit Programmierern stand mir eigentlich schon ein geeignetes »Aufspürwerkzeug« zur Verfügung, mit dessen Hilfe ich Judys Rätsel hätte lösen können, es war mir außerhalb seines üblichen Anwendungsbereiches nur nicht eingefallen. Als Prüfwerkzeug für den Softwareentwicklungsprozess wenden wir nämlich die Dreierregel an:

> **Wenn dir nicht drei Sachen einfallen, die bei deinem Vorhaben schief gehen können, gibt es einen Fehler in deinem Gedankengang.**

Mit der Dreierregel lässt sich jeder Denkprozess überprüfen. Sie bringt immer irgendetwas ans Tageslicht, das von jedem übersehen wurde. Wenn Sie gerne Wetten abschließen, spart sie Ihnen viel Geld bei »todsicheren Wetten«.

FESTGEFAHRENE DENKPROZESSE AUFLOCKERN

Wenn Sie das erste Mal mit der Dreierregel arbeiten, beschwert sich bestimmt jemand, dass ihm nichts einfällt. Deshalb sollte jeder Berater einige Techniken wie Brainstorming, Brainwriting und Gedankenspiele auf Lager haben, um den Gedankenfluss anzuregen kann. Wir setzen unter anderem folgende Techniken ein:

Nach Parallelen suchen

Sie untersuchen gerade ein bestimmtes System und kommen nicht weiter? Dann denken Sie einfach an andere Systeme, gewissermaßen als eine Quelle der Inspiration. Geeignete Kandidaten sind die Biologie, Psychologie und die Technik, der Sport, die Familie und die Gesundheit. Die Systeme brauchen nicht identisch zu sein, denn schließlich suchen Sie nach Ideen und nicht nach Antworten.

In einer Firma beschäftigten wir uns gerade mit dem Schulungsprogramm, als jemand vorschlug, die Parallele zur Ausbildung von Tieren zu ziehen. Dabei wurde uns klar, dass wir uns ausschließlich auf den *Inhalt* der Schulung konzentriert hatten und so wichtige Elemente wie *Belohnung* und *Bestrafung* völlig übersehen hatten. Wir führten eine Umfrage bei Mitarbeitern durch, die erst vor kurzem an einer Schulung teilgenommen hatten und erfuhren, dass viele das Schulungsvideo als eine Art Strafe empfunden hatten, da sie allein in einem stickigen, schmutzigen Lagerraum sitzen und sich die Kassette ansehen mussten. Diese Situation ließ sich schnell ändern, was dazu führte, dass die Nachfrage nach Schulungen beständig stieg.

In Extremen denken

Eine weitere Methode, um gedankliches Neuland zu erforschen, besteht darin, die jeweilige Situation ins Extreme zu ziehen. Was passiert, wenn sich die Kosten verdoppeln? Was wäre, wenn wir diese Ersatzteile umsonst kriegen könnten? Was wäre, wenn wir dieses Produkt in der Schwerelosigkeit fertigen könnten? Was wäre, wenn es keine Gesetze mehr gäbe? Natürlich erwartet kein Mensch, dass diese Extremfälle eintreten, aber gedanklich mit ihnen zu spielen, wirft ein neues Licht auf die gegebene Situation und lässt Sie Dinge sehen, die erst durch das Fallenlassen jeglicher Logik hervortreten.

Als wir uns mit den Thema Arbeitsmoral und Mitarbeiterfluktuation auseinander setzten, stellten wir uns vor, was wäre, wenn kein Mitarbeiter mehr kündigt. Dies ließ uns die vorher verborgenen Vorteile der Fluktuation erkennen: Neue Mitarbeiter bringen neue Ideen mit ins Unternehmen. Wir bemühten uns daher, die Fluktuation auf niedrigem Niveau zu halten und gleichzeitig den Ideenfluss innerhalb des Unternehmens zu verbessern.

Nach schwarzen Löchern suchen

Wir alle wissen, dass manche Dinge in schwarze Löcher fallen und diese Löcher sich oft an den Grenzübergängen zwischen einer Sache und der nächsten auftun. Ein spezielles Computerprogramm mag zum Beispiel hervorragend für die Fehlerdiagnose in Programmteilen geeignet sein, doch wenn ein beschädigtes Kabel Fehler verursacht, wird dies nicht erkannt. Die Übergänge zwischen zwei Systemen sind ein guter Ort, um nach fehlenden Dingen zu suchen, da jedes System davon ausgeht, dass sich das andere schon darum kümmert.

Damit Sie erfolgreich bei Ihrer Suche sind, empfiehlt es sich, zunächst zu überlegen, welche Ecken, Kanten und Grenzen ein System überhaupt hat und welche Aktivitäten dort stattfinden. Falls Ihre Kunden einwenden, dass hätte rein gar nichts mit dem eigentlichen Problem zu tun, ist das ein Hinweis darauf, dass Sie auf der richtigen Spur sind. Auch bei dieser Vorgehensweise werden Sie auf bislang unentdeckte Dinge stoßen, wie zum Beispiel darauf, dass Kunden endlos in der Warteschlange hängen, weil ein Fehler beim Verbinden der eingehenden Telefonate aufgetreten ist.

Zwischen Alibis und Erklärungen unterscheiden

Perry Mason, Miss Marple und Columbo wissen nur zu gut, dass der Verdächtige mit dem hieb- und stichfestesten Alibi irgendwie Dreck am Stecken haben muss. Prüfen Sie daher, ob die Erklärungen, die man Ihnen liefert, nicht doch vielleicht Alibis für etwas sind, was nicht vorhanden ist. Im Hotel finden Sie zum Beispiel folgenden Warnhinweis an der Duschkabine:

Vorsicht, kleine Stufe! Stolpergefahr!

Wenn dieses Schild bei unserem letzten Aufenthalt noch nicht da war, liegt die Vermutung nahe, dass seitdem jemand beim Betreten oder Verlassen der Duschkabine gestolpert ist. Die Duschkabine ist nachträglich eingebaut und die kleine Stufe macht das Betreten und Verlassen der Kabine gefährlich. Das Schild soll die Hotelgäste vor der

Gefahr warnen, doch in erster Linie geht es dem Hotel wohl darum, bei einem Unfall nicht verklagt werden zu können. Anders ausgedrückt, dieses Schild soll das Hotel vor den Folgen des Versäumnisses schützen, es gleich nach Einbau der Duschkabine befestigt zu haben.

Oft überprüfe ich in einem Unternehmen die Sicherheitsvorschriften so, als handle es sich dabei um ein Schild in einem Hotel. In einem dieser Handbücher fand ich das merkwürdige Verbot, bestimmte Codekombinationen zur Kennzeichnung von Produkten zu verwenden. Ich forschte nach, was es mit dieser Vorschrift auf sich hatte, und fand heraus, dass die Programmierer diese Codes für interne Aufzeichnungen verwendet hatten, eine schlechte Angewohnheit, die zu nichts als Ärger führte, wenn jemand versehentlich diesen internen Code an ein Produkt vergab.

Viele schriftlichen Anweisungen sind ursprünglich Lösungen für Probleme, die irgendwann früher einmal auftraten. An den damaligen Problemfall erinnert sich vielleicht niemand mehr, aber die Vorschriften sind noch da und geben Hinweise auf einen Vorfall, der sich möglicherweise wiederholen kann. Das Verbot von bestimmten Produktcodes hatte nicht verhindern können, dass diese schlechte Praxis für andere Programme verwendet wurde. Als wir die gesamte Programmbibliothek durchforsteten, stießen wir auf Dutzende anderer Bereiche, in denen exakt dasselbe Problem versehentlich zu Fehlern führen konnte.

Die emotionale Komponente

Es überrascht mich immer noch, dass so »lächerliche« Gedankenspiele Dinge enthüllen können, die mit Logik verborgen bleiben, obwohl ich es eigentlich besser wissen müsste. Berater werden meist nur dann um Hilfe gebeten, wenn der Kunde mit seinen vernünftigen und logischen Strategien nicht mehr weiterkommt, daher liegt es auf der Hand, dass eine andere Vorgehensweise notwendig ist. Eine Möglichkeit ist natürlich, eine andere, ebenfalls vernünftige Vorgehensweise vorzuschlagen, doch Erfolg versprechender ist es meist, etwas Unvernünftiges auszuprobieren. Die Schwierigkeit ist dabei jedoch, dass jeder vernünftig, besonnen und logisch vorgehen will, wenn ernste Probleme gelöst werden sollen.

Missklänge heraushören

Haben Sie es auch schon erlebt, dass ein Kunde knallrot anläuft, auf den Boden stampft und Sie anbrüllt: »Seien Sie doch vernünftig!«? Wenn mich jemand auf so unvernünftige Art zur Vernunft bringen will, verschreckt es mich meistens dermaßen, dass ich es kaum wage, neue Vorschläge zu machen. Gleichzeitig erinnert es mich jedoch daran, dass ich möglicherweise die emotionale Komponente des Ganzen übersehe.

Als mich einmal meine Kollegin Nancy Brown, eine der Besten unseres Fachs, bei der Arbeit mit einem Kunden beobachtete, führte mich dies an einen wichtigen Wendepunkt in meiner beruflichen Laufbahn. Ich hatte das Problem meines Kunden gerade vollkommen vernünftig analysiert, wurde aber das Gefühl nicht los, dass etwas falsch war. In der Pause erkundigte ich mich bei Nancy, was ich ihrer Meinung nach übersehen hätte. Ihre rätselhafte Antwort lautete: »Manchmal, wenn ich mit Worten einfach nicht weiterkomme, höre ich auf die Musik.« Ich wusste zwar nicht ganz genau, was sie damit meinte, nahm mir aber vor, es gleich nach der Pause auf einen Versuch ankommen zu lassen.

Mein Kunde erzählte mir, dass das Verhältnis zu seinen Kollegen sehr schwierig sei, aber er wirkte dabei so entspannt, dass seine Aussage mit der »Musik« nicht zusammenpasste und keinen Sinn ergab. Als ich ihn jedoch fragte, wie denn das Verhältnis zu seinem Vorgesetzten sei, wurde er plötzlich nervös und angespannt. Seine »Musik« wies mir den Weg, und ich konzentrierte mich auf ein Gebiet, das ich komplett übersehen hatte, weil ich mich von seinen Worten, die im Grunde besagten: »Da brauchen Sie gar nicht erst hinzugucken, da liegt das Problem nicht« in die Irre hatte führen lassen. Diese Erkenntnis führte zu einer ganz neuen Definition des Problems und zu mehreren neuen Lösungsvorschlägen.

Was hier gefehlt hatte, war die Harmonie zwischen Worten und Gefühlen. In all den Jahren, die seit diesem Vorfall vergangen sind, hat sich für mich bewahrheitet, dass das Gespür für Missklänge das beste Werkzeug eines Beraters ist, um zu sehen, was fehlt. Ich bezeichne dieses Werkzeug als das Missklanggehör:

Wenn Worte und Musik nicht harmonieren, deutet dies auf ein fehlendes Element hin.

Die beste Methode, dieses fehlende Element aufzuspüren, ist, den Kunden auf den Missklang hinzuweisen und ihm die Möglichkeit zu geben, darauf zu reagieren. Das Einzige, was ich damals zu meinem Klienten gesagt habe, war: »Mir fällt auf, dass Ihre Hände zittern, wenn Sie von der wunderbaren Beziehung zu Ihrem Vorgesetzten sprechen.« Ich habe diesen Widerspruch nicht zu erklären versucht, sondern ihn lediglich darauf aufmerksam gemacht. Er war im ersten Moment leicht verblüfft und blickte auf seine Hände, als ob er meine Beobachtung überprüfen wollte. Dann gestand er mir, dass seinen Vorgesetzten so fürchtete, dass er darüber aus Angst vor Repressalien nicht zu reden wagte.

BROWNS BRILLANTES VERMÄCHTNIS

Nancy erklärte mir auch, dass ich nicht nur auf die Musik meines Klienten hören sollte. Sie wies mich darauf hin, dass ich sie nur deshalb um Hilfe gebeten hatte, weil ich selbst das Gefühl hatte, meine Problemanalyse wäre nicht ganz zutreffend. Dieses Gefühl ist auch ein Teil der Musik – vermutlich sogar der wichtigste. Die Musik, die Ihr Kunde spielt, ist nur das Echo seines inneren Gefühlszustands, den Sie natürlich nie genau kennen können.

Ihren *eigenen* inneren Gefühlszustand kennen Sie jedoch, und dieser reagiert normalerweise recht empfindlich auf die Musik Ihres Klienten. Wenn Sie spüren, dass sich in Ihrer eigenen Musik Missklänge einschleichen, sollten Sie darauf achten, ob diese ein Echo auf die Missklänge sind, die von Ihrem Klienten ausgehen oder ihn einfach darauf ansprechen. Manchmal ärgert es mich ziemlich, wenn mir ein Kunde mit völlig sachlicher und emotionsloser Stimme einen Vorfall schildert. Sobald ich erwähne, dass *mich* an dieser Geschichte irgendetwas aufregt, lassen viele Kunden auf einmal ihre Maske fallen und sagen mir, was sie selbst daran zur Weißglut gebracht hat.

Diese Methode ist so wirkungsvoll, wenn es darum geht, Verborgenes zu entdecken, dass ich ihr einen Namen verliehen habe. Zu Ehren der genialen Nancy Brown nenne ich sie Browns brillantes Vermächtnis:

Worte sind hilfreich, doch es lohnt sich immer, auf die Musik zu hören (vor allem auf die eigene).

Damit schließt sich der Kreis, und wir sind wieder bei der Fähigkeit angelangt, sich selbst zu kennen und zu erkennen, die Fähigkeit, mit der jede gute Beratertätigkeit beginnt. Nur wenn wir sehen können, an was es uns fehlt, können wir verhindern, uns zu größeren Narren zu machen, die wir sind.

6 Fallen umgehen

Als ich noch ein kleiner, dummer Junge war, träumte ich davon, einen Bestseller zu schreiben, das Rätsel um die Sphinx zu lösen und mit einem einzigen Sprung über hohe Gebäude zu hüpfen. Mit den Jahren wurde mir klar, dass ich all diese Ziele niemals erreichen würde, weshalb ich mich entschloss, Berater zu werden, der anderen Menschen sagt, wie sie diese Ziele erreichen können. Ich glaube, ich dachte damals, dass von allen Menschen auf Gottes Erdboden nur ein Berater etwas perfekt machen kann.

Nach und nach schraubte ich meine Ansprüche herunter. Inzwischen wäre ich schon rundum glücklich, wenn es mir in meinem Privatleben gelänge, einen vernünftigen Satz zu Papier zu bringen, das Rätsel zu lösen, wie man Pommes isst, ohne sich mit Ketchup zu bekleckern, und über einen Schneehaufen zu springen, ohne sich dabei die Hüfte zu brechen. In meinem Berufsleben wäre ich schon zufrieden, wenn ich nicht immer wieder in Schlamassel geraten würde.

ÄRGER AUS DEM WEG GEHEN

Ich weiß mittlerweile, dass sich *mancher* Ärger beim besten Willen nicht vermeiden lässt – wenn zum Beispiel ein russischer Satellit durch Ihr Dach kracht und sich mit Ihrem Fernseher paart –, dass aber der meiste Ärger auf ein und dieselbe einzige Ursache zurückzuführen ist: mich. Aus diesem Grund beherrsche ich das Bolden'sche Gesetz, also die Kunst, Fehler gut zu verkaufen, meisterhaft. Manchmal befürchte ich jedoch, dass dieses Gesetz sich oder mich abnutzen könnte, weshalb ich auch die Kunst erlernt habe, Ärger aus dem Weg zu gehen.

GESETZE, REGELN UND ERLASSE

Ein rätselhaftes Weihnachtsgeschenk

Jedes Mal, wenn ich von dem Energieversorgungsunternehmen Northern Natural Gas ein Geschenkpaket erhalte, weiß ich, dass Weihnachten vor der Tür steht. Letztes Jahr erhielt ich einen Kalender mit Drucken von »Biwaks in der Abenddämmerung am Missouri, 1834«. Dieses Jahr war trug der Kalender den Titel »Die Jury« und zeigte einen gefallenen Indianer inmitten einer Büffelherde.

Die Bilder ändern sich, aber ich bekomme jedes Jahr einen Kalender. Und einen Kugelschreiber. Und einen phosphoreszierenden Schlüsselring. Und mehr.

Letztes Jahr gab es außerdem einen Kühlschrankmagneten, mit dem Dani Rezepte an den Kühlschrank hängt. Dieses Jahr war es ein Niederschlagsmesser aus Kunststoff. Ich weiß ihn zu schätzen, zumal Niederschlagsmesser bestimmt teurer sind als ein Magnet, aber ich habe bereits einen. Dani hat Hunderte von Rezepten, aber bei Regen ist nun mal ein Niederschlagsmesser völlig ausreichend.

Ich überlegte kurz, ob ich mich bei Northern beschweren sollte, aber ich wollte ja nicht undankbar erscheinen. Ich weiß sowieso nicht, weshalb sie mir Geschenke schicken, denn ich schicke ihnen nicht einmal eine Weihnachtskarte.

Ich erzählte Dani von meinem Problem, in der Hoffung, sie würde Northern schreiben, da sie ja den Magnet benutzte. »Glaubst du nicht«, meinte sie, »dass du nach sieben Jahren langsam mal herausfinden solltest, weshalb wir überhaupt Geschenke von ihnen erhalten?«

»Aber genau das ist doch ein Teil des Problems. Was ist, wenn sie mir sagen, es handele sich um einen Irrtum und wir sollen die Geschenke zurückgeben? Drei der Stifte sind schon leer, und einen Schlüsselring haben wir verschenkt, als wir dein Auto verkauft haben.«

»Gibt es denn keinerlei Anhaltspunkte?«

»Welche Anhaltspunkte?«

»War denn kein Begleitschreiben in dem Paket?«

»Doch, ich glaube schon. Aber meinst du, *dieser* Brief würde alles erklären?«

»Sagst *du* nicht immer zu mir: ›Im Zweifelsfall immer die Anleitung lesen!‹?«

Ich zog es vor, nicht darauf zu reagieren und machte ich mich auf die Suche nach dem Brief, der verknüllt in meinem Arbeitszimmer lag. Nach dem üblichen Weihnachtsgruß bedankte sich Northern dafür, dass sie ihre Hauptgasleitung durch unser Grundstück verlaufen lassen durften. Sie drückten abschließend ihre Hoffnung aus, dass uns ihre bescheidenen Gaben gefallen würden.

»Wie aufmerksam«, dachte ich mir. »Aber ich kann ja wohl schlecht darauf bestehen, dass sie ihre Leitungen gefälligst wieder entfernen sollen. Warum ist ihnen nur so viel daran gelegen, mich bei Laune zu halten? Geschäft ist schließlich Geschäft, erst recht für so einen Großkonzern wie Northern. Da *muss* noch irgendetwas anderes dahinterstecken!«

Mir fiel ein Satz ins Auge, in dem es hieß, dass Northern einen Anruf von mir zu schätzen wisse, falls ich einmal Erdarbeiten in unmittelbarer Nähe ihrer Gasleitungen plane. Dieser Satz war so umständlich formuliert, dass ich ihn beim ersten Lesen doch glatt übersehen hatte. Offensichtlich wollten sie nicht so direkt von einer möglichen Gasexplosion so nahe an meinem Haus sprechen, um mich nicht in Panik zu versetzen. Sie legten mir daher vorsichtig nahe, mit ihnen in Kontakt zu treten, falls ich zufällig auf die Idee kommen sollte, mit Schaufel oder Bulldozer meinen Garten umzugraben.

Natürlich. Wenn *ich* Besitzer einer Gasleitung wäre, hätte ich jede Nacht Alpträume von Landwirten, die mit Schaufeln und Baggern ausgestattet an meiner Leitung entlang graben.

Wie bringen Sie jemanden dazu, an Gas zu denken? Durch einen Brief? Unwahrscheinlich! Briefe wie diese landen zu Hunderten zerknüllt im Papierkorb.

Mir fielen die roten Neonschilder wieder ein, die in den vierziger Jahren überall im Mittleren Westen Amerikas zu sehen waren:

Essen Sie hier und tanken Sie auf!

Diese Schilder sind schon seit Jahrzehnten ausgestorben, doch bis zum heutigen Tag denke ich noch immer daran, aufzutanken, wenn ich ein Restaurant mit einer roten Neonreklame sehe. Man könnte also sagen, mein Denken wurde gut konditioniert.

Konditionierungsreize

Wäre ich Eigentümer von Gasleitungen, würde ich die besten Experten um mich scharen und ihnen eine einzige Aufgabe stellen: Wie stellen wir sicher, dass jeder Landwirt sofort an *Gas* denkt, wenn er den Boden umgraben will?

Daher schickt Northern Gas also zusammen mit dem Brief einige *Konditionierungsreize*. Und auf jedem ist die Telefonnummer aufgedruckt, damit man sie auch bestimmt zur Hand hat, wenn der kritische Tag gekommen ist. Endlich verstand ich den tieferen Sinn der Weihnachtsgeschenke:

- Ein Kalender, damit ich ein bestimmtes Datum ankreuzen und dazuschreiben kann: Heute Erdarbeiten nördlich vom Haus.
- Ein Kugelschreiber, damit ich einen Aushubplan skizzieren kann.
- Ein Magnet, damit ich diesen Plan an den Kühlschrank hängen kann.

- Ein Niederschlagsmesser, das anzeigt, ob der Boden heute zu feucht für Aushubarbeiten ist.
- Ein Schlüsselring für den Traktor, der Northern mit einem Schaufelhub Millionen Dollar kosten könnte.

Ich fand Dani in der Küche, wo sie die Rezepte am Kühlschrank neu ordnete. Ich erzählte ihr voller Stolz, dass ich den Grund für die Weihnachtsgeschenke herausgefunden hatte, die große Besorgnis von Northern jedoch nicht ganz nachvollziehen konnte. »Jeder, der hier an den Gasleitungen entlang wohnt, weiß doch, dass die Leitungen da sind und wie gefährlich es wäre, dort den Boden umzugraben.«

»Natürlich wissen sie das. Genauso, wie *du* weißt, dass du das Begleitschreiben lesen solltest, wenn du wissen willst, was hinter den Geschenken steckt. Wenn jeder immer das täte, von dem er weiß, dass er es tun sollte, bräuchte keiner einen Stoßdämpfer am Auto.«[1]

Der Leitungs-Leitsatz

Ob ich einen Konditionierungsreiz nun Gesetz, Regel, Erlass oder Prinzip nenne, ist egal, denn es steckt immer dieselbe Idee dahinter. Es sind einprägsame Formulierungen, die einem sofort einfallen, sobald man etwas tun will, obwohl man *weiß*, es wäre besser, es bleiben zu lassen. Oder wenn man etwas vergisst, von dem man weiß, dass man es tun muss.[2]

Bei meinen Recherchen in Sachen Northern bin ich auf ein Gesetz gestoßen, das ich als den Leitungs-Leitsatz bezeichne:

Was du nicht weißt, macht dich vielleicht nicht heiß, doch was du vergisst, beschert dir viel Mist.

Der Leitungs-Leitsatz gilt natürlich nicht nur für Gasleitungen, sondern auch für Was-

---

1 Und genau aus diesem Grund habe ich dieses Buch über Regeln, Gesetze und Erlasse geschrieben, da es sich mit ihnen ähnlich verhält wie mit den Schlüsselringen von Northern. Sie verknüpfen bestimmte Reize mit Dingen, die Ihnen bereits bekannt sind, die Sie aber vergessen, wenn Sie gerade Ihren Traktor anlassen.

2 Die Namen meiner aufgestellten Regeln sollen sich leicht einprägen, weshalb ich gerne Wortspiele oder Alliterationen wie Rudys Rübenregel verwende. Wichtig ist vor allem, dass die Reize im richtigen Moment ausgelöst werden, also dann, wenn Ihnen die Idee, die dahinter steckt, weiterhelfen kann. Es nützt Ihnen ja nichts, alle Gesetze und Regeln auswendig zu kennen, denn das wichtigste Gesetz ist immer das, das Sie genau in diesem Moment brauchen, wobei es nichts zur Sache tut, ob es auch in meinen Augen das wichtigste ist.

ser- und Stromleitungen, worüber sich Ihr Versorgungsunternehmen vor Ort durchaus freuen könnte. Doch wie stelle ich sicher, dass er Ihnen auch nächstes Weihnachten wieder einfällt, wenn Sie versuchen wollen, das Fahrrad Ihres Sohnes zusammenzubauen, ohne die Anleitung zu lesen. Oder bei Ihrem nächsten Kundenbesuch?

DIE KUNST DER KONDITIONIERUNG

Als Berater müssen Sie in der Lage sein, Konditionierungsreize in Ihrem eigenen Kopf und in dem Ihres Kunden zu platzieren. Wenn Sie dadurch anderen helfen können, Ärger aus dem Weg zu gehen, von dem alle wissen, dass er um die nächste Ecke lauert, haben Sie ihnen einen großen Dienst erwiesen.

Der Kartoffelchiptrick

Macht Ihnen der Gedanke an implantierte Konditionierungsreize im Kopf Angst? Wenn ja, dann ist es gut! Vielleicht geht es Ihnen ähnlich wie mir, und Sie haben auch schon einige Implantate im Hirn, die Sie gerne wieder los wären.

Ich weiß, dass mein Oberstübchen dringend ausgemistet werden sollte, aber ich schrecke irgendwie vor diesbezüglichen Selbstversuchen zurück. Wenn ich nicht so große Angst davor hätte, was ein Psychologe alles bei mir entdecken würde, ließe ich mir gerne von einem helfen. Da wäre vor allem einmal mein zwanghafter Trieb, Kartoffelchips zu essen.

Doch das ist noch nicht alles. Ich bin außerdem ein zwanghafter Leser. Ich kann mir gar nicht mehr vorstellen, wie es war, als ich noch nicht lesen konnte. Aber seit ich mein erstes Buch verschlungen habe, ist Lesen eine Sucht für mich geworden. Ich kann mich auch noch erinnern, dass die ersten Botschaften, die ich gelesen habe, auf Kartoffelchiptüten aufgedruckt waren.

Man sollte meinen, dass ich nach einem halben Jahrhundert des Verzehrs von Kartoffelchips nicht mehr lese, was auf der Tüte steht, doch gerade habe ich mich wieder dabei ertappt:

> Garantie: Dieses Produkt wird nach den höchsten Qualitätsstandards gefertigt. Sollten Sie doch einmal Grund zur Beanstandung haben, senden Sie uns bitte die angebrochene Packung zurück. Bitte nennen Sie uns Ihren Namen und Ihre Adresse und den Grund Ihrer Beanstandung.

Dieser Aufdruck befindet sich meistens ganz unten auf der Packungsrückseite. Ja, wollen denn die Hersteller nicht, dass man diese Garantie liest? Egal. Ein zwanghafter Leser und Kartoffelchipfan ist auf jedes Wort auf einer Chiptüte konditioniert, ganz gleich, wo es steht. Womit wir beim Kartoffelchiptrick angelangt wären:

Wer seine Zielgruppe kennt, kann sie mühelos konditionieren.

Natürlich müssen es nicht immer Kartoffelchips sein. Alles, was auf Papier gedruckt wurde, in riesigen Lettern oder kaum zu entziffern, elegant oder reißerisch formuliert, übt auf mich denselben Reiz aus. Der Aufdruck auf meinem Schlüsselring brüllt mich förmlich an:

Northern Natural Gas
Rufen Sie uns an, bevor Sie es mit der Schaufel krachen lassen.

Das lässt nichts Gutes ahnen, und es leuchtet sogar noch im Dunkeln. Seine Wirkung auf mich ist unbestritten, aber wirkt es auch auf Sie? Werden Sie das Leuchten bemerken, wenn Sie den Dynamitschrankschlüssel aus der Tasche ziehen? Oder wird es zu einer gigantischen Explosion kommen?

Einzeiler

Für die geistig gesunde Hälfte der menschlichen Population sind ernsthafte schriftliche Reize nicht halb so wirksam wie witzige, laut ausgesprochene. Der amerikanische Humorist Will Rogers war ein Meister in der Formulierung einprägsamer Einzeiler. Wann immer ich an ihn denke, fällt mir dieser Einzeiler ein:

»Ich habe noch nie jemanden kennen gelernt, den ich nicht leiden konnte.«

Das erinnert mich an einen anderen Einzeiler, den ich 1974 in der Herrentoilette von Gumps in San Francisco gelesen habe:

»Will Rogers hat Richard Nixon nie kennen gelernt.«

Ein Einzeiler wie dieser muss sich doch als Konditionierungsreiz für etwas ganz Wichtiges eignen. Im Moment kommt mir jedoch ein ganz anderer, erschreckender Gedanke. Was, wenn Will Rogers Recht hatte?

Der Titanic-Effekt

Verliert ein Regierungschef den Kontakt zur Realität, gibt das immer Anlass zu Ärger. Da er Macht hat, entstehen oft Konflikte, doch in der Regel führt das alleine nicht zu einer Katastrophe. Um es mit Roger Wills Worten auszudrücken:

> »Nicht das, was wir nicht wissen, beschert uns Ärger, sondern das, von dem wir wissen, dass es nicht sein kann.«

Rogers muss da etwas Großem auf der Spur gewesen sein. Nixon hätte die Wogen glätten können, wenn er sich seiner nicht so sicher gewesen wäre. Das kann jeder Pokerspieler bestätigen, der auch schon mal dachte, seine vier Asse wären ein unschlagbares Blatt.

Beim Pokern verliert keiner sein letztes Hemd, weil er schlechte Karten, sondern weil er ein »unschlagbares« Blatt auf der Hand hat. Die Eigentümer der *Titanic* »wussten«, dass ihr Schiff unsinkbar war. Deswegen verschwendeten sie keine Zeit damit, Eisbergen auszuweichen und gaben auch kein Geld für überflüssige Rettungsboote aus.

Diese Einstellung kann verheerende Folgen haben, was auch der Titanic-Effekt besagt:

Sich eine Katastrophe nicht vorstellen zu können, zieht oft eine unvorstellbare Katastrophe nach sich.

Der Ärger geht dann los, wenn man weiß, dass etwas »nicht sein kann«. Dann wird alles noch viel schlimmer. Wenn man so davon überzeugt ist, Recht zu haben, verhält man sich so, als wäre allein die *Möglichkeit* eines Irrtums vollkommen ausgeschlossen. Und wenn man sich seiner selbst so sicher ist, kann aus dem kleinsten Fehler eine tragische Katastrophe werden.

Normale Ereignisse als Konditionierungsreize verwenden

Welcher Konditionierungsreiz könnte sich für den Titanic-Effekt eignen? Northern Gas muss mir nicht unbedingt genau erklären, wo die Leitungen in meinem Grundstück verlegt sind, um mich daran zu hindern, sie in die Luft zu jagen. Es genügt völlig, ein Körnchen *Unsicherheit* in mir keimen zu lassen. Oder würden Sie die Zündschnur anzünden, wenn Sie auch nur im Geringsten unsicher wären, wo genau diese Leitung verlaufen?

In der jüngeren Geschichte scheinen von allen Völkern dieser Erde die Schweizer am besten in der Lage zu sein, *Titanic*-artige Katastrophen zu verhindern. Oder kann sich irgendwer einen schweizerischen Nixon vorstellen?

Sicherlich werden einige nun behaupten, das wäre der berühmten schweizerischen Basisdemokratie zu verdanken. Die meisten Schweizer wissen nicht einmal den Namen ihres Staatsoberhaupts, daher geht von ihm keine große Gefahr aus, selbst wenn er ein wenig zu selbstsicher sein sollte.

Doch als Leseratte und Kartoffelchipfan, der viele Jahre lang in der Schweiz gelebt hat, habe ich eine noch bessere Antwort: Die Schweizer haben eine heimliche Konditionierung gegen den Titanic-Effekt.

In der Schweiz gibt es einen Kartoffelchiphersteller mit einer riesigen Flotte rotgelber Lastwagen. Sobald man in der Schweiz ein paar Meter läuft, fährt einem sofort einer dieser Lastwägen über den Weg, auf dem der Name des Herstellers prangt: *Zweifel*. Und für alle zwanghaften Leser reicht diese Aufschrift als Konditionierung aus.

Doch wenn Sie keine Leseratte sind und auch nicht in Appenzell oder Zürich leben, nützt Ihnen *Zweifel* natürlich wenig. Sie brauchen etwas anderes, etwas, das sie ebenso wenig übersehen können, wie einen Zweifel-Laster. Etwas, das Sie auf ganz normale Weise immer und überall konditioniert, um Sie an dem, was Sie sicher zu wissen glauben, zweifeln zu lassen.

Wenn Sie gerne Poker spielen, fällt Ihnen die *Titanic* vielleicht immer dann ein, wenn die Eiswürfel in Ihrem Martini klirren. Ich denke zum Beispiel immer an Will Rogers, wenn ich einen Kunden treffe, den ich nicht leiden kann. Dann fällt mir ein, dass das, was ich über diesen Menschen weiß, vielleicht nicht stimmt.

LASSEN SIE DIE GLOCKEN LÄUTEN

Mittlerweile ist wohl jedem klar, dass es nicht die herunterfallenden Satelliten, sondern meine eigenen funktionsuntüchtige Gehirnzellen sind, die mir Ärger bereiten. Der Leitungs-Leitsatz sollte mich ja eigentlich warnen:

> **Was du nicht weißt, macht dich vielleicht nicht heiß,**
> **doch was du vergisst, beschert dir viel Mist.**

Ich erkenne diese Art von Ärger daran, dass ich mich dann immer selbst beschimpfe: »Du hirnverbrannter Idiot! Das hättest du echt wissen müssen!« Der Titanic-Effekt setzt noch eins drauf:

> **Sich eine Katastrophe nicht vorstellen zu können,**
> **zieht oft eine unvorstellbare Katastrophe nach sich.**

Ich erkenne den Titanic-Effekt an seinem gigantischen Ausmaß oder dadurch, dass ich fluche: »Du vollkommener Schwachkopf! Kannst du denn kein einziges Mal zugeben, dass du dich getäuscht hast?«

Da ich dies alles ja wirklich besser weiß, möchte ich natürlich Abhilfe schaffen, doch die Weißbrotwarnung hält mich zurück:

Wer immer dieselben Zutaten verwendet, kriegt immer dasselbe Brot.

Was folgt daraus? Ich brauche ein neues Rezept. Ich weiß bereits genug, um nicht mehr auf der Leitung zu stehen, aber ich brauche ein neues Rezept, das mich daran hindert etwas zu tun, von dem ich weiß, dass ich es besser lassen sollte.

Gut, ich weiß, was mir fehlt. Aber wo finde ich das? Ich versuchte, konzentriert darüber nachzudenken, aber das Telefon läutete ständig und hinderte mich daran. Nach der dritten Unterbrechung – falsch verbunden – fluchte ich vor mich hin: »Warum kann ich das blöde Läuten nicht einfach ignorieren?« Ich starrte auf meinen Bildschirm, der ebenso leer war wie mein Gehirn, als Dani hereinkam.

»Was summst du denn da vor dich hin?«, fragte sie mich.

»Ich? Summen?«

»Ja, es klang ganz nach ›Die Glocken von St. Marien‹.«

»Hurra, jetzt hab ich's«, rief ich. »Natürlich, das Klingeln!«

»Was erzählst du denn da?«

»Das Klingeln. Das Läuten des Telefons. Es ist so penetrant, dass du es nie ignorieren kannst, egal, was du tust. Ohne diesen Klingelton hätten sich Telefone niemals durchgesetzt.«

»Na und?«

»Das heißt, ich brauche ich mein eigenes Klingelsystem.« Und genau darum geht es in diesem Kapitel: um die Entwicklung eines unüberhörbaren, eigenen Klingelsystems, also eigene Konditionierungsreize.

Notizen

Ebenso wie das Original wird auch eine persönliche Klingelanlage Schritt für Schritt entwickelt, und manchmal behindert die alte Anlage den Fortschritt. Sehen wir uns einmal das Problem mit Restaurants an. Manche Menschen haben Schwierigkeiten damit, in einem Restaurant zu essen, ich aber nicht. Mein Problem ist vielmehr, dass ich in Restaurants viel zu viel esse. Wenn ich als Berater unterwegs bin, habe ich immer Angst, etwas falsch zu machen, und stopfe mich bei der ersten Gelegenheit voll bis obenhin.

Dann fühle ich mich schlecht, weil ich so viel gegessen haben, und futtere während der gesamten Geschäftsreise weiter, damit es mir besser geht.

Ich stellte fest, dass mich meine Mutter im zarten Alter von etwa vier Jahren darauf konditioniert hatte. Sie sagte immer: »Wenn es dir nicht gut geht, iss etwas, dann geht es dir gleich besser.« Nach fünfundvierzig Jahren häufiger Verdauungsprobleme ist mir vollkommen klar, dass ich mich nicht besser fühle, wenn ich mehr esse. Aber wie der Leitungs-Leitsatz schon andeutet: Meine Verdauungsprobleme handele ich mir ein, weil ich vergesse, dass es nicht funktioniert.

Die Verdauungsprobleme sind jedoch nicht das Schlimmste. Wenn die Geschäftsreise schon der Vergangenheit angehört, alle Probleme längst vergessen sind und sich meine Verdauung wieder normalisiert hat, bleiben da noch immer die überflüssigen Pfunde. Ich lese Hunderte von Diätratgebern, um sie wieder loszuwerden, aber nicht, weil beim Lesen mehr Kalorien verbrannt werden als beim Joggen. Das Lesen dieser Bücher mit all ihren tollen Tipps und Tricks gibt mir das Gefühl, ein tugendhafter Mensch zu sein. Leider vergesse ich all die guten Tipps vor lauter Aufregung wieder, wenn die nächste Geschäftsreise ansteht.

In einem Buch stand, man solle an die folgenden sechs Punkte denken, wenn ein Fressanfall droht:

1. Ein Ausrutscher bedeutet noch lange keinen Rückfall.
2. Widerstehen Sie negativen Gedanken.
3. Fragen Sie sich, was passiert ist, und planen Sie die Strategie für das nächste Mal.
4. Essen Sie ab **jetzt** wieder kontrolliert.
5. Sprechen Sie mit einer Vertrauensperson darüber.
6. Denken Sie daran, dass Sie Ihre Essgewohnheiten langfristig ändern wollen. Sie machen keine kurzfristige Diät. Denken Sie an die Fortschritte, die Sie bereits verbuchen können und machen Sie weiter so.

Da ich diese Tipps auch in drei oder vier anderen Büchern gefunden habe, entschied ich, dass sie gut seien, obwohl sie mir sicherlich nie einfallen würden, wenn ich sie brauche. Schließlich brauche ich sie nicht, wenn ich gerade am Lesen bin, sondern im Restaurant.

Mit dem Leitungs-Leitsatz im Kopf schrieb ich die sechs »Gebote« auf die Rückseite einer Visitenkarte, die ich in der Brieftasche gleich hinter meine Kreditkarte schob. Da ich auf Reisen grundsätzlich nicht bar bezahle, würde ich mit hundertprozentiger Sicherheit im richtigen Moment an diese Tipps denken, nämlich genau dann, wenn ich mich mal wieder voll gestopft habe wie eine Weihnachtsgans.

Ob dieser Trick funktioniert hat? Meistens. Nach einer zweiwöchigen Geschäftsreise habe ich nun nur noch ein oder zwei Pfund zu viel, keine fünf oder zehn. Dafür kann ich mir jetzt gelegentlich einen Fressanfall zu Hause leisten. Dani akzeptiert dummerweise keine Kreditkarten.

Mit einer Notiz an sich selbst können Sie sich ganz gut konditionieren, sofern Sie sie so platzieren, dass Sie in dem Moment, in dem Sie das Verhalten, das Sie ändern möchten, an den Tag legen, auch sehen. Neulich fand ich in einem chinesischen Glückskeks den Spruch »Widerstehen Sie dem Impuls, Ihre Pläne zu ändern.« Zweifelsohne ein passender Rat für mich, doch ich kann ihn besser gebrauchen, wenn mich ein Kunde gerade zum Abendessen einlädt, als wenn ich bereits in einem China-Restaurant sitze. Deshalb habe ich den Spruch an meinen Terminkalender geheftet, da ich so eine gute Chance habe, mir diesen Ärger zu ersparen.

Kontrollzettel

Rauchen Sie oder einer Ihrer Bekannten zu viel? Als Hobby-Raucher-Berater habe ich vielen Rauchern geholfen, ihren Zigarettenkonsum zu reduzieren, indem ich sie aufschreiben ließ, wann sie zu einer Zigarette greifen. Diese Leute rauchten gern und wollten nicht völlig damit aufhören. Sie *wussten* aber, dass sie nicht jede Zigarette aus reinem Genuss rauchten und wollten einen Konditionierungsreiz, der verhindert, dass sie ganz nebenbei oder unbewusst rauchen. Im Allgemeinen rate ich Rauchern, ihre Zigaretten in einer besonderen Schachtel aufzubewahren, in der noch Platz für Kontrollzettel ist, auf denen sie die Uhrzeit notieren können. Nach etwa einer Woche rauchen sie in der Regel weniger und genießen jede einzelne Zigarette. Außerdem wird die Schachtel selbst zum Konditionierungsreiz, so dass sie damit aufhören können, die Uhrzeit jeder einzelne Zigarette zu notieren.

Dieses Kontrollsystem funktioniert auch für andere Angewohnheiten. Wenn ein Klient beispielsweise seinen Gesprächspartnern ständig ins Wort fällt, bitte ich ihn, aufzuschreiben, bei welchen Gelegenheiten er wen unterbricht. Wer gerne endlose Telefonate führt, soll notieren, mit wem er telefoniert hat und wie lange das Gespräch gedauert hat. In beiden Fällen ist nichts weiter nötig, als Informationen über die Angewohnheit zu sammeln. Die meisten Menschen stellen dann schnell fest, dass ihre Angewohnheiten gar nicht so schlimm sind wie befürchtet: Das Problem ist meist nicht die Angewohnheit selbst, sondern wie sie sich dabei *gefühlt* haben.

Sichtbares und Spürbares

Ich bin nicht der einzige Vielfraß, der seine Sucht mit einem Trick bekämpft. Mein Freund Sid kaufte sich ein schweres Fahrradschloss, um damit seinen Kühlschrank abzusperren. Das sollte ihn natürlich nicht daran hindern, trotzdem an die Eiscreme heranzukommen, denn er musste ja nur einen Stock höher gehen und den Schlüssel holen. Doch auf dem Weg in den ersten Stock fielen ihm des Öfteren die zwei Herzanfälle wieder ein, die er bereits erlitten hatte.

Es ist aber wahrscheinlich besser, seine kleinen Konditionierungsreize für sich zu behalten, denn es gibt Menschen, die sich darüber lustig machen, da sie den Leitungs-Leitsatz für Unsinn halten. Immer wenn Sid Gäste hatte, war ihm das Vorhängeschloss am Kühlschrank sehr peinlich, und so hat er es letztlich gegen ein elektronisches Gerät eingetauscht, das ihn mit den Worten »Hallo, Fettsack« begrüßte, sobald er die Kühlschranktür öffnete. Dummerweise war dieser Trick nicht halb so wirksam wie das Fahrradschloss. Fragt sich nur, warum?

Ein Grund war, dass die Konditionierung zu spät griff, denn sobald Sid die Köstlichkeiten in seinem Kühlschrank vor der Nase hatte, nützte ihm alles bessere Wissen nichts mehr. Damit die Konditionierung auch wirkt, kommt es vor allem auf das richtige Timing an: Greift sie zu spät, lässt sich der Ärger nicht mehr aufhalten, greift sie zu früh, hat man sie schon wieder vergessen, wenn man sie braucht.

Die lieben Mitmenschen

Es bietet sich zwar geradezu an, seine Mitmenschen als Konditionierungsreize einzuspannen, aber es ist auch gefährlich. Ich habe schon oft Freunde und Kollegen darum gebeten, mich an etwas zu erinnern, doch im Grunde genommen wollte ich nur einen Sündenbock zur Hand haben, wenn ich mal wieder nicht das tat, was ich hätte tun sollen. Letztendlich habe ich jedoch gelernt, wie ich meine ungerechten Beschuldigungen als Konditionierungsreize einsetzen kann, die mich dran erinnern, dass die ganze Sache mein Problem ist und nicht das eines anderen. Daran sollten Berater immer denken, wenn ihr Klient versucht, ihnen die Schuld in die Schuhe zu schieben. Vielleicht macht es Ihnen ja nichts aus, ein hoch bezahlter Sündenbock zu sein, aber Sie sollten es sich wenigstens selbst aussuchen können.

Es gibt da noch ein Problem mit der Konditionierung durch die Mitmenschen. Die meisten Menschen lösen nämlich mehrere Assoziationen gleichzeitig aus. Sid erzählte mir, dass die Stimme aus seinem Kühlschrank ihn an seinen Vater erinnerte. Sid war schon als Jugendlicher zu dick, und sein Vater versuchte ihn vom Essen abzuhalten, indem er ihn lächerlich machte und herumkommandierte. Wie die meisten Teenager lernte auch Sid, sich gegen Spott und Hohn zu wehren, weshalb die Stimme aus dem Kühlschrank genau die gegenteilige Wirkung auslöste. Anstatt ihn daran zu erinnern, dass er bereits zwei Herzanfälle erlitten hatte, erinnerte sie Sid daran, sich gegen Spott und Hohn zu wehren. Deshalb futterte er gleich eine besonders große Portion, um der Stimme zu beweisen, dass sie ihm überhaupt nichts zu sagen hatte.

Signale

Nutzen Sie Ihre Mitmenschen also lieber nicht zur Konditionierung, es sei denn, sie bieten freiwillig ihre Hilfe an und wissen, worauf sie sich damit einlassen. Und damit Sie Ihre freiwilligen Helfer nicht missbrauchen, sollten Sie genau wissen, worauf Sie in welcher Weise reagieren.

Ich selbst habe die Erfahrung gemacht, dass ich auf Handzeichen besser reagiere als auf Worte. Als Berater fungiere ich häufig als Gesprächsleiter, und Handzeichen eignen sich hervorragend als Bremssignal für mich, wenn ich zu viel, zu schnell, zu lang oder zu laut rede. Mündliche Einwände hingegen verschlimmern die Lage nur noch, da ich dann befürchte, jemand anderes würde mehr, schneller, länger oder lauter als ich sprechen wollen.

Ich habe mit meinen Klienten und Studenten Handzeichen vereinbart, mit denen sie mich darauf hinweisen können, wenn ich aus der Rolle falle, doch am häufigsten arbeite ich mit Dani zusammen, und sie weigert sich, mir Handzeichen zu geben. Dani findet Handzeichen einfach unmöglich, obwohl sie bei mir sofort wirken und mich nicht im Geringsten verärgern. Dani verbindet Handzeichen mit allzu autoritären Eltern, während ich dasselbe mit verbalen Unterbrechungen assoziiere. Ich denke bei Handzeichen an Schiedsrichter, denen nichts anderes übrig bleibt, als sich mit Handzeichen verständlich zu machen, da ihre Worte im Toben der Menge untergingen. Das gehört einfach zum Spiel. Bei Autofahrten hingegen verwende ich verbale Signale, da ich meine Hände ja am Lenkrad behalten muss. So viel zum Thema Logik des Unlogischen.

Gegenseitige Konditionierung

Gerade unter Kollegen ergeben sich Absprachen zur gegenseitigen Konditionierung wie von selbst, ohne dass man viel darüber sagen muss. »Sie sagen mir, wenn ich dies und jenes mache und umgekehrt weise ich Sie auch darauf hin.« Wichtig ist nur, dass sie auf Gegenseitigkeit beruhen und ein ausgewogenes Verhältnis herrscht.

Computerprogrammierer haben jede Menge Erfahrung mit Katastrophen, gleichwohl können sie es überhaupt nicht leiden, wenn sie ein Außenstehender darauf aufmerksam macht, dass um sie herum Eisberge zu sehen sind. Sie sind daher ganz spezielle Kandidaten für den Titanic-Effekt. Trotzdem habe ich schon ziemlich viel Geld damit verdient, Programmierer darauf zu konditionieren, Eisberge zu umschiffen. Ich habe damit Erfolg, weil mich Programmierer glücklicherweise als einen der ihren betrachten. Wenn mich ein Programmierer fragt: »Was kann alles schief gehen?«, gebe ich eine sehr wirksame Eisbergwarnung aus, indem ich ganz einfach seine Frage nachplappere wie ein Papagei.

Ich kann Programmierern auch beibringen, sich gegenseitig vor Eisbergen zu warnen sollen. So verteile ich zum Beispiel Anstecker mit dem Aufdruck »Was kann alles schief gehen?«, lasse einen Pokal für den »Schnitzer des Monats« weitergeben und erkläre ihnen die Dreierregel. Sie können diese Reize bei jedem Kunden im Kampf gegen den Titanic-Effekt einsetzen, es wird jedoch nur funktionieren, wenn alle im selben Boot sitzen.

Paradoxerweise klappt es mit der gegenseitigen Konditionierung aber nicht, wenn alle in *exakt* dem gleichen Boot sitzen. Wenn alle Mitglieder der Weight Watchers zur selben Zeit eine Fressattacke erleiden, werden alle zu hemmungslosen Fresssäcken. Es brauchen zwar alle dieselbe Konditionierung, aber zu unterschiedlichen Zeiten. Wenn das Unternehmen Ihres Klienten also fröhlich auf Kollisionskurs dahin schippert, braucht es schon einen Außenseiter, der »Vorsicht! Eisberg!« schreit. – Und natürlich werden Ihre Klienten dem Außenseiter dann vorwerfen: »Was wissen Sie schon von Ozeandampfern?«

LASSEN SIE IHR UNTERBEWUSSTSEIN ZU WORT KOMMEN

Der innere Discjockey

Erfolgreiche Programme zur Gewichtskontrolle sind ein gutes Beispiel dafür, wie man sich auf die Weißbrotwarnung konditionieren kann. Trotz des klangvollen Namens Weight Watchers hat noch niemand auch nur ein Gramm abgenommen, indem er sein Gewicht *beobachtet* hat. Beim Schritt auf die Waage oder dem prüfenden Blick in den Spiegel wird weniger als eine Kalorie verbrannt. Was wirkt, ist das Rezept zur Gewichtszunahme zu beobachten. Als ich noch ein kleiner Junge war, programmierte mich meine Mutter mit dem Familienrezept für Körperfett. Es hat bei jedem Familienmitglied funktioniert, auch bei mir.

Mein Kopf ist eine gut bestückte Bibliothek mit Mutters Familienrezepten. Da gibt es zum Beispiel einen ganzen Band mit dem Titel »Wie ich aus meinem Sohn einen rebellischen Teenager mache«. Ich hatte diese Rezepte völlig vergessen, bis mein Sohn

Chris dieses schwierige Alter erreichte. Eines Tages beschwerte sich sein Lehrer schriftlich bei mir über Chris Verhalten. Als ich seinen Brief las, spürte ich, wie der Ärger in mir hoch kochte und ich schmiedete Pläne, wie ich Chris bestrafen könnte. Es war ein sehr gehaltvolles Rezept, und ich ließ mir meinen Plan so genüsslich auf der Zunge zergehen wie ein köstliches Essen.

Ich bemerkte meinen Genuss daran, dass ich eine Melodie vor mich hin summte, wie immer, wenn mir etwas besonders gut schmeckt. Normalerweise bin ich zu sehr mit dem Essen beschäftigt, als dass mir bewusst würde, welche Melodie ich summe, doch nun aß ich ja nicht wirklich, daher fiel mir auf, dass es die Melodie des Oldies »Just Before the Battle, Mother, I Am Thinking Most of You« von George F. Root war – die perfekte Weißbrotwarnung. Ich lief Gefahr, einen Kampf mit meinem Sohn zu beginnen, indem ich ihm dasselbe Rezept zur Rebellion weitergeben würde wie damals meine Mutter mir.

Seit diesem Vorfall bin ich besser mit dieser bestimmten Region meines Gehirns vertraut, die mich ein Lied summen lässt, um mir einen bestimmten Reiz zu geben. Wie kürzlich »Die Glocken von St. Marien«. Oder wie gestern, als Dani ihre Reise nach New York plante. Sie war schon ewig nicht mehr in ihrer Heimatstadt gewesen, und, ordentlich wie immer, stellte sie eine Liste zusammen, diesmal mit allen Freunden und Bekannten, bei denen sie sich in New York melden wollte. Beim Abendessen fragte sie mich, ob mir noch jemand einfiele, doch dem war nicht so. Als ich kurze Zeit später das Geschirr abspülte, ertappte ich mich dabei, wie ich die Melodie von Flotows *Martha* vor mich hin summte. Früher hätte ich mir überhaupt nichts dabei gedacht, doch jetzt weiß ich ja, dass es etwas zu bedeuten hat. Sobald ich mir die Melodie bewusst machte, fiel mir auf, dass auf Danis Liste unsere gute Freundin Martha fehlte.

Die Grenzen des Unterbewusstseins

Das Unterbewusstsein ist nicht unbedingt zuverlässig, daher sind die Reize aus dem Unterbewussten keine narrensicher Methode. Als ich zum Wandern in Neuseeland war und mich im strömenden Regen mit schmerzenden Knien vorwärts schleppte, ertappte ich mich dabei, wie ich »Yankee Doodle« summte. Weshalb kam mir diese Melodie in den Sinn? Zuerst dachte ich, ich hätte vielleicht Heimweh. Da normalerweise die Melodie verstummt, sobald ich die Botschaft verstanden habe, wusste ich, dass es nicht das Heimweh sein konnte, denn die Melodie dudelte weiter in mir. Nach zwei Stunden war ich von »Yankee Doodle« ziemlich entnervt und versuchte, mich an den Text zu erinnern. »Yankee Doodle went to town, riding on a pony ...« Na bitte! Mein innerer Discjockey versuchte verzweifelt, mir klar zu machen, dass ich besser ein Pony mieten sollte, als stundenlang durch unwegsames Gebiet zu wandern (das wäre ein toller Tipp gewesen, wenn ich nicht gerade inmitten der unwegsamsten Wildnis gewesen wäre).

Doch eines muss ich meinem Discjockey lassen: Er ist sehr lernfähig und merkt sich Sachen, die ich selbst schon längst vergessen habe. Als letzte Woche bei einem Schneesturm der Strom ausfiel, musste ich in die Kälte hinaus, um den Generator zu reparieren. Während ich mir warme Kleidung anzog, stellte ich fest, dass ich die Melodie eines Werbespots für warme Wollstrumpfhosen summte. Damals in Neuseeland schmerzten mir meine Knie, weil ich in kurzen Hosen über einen Bergpass marschiert war, ohne mich vorher wenigstens aufzuwärmen. Ich hätte es ja wissen müssen, aber ich hatte es vergessen. Doch dieses Mal erinnerte mich mein Discjockey daran: Ich besitze zwar keine Wollstrumpfhosen, aber lange Unterhosen. Ich zog sie an, mir wurde warm, und ich hatte keinerlei Probleme mit meinem Knie.

Schauen Sie, was in Ihrem Kopf so los ist

Schon lange bevor wir mit Werbeliedchen gesegnet wurden, beherrschten religiöse Führer die Kunst, ihre Botschaften in leicht zu merkender Form in die Köpfe der Menschen zu implantieren. In der Bibel wie auch in anderen wichtigen religiösen Werken finden sich unzählige Lieder, Gedichte, Parabeln, Paradoxa, Checklisten, Analogien und Aphorismen. Sie funktionieren seit Tausenden von Jahren für Millionen von Menschen und sind eine nähere Betrachtung durchaus wert, wenn Sie Ihr eigenes Klingelsystem entwickeln.

Einige meiner Studenten zweifeln daran, dass es möglich ist, ihr Unterbewusstsein zu entwickeln. Einer von ihnen meinte einmal fast neidisch: »Ihr Unterbewusstsein leistet wirklich Erstaunliches, aber ich habe gar keines. Und ich kenne auch niemanden, der eines hat.« Die Entwicklung Ihres Unterbewusstseins wäre zugegebenermaßen reine Zeitverschwendung, wenn Sie keines haben, doch es weist eigentlich alles darauf hin, dass jeder eines hat. Wie der Name schon vermuten lässt, wirkt es jedoch im Verborgenen, sofern man nicht bewusst darauf achtet. Ihres lässt Sie vielleicht keine Lieder summen, sondern kommuniziert über Versprecher, Gesten, Einzeiler, Wortspiele, Reizwörter, Bilder, Körpersprache, eine unerklärliche Aufmerksamkeit bestimmten Dingen gegenüber, Verwechseln von Personen oder einer Kombination dieser Phänomenen.

Die moderne Psychologie erklärt die Vielfalt der Möglichkeiten des Unterbewusstseins damit, dass das Gehirn in unterschiedliche Zonen aufgeteilt ist. Natürlich streiten sich die Gelehrten darüber, welcher Bereich für was zuständig ist, doch in einem sind sie sich alle einig: Es gibt die rechte und die linke Gehirnhälfte, das Bewusstsein, das Unterbewusstsein, das Unbewusste und noch alles Mögliche. Als Wissenschaftler suchen Psychologen nach logischen Erkenntnissen, doch jedes Gehirn, das sich an Dinge wie »Just Before the Battle, Mother« erinnert, kann nicht als logisch arbeitend bezeichnet werden. Es ist mir ein wenig peinlich, dass mein Gehirn so unlogisch funktioniert, aber ich kann es ja schlecht umtauschen. So ist das eben.

Außerdem: Wenn Millionen für Strumpfhosenwerbung ausgegeben werden, um ein paar eingängige Worte in einen Ohrwurm zu verpacken, kann ich gar nicht so anders sein als alle anderen. Haben Sie keine Angst davor, Ihr Unterbewusstsein zu entwickeln. Wenn Ihre Freunde Sie deswegen auslachen, nehmen Sie dies einfach als Konditionierungsreiz für den tröstlichen Gedanken, dass jeder verrückt sein muss, der behauptet, sein Gehirn würde völlig logisch funktionieren.

7 Den Einfluss stärken

Bei einem meiner Workshops erzählte mir Karma, dass sie eines Tages in ihrem kleinen Büro saß und in einem Buch mit dem Titel »Überlebenstraining für Führungskräfte« las. Zufällig kam ein Kollege ihres Vorgesetzten vorbei, warf einen Blick auf den Buchtitel und sagte zu ihr: »Na, das ist aber nichts für Sie!«

»Weshalb nicht?«, wollte Karma wissen.

»Na, weil Sie keine Führungskraft sind.«

Karma, die nie um eine schlagfertige Antwort verlegen war, lächelte und meinte mit Unschuldsblick: »Soll es mir denn so ergehen wie Ihnen? Damit warten, bis es zu spät ist?«

ÜBERLEBENSTRAINING FÜR BERATER

Obwohl sich dieses Buch vorgeblich an Berater wendet, hoffe ich doch, dass auch andere Menschen es lesen, und zwar, bevor es zu spät ist. Ich hoffe (ebenso wie mein Verleger und mein Steuerberater), dass Sie dieses Buch auch dann lesen, wenn eine Beratertätigkeit für Sie erst in ein paar Jahren in Frage kommt. Und selbst wenn Sie unter keinen Umständen als Berater tätig sein möchten, müssen Sie vielleicht einmal mit einem zusammenarbeiten – was ein sehr guter Grund ist, dieses Buch zu lesen.

Wenn man mal ein bisschen darüber nachdenkt, ist es doch nur logisch, dass ein Buch, das sich an Führungskräfte richtet, umso interessanter für die Untergebenen ist. Jede Führungskraft sollte es zu schätzen wissen, wenn ihre Mitarbeiter sich mit seinen Problemen vertraut machen. Es ist doch so, dass Führungskräfte nicht unbedingt beliebt sind, weil keiner ihrer Untergebenen weiß, was sie eigentlich arbeiten. Klar, offensichtlich lohnt sich dieser Job, was am üppigen Gehalt, der schicken Büroeinrichtung und dem größeren Einfluss deutlich wird, doch wenn eine Führungskraft ihren Job wirklich gut erledigt, hinterlässt die eigentliche Arbeit selbst keine sichtbaren Spuren. Dasselbe trifft auch auf Berater zu. Viele meiner Kunden sehen an meiner Arbeit nur, dass ich viel reise, in luxuriösen Hotels übernachte, in Feinschmeckerlokalen speise und ein Honorar einstecke, das ihren Gehaltsscheck beinahe lächerlich erscheinen lässt. Dass ich häufig unter Jetlag leide, in fremden Betten schlaflose Nächte verbringe, das viele Essen mir Verdauungsstörungen bereitet und ich viele Überstunden nicht in Rechnung stellen kann, sehen sie nicht. Und selbst wenn sie mit mir zusammenarbeiten, ist ihnen nicht so ganz klar, was ich eigentlich genau mache.

DIE BERÜHMTE NASENLÄNGE VORAUS

Im selben Workshop, in dem Karma ihre Geschichte erzählte, erklärte Larry mit einer anderen Geschichte, weshalb meine Kunden nicht sehen, was ich tue.

> Zeke und Luke waren wieder einmal auf der Bärenjagd. Als sie eine Pause machten und ein Bier tranken, brach ein Bär aus dem Unterholz und rannte direkt auf sie zu. Zeke und Luke machten, dass sie wegkamen, doch der Bär holte rasch auf. »Ich glaube nicht, dass wir schneller rennen können als der Bär«, keuchte Zeke.
> »Das macht nichts«, schrie ihm Luke über die Schulter zu. »Ich muss nicht schneller rennen als der Bär.«
> »Wieso das denn?«
> »Ich muss nur schneller rennen als du!«

Wie Luke muss auch ich einfach schneller sein als meine Kunden. Das ist manchmal natürlich alles andere als einfach. Schließlich arbeiten sie tagein, tagaus acht Stunden an ihrem Arbeitsplatz, während ich nur ein paar Tage im Jahr in ihrem Unternehmen verbringe. Was ihre täglichen Aufgaben anbelangt, kann ich ihnen natürlich nicht das Wasser reichen. Wie Lukes hängt auch mein Erfolg davon ab, ob ich in einer Situation bin, in der schon der geringste Vorsprung ebenso gut ist wie ein Vorsprung von zig Kilometern.

Damit ich als Berater erfolgreich arbeiten kann, muss ich meinen Einfluss um ein Vielfaches *verstärken*. Wie ein Meister des Kampfsports, der selbst nur minimale Kraft einsetzt, und die Kraft und den Schwung des Gegners für seine Zwecke nutzt. Habe ich damit Erfolg, spürt mein Klient zwar, dass sich etwas verändert, doch es scheint für ihn, als hätte ich überhaupt nichts getan.

FESTGEFAHRENE SYSTEME STÖREN

Ein Berater macht meist einen ziemlichen passiven Eindruck. Er sammelt Informationen und präsentiert sie seinem Kunden, der davon mehr oder weniger beeindruckt ist. Das hört sich vollkommen harmlos an, doch im Grunde bewirkt die Arbeit eines jeden Beraters, dass sich etwas verändert. Das hört sich vielleicht etwas bedrohlich an, doch fast jedem Unternehmen tut es gut, wenn etwas frischer Wind durch die Gänge bläst.

Stecken bleiben

Je komplexer elektronische Systeme werden, umso ähnlicher werden sie lebenden Organismen. Viele wilde Tiere pflanzen sich in Gefangenschaft nicht fort oder überleben erst gar nicht unter künstlichen Bedingungen. Die ersten Radarsysteme waren ein wenig wie wilde Tiere: Sie funktionierten einwandfrei im Feld, aber nicht unter sterilen Laborbedingungen. Vor dem zweiten Weltkrieg war kein künstliches System komplex genug, um diese Funktionsabhängigkeit von einer unkontrollierbaren Umgebung zu erklären, doch mittlerweile ist bekannt, dass jedes umfangreiche, komplexe System zum Stillstand kommen kann, wenn es innerhalb einer übermäßig kontrollierten und vorhersehbaren Umgebung eingesetzt wird.

Dieser Effekt ist einer der Gründe, weshalb auch erfolgreiche Unternehmen scheitern. Je organisierter eine Firma wird, umso reibungsloser laufen die täglichen Routinearbeiten, doch einige Teile der Firma stagnieren und blockieren somit den produktiven Ablauf. Dieses Problem tritt häufig in den Bereichen auf, die eigentlich kreativ sein sollten: Forschung, Entwicklung, Schulung und Programmierarbeiten.

Wenn ein Geschäftsbereich ins Stocken gerät, sind neue Impulse von außen oft hilfreich. Beim Radar wurden die Probleme gelöst, indem das System per Zufallsgenerator Störungen ausgesetzt wurde, die den stabilen Status, in dem sich das System befand, durchbrachen.

Bei Unternehmen haben Katastrophen wie ein Brand häufig eine belebende Wirkung, ebenso wie Streiks, da Manager dann gezwungen sind, Aufgaben ihrer Angestellten zu übernehmen. Doch es gibt durchaus weniger drastische Abhilfemaßnahmen als Brandstiftung und das Anzetteln von Arbeiteraufständen, um ein Unternehmen wieder in Fahrt zu bringen. Zum Beispiel durch externe, nicht einschätzbare, aber auch nicht bedrohliche Kräfte, die wieder Schwung in festgefahrene Systeme bringen.

Die Rolle des Störenfrieds

Manchmal öffnet der ganz normale Geschäftsablauf diesen externen Kräften den Weg in festgefahrene Bereiche, da neue Arbeitskräfte oder neue Manager auf der Bildfläche erscheinen. Manchmal stößt ein Berater bei der Arbeit an einem bestimmten Problem zufällig in einen Bereich vor, von dem das Unternehmen noch nicht einmal bemerkt hat, dass er feststeckt.

Seit einigen Jahren haben Computer und Computerverkäufer die Rolle des Störenfrieds übernommen. Als ich für IBM arbeitete, bin ich selbst oft in diese Rolle geschlüpft und befreite Kunden aus Problemsituationen, die absolut nichts mit Computern zu tun hatten. Damals wusste ich jedoch noch nicht, dass die Rolle des Störenfrieds nicht dieselbe ist wie die eines Computerverkäufers oder Technikers.

Bei späteren Aufträgen, die hauptsächlich aus Interviews und Diskussionen bestanden, stellte ich fest, dass ich etwa eine Stunde redete und mir anschließend sieben Stunden die Probleme meiner Kunden anhörte. Ich bin von Natur aus kein passiver Zuhörer, daher mache ich oft Witze, stoße Schreie der Verwunderung aus, stelle dumme Fragen und gebe alle möglichen Geräusche von mir, wenn ich etwas nicht verstehe. Zu meiner Überraschung haben mir schon viele meiner Zuhörer gesagt, dass allein mein Vortrag ihre Probleme gelöst hätte. Mir wurde jedoch klar, dass es nicht so sehr meine Vorträge sind, die Problemlösungen ergeben, sondern vielmehr die spontanen, unvorhersehbaren und zwanglosen Gesprächen vor und nach den offiziellen Programmteilen.

Im Laufe der Jahre fiel mir auf, dass es keine allgemein übliche Bezeichnung für das gibt, was ich tue. Störenfried würde am besten passen, doch keine Mensch, der seine fünf Sinne zusammen hat, zahlt freiwillig einen Störenfried dafür, dass er seine Firma aufmischt. Es klingt zu sehr nach Aufwiegeln oder Rebellion, und wer will das schon? Da mir keine wirklich gute Alternative eingefallen ist, bezeichne ich mich also als Berater, obwohl ich insgeheim weiß, dass ich ein Störenfried bin. (Meine Tarotkarte ist der Narr.)

Meine Aufgabe als Störenfried ist es, etwas in Schwung zu bringen, Änderungen zu bewirken, um Festgefahrenes zu lösen. Als *Systemstörenfried* begnüge ich mich damit, in verschiedenen Unternehmensebenen tätig zu werden. Und obwohl ich natürlich sowohl mit Arbeitern als auch mit Managern arbeite, um einen toten Punkt zu überwinden, bin ich weder Psychiater noch Vertrauensperson, obwohl auch diese die Rolle eines Störenfrieds einnehmen können.

Gelähmt durch Überlastung

Lassen Sie mich anhand einiger Beispiele verdeutlichen, was ein Störenfried macht. Ein Systemprogrammierer beschwerte sich einmal darüber, dass ihn die Anwendungsprogrammierer so sehr in Anspruch nahmen, dass er sich kaum noch um Systemarbeiten kümmern konnte. Ich setzte mich einige Stunden neben ihn und beobachtete seine Arbeitsgewohnheiten und die Interaktion mit den Anwendungsprogrammierern. Ich stellte fest, dass die Bearbeitung jedes Problems beinhaltete, umfangreiche Ausdrucke mit dem kompletten Speicherinhalt zu lesen. Die Anwendungsprogrammierer wusste nicht, wie die Speicherinhalte auszuwerten waren, weshalb sie jedes Problem an den Systemprogrammierer weiterleiteten.

Ich störte diese Routine, indem ich darauf hinwies, dass die Speicherinhalte mit einem bereits vorhandenen Programm in eine für die Anwendungsprogrammierer verständliche Form gebracht werden konnten. Der Systemprogrammierer war darüber höchst erfreut, doch ich wusste, dass sein Problem ein Symptom für eine schwerwiegendere Lähmung in einem anderen Unternehmensbereich sein könnte. Deshalb störte ich das Management mit folgenden Fragen:

1. Kann es sein, dass keiner in diesem großen Unternehmen weiß, dass zur Formatierung von Speicherinhalten einfache Werkzeuge bereitstehen?
2. Wundert es Sie denn nicht, dass so viele Anwendungen so erhebliche Fehler aufweisen, die den Ausdruck des kompletten Speicherinhalts notwendig machen?
3. Gehen die Schulungen so am Kern der Sache vorbei, dass die Programmierer nicht lernen, wie sie die Ausdrucke auswerten?

Diese Fragen veranlassten meinen Kunden dazu, die gesamte Abteilung auf ihre Fähigkeit zu Problemlösungen zu überprüfen. Doch selbst das ist noch nicht genug. Der professionelle Störenfried hat immer noch eine weitere Frage auf Lager:

4. Ist das Unternehmen vielleicht selbst für die vorherigen Fragen verantwortlich? Anders ausgedrückt, hätte es nicht selbst stören können?

Damit brachte ich das Unternehmen auf den Pfad der Problemvermeidung, der schon eine Ebene höher liegt als die Problemlösung.

Blockierte Kommunikationsleitungen

Noch ein Beispiel: Eine Projektleiterin machte sich große Sorgen um ihre Teamleiter, weil sie ihrer Meinung nach den Ernst der Lage eines bestimmten Projekts verkannten.

Als der Projekttermin zur Sprache kam, konnte ich den Teamleitern jedoch ansehen, dass sie Angst hatten, ihn nicht einhalten zu können. Ich bat die Projektleiterin, mich eine halbe Stunde mit den Teamleitern alleine zu lassen und bat diese, mir anonym einen Zettel mit ihrer Einschätzung zu geben, wann das Projekt abgeschlossen werden könne. Anhand der Einschätzung ergab sich die Wahrscheinlichkeit für den termingerechten Projektabschluss, und die Wahrung der Anonymität nahm den Teamleitern die Angst. Ich sammelte die Zettel ein und stellte fest, dass die optimistischste Schätzung bei einer Wahrscheinlichkeit von 20 Prozent für einen termingerechten Projektabschluss lag! Alle fünf Teamleiter wussten genau, wie ernst die Lage war, doch sie alle hatten Angst, es ihrer Vorgesetzten zu gestehen.

Auf ähnliche Weise sammelte ich Wahrscheinlichkeitswerte für verschiedene spätere Abgabetermine ein und bat die Projektleiterin, die wieder zu unserer Gruppe gestoßen war, ebenfalls um ihre Einschätzung.

Als die Teamleiter erfuhren, dass die Projektleiterin ebenso pessimistisch war wie sie selbst, kam es zu einer lebhaften Unterredung, und die Teamleiter gestanden, dass sie aus Angst, mit ihrer Meinung alleine dazustehen, lieber geschwiegen hatten. Letztendlich wurde der Projektabschluss auf einen realistischeren Termin verschoben und Maßnahmen ergriffen, um dieses Ziel auch tatsächlich zu erreichen. Außerdem wurden weitere Maßnahmen ergriffen, um für eine offene Kommunikation über das Projekt zu sorgen.

Ich konnte diese Blockade in der Kommunikationsleitung stören, oder besser gesagt entstören, weil:

1. ich eine neutrale Person war, die für niemanden Partei ergriff.
2. ich eine Methode anwandte, die allen Anonymität gewährte, sodass jeder seine ehrliche Meinung äußern konnte.
3. ich eine offene und ehrliche Kommunikation ermöglichen konnte.
4. ich weiß, wie Kommunikationssysteme funktionieren und wie sich Blockaden vermeiden lassen.

Gute Gelegenheiten, um ein wenig zu stören

Nur selten werde ich ausdrücklich darum gebeten, als Störenfried zu fungieren. Man bittet mich meist darum, einen Vortrag zu halten, eine Untersuchung durchzuführen oder ein technisches Problem aus der Welt zu schaffen. Doch es gibt immer wieder Gelegenheiten, um ein wenig zu stören.

Zum einen verkennen die meisten Menschen ihr tatsächliches Problem und beauftragen daher einen Berater damit, das falsche Problem anzupacken, was die Situation oft noch festgefahrener werden lässt. Softwarefirmen bitten mich zum Beispiel häufig um Qualitätsverbesserungen, indem ich den Programmierern beibringen soll, wie sie Programmfehler beheben, anstatt ihnen gleich beizubringen, wie sie diese Fehler vermeiden.

Zum anderen kann kein Berater, der mit offenen Augen und Ohren durch ein Unternehmen spaziert, garantieren, dass er nur die Dinge bemerkt, die für seinen offiziellen Auftrag wichtig sind. Des Weiteren kann er nicht dafür garantieren, dass seine Arbeit sich nur auf den Bereich auswirkt, den er untersuchen soll. Ich versuche meinen Klienten immer klar zu machen, dass allein meine Anwesenheit in ihrem Unternehmen für Aufruhr und Störung sorgt. Schreckt sie das ab, kann ich keine gute Arbeit leisten und lehne den Auftrag meistens ab.

Auch als Redner kann ich zum Störenfried werden, denn ein mitreißender Vortrag kann wahre Wunder in einem festgefahrenen Unternehmen bewirken, sofern die Umstände nicht erstickend formell sind. Die meisten Vorträge finden in einer Umgebung statt, die für das Unternehmen »sicher« ist – und so soll es ja auch sein. Schließlich ist es die Aufgabe des Managements, für reibungslose Abläufe zu sorgen. Nur wenn das Management *zu* erfolgreich ist, bleibt das, was reibungslos in geordneten Bahnen verlaufen soll, im Alltagstrott stecken. Ich versuche daher immer, mir abseits meines Vortrags Gelegenheiten zum Stören zu verschaffen.

Mir ist es viel lieber, wenn ich nicht als Redner und Berater, sondern als »externer Kollege, mit dem man über alles reden kann« vorgestellt werde. Wenn das dem Management zu umständlich ist, lasse ich mich manchmal auch als »Redner« engagieren, aber nur, wenn ich mich auch ausführlich und zwanglos mit meinem Publikum unterhalten darf. Wenn ich vermeiden kann, als Werkzeug des Managements zu wirken, was meinen Nutzen als Störenfried zunichte machen würde, trete ich manchmal auch als »Berater« auf

Das Gesetz des Störenfrieds

Der Zauber des dritten Mals, den ich im zweiten Kapitel beschrieben habe, besagt, dass die Gefahr besteht, die Denkweisen und Problemlösungsstrategien eines Unternehmens selbst anzunehmen, wodurch der gewünschte Störenfriedeffekt natürlich verschwindet. In diesem Fall muss ich meinen eigenen Störenfried auf den Plan rufen. Wenn Sie anderen ein Störenfried sein möchten, sollten Sie diese Erfahrung aus zwei Gründen am eigenen Leib erlebt haben. Erstens: Sie befreien sich selbst aus festgefahrenen Situationen und zweitens: Sie wissen, wie es sich anfühlt.

Da ich schon oft mein eigener Störenfried war, habe ich ein Gespür dafür entwickelt, welche Art der Störung am wirkungsvollsten ist. Mit den Jahren habe ich festgestellt, dass ein Störenfried nur ein einziges Gesetz beachten muss:

Weniger ist mehr.

Dies ist »Das Gesetz des Störenfrieds«, das manchmal auch als das erste Gesetz der Intervention bezeichnet wird.

In den meisten Fällen muss ein Störenfried seinem Kunden nur einen sanften Anstoß geben, die Welt aus einem anderen Blickwinkel zu betrachten. Doch wie lässt sich das in einem festgefahrenen System erreichen?

DIE BLINDEN SEHEN LEHREN

Der Elefant

Wir kennen alle die Geschichte, die erzählt, was passiert, wenn Blinde die wahre Natur eines Elefanten herausfinden sollen. Abhängig vom berührten Körperteil des Elefanten macht sich jeder Blinde ein unterschiedliches Bild: Es handelt sich um einen Baum, eine Schlange, ein Seil, ein Haus, eine Decke oder einen Grashalm. Keinem gelingt es, das Ganze zu erfassen. Das erinnert mich daran, wie meine Kunden ihr Unternehmen sehen. Jeder sieht nur einen bestimmten Teil und schließt daraus auf das Ganze. Häufig besteht meine schwierigste Aufgabe daraus, meinen Kunden begreiflich zu machen, dass ihre Sichtweise nicht die einzig mögliche ist.

Wie mache ich das? Nun, wie würden Sie einem Blinden etwas über Elefanten erklären? Sie könnten ihm natürlich alles über Elefanten *erzählen* – genauso gehen die meisten Berater vor. Im Prinzip spricht auch nichts dagegen, doch für blinde und sehende Menschen ist es äußerst schwierig, über ihre jeweiligen Welten zu kommunizieren. Ihre Erfahrungen sind so unterschiedlich, dass selbst einfache Worte verschiedene Bedeutungen haben können. Was soll ein Blinder zum Beispiel mit der einfachen Aussage »Dieser Bereich ist eine Grauzone.« anfangen?

Dasselbe gilt auch für Klienten und Berater. Die meisten meiner Kunden wissen zum Beispiel nicht, was es bedeutet, sein eigener Chef zu sein oder haben eine sehr verklärte Vorstellung davon. Umgekehrt kann auch ich mich kaum noch an meine Angestelltenzeit erinnern und weiß so gut wie nicht mehr, was es bedeutet, Mitarbeiter eines großen Unternehmens zu sein.

Den Blickwinkel erweitern

Damit sich Menschen mit Worten vernünftig unterhalten können, müssen sie über *gemeinsame* Erfahrungswerte verfügen. Wir könnten die blinden Menschen zum Beispiel um den Elefanten herumführen, damit sie ihn in seiner Gesamtheit ertasten können. Unternehmen, die ihre Mitarbeiter über ein Rotationsprinzip in verschiedenen Aufgabengebieten einsetzen, verhelfen ihrer Belegschaft dadurch zu einem erweiterten Horizont. Ich versuche bei einem neuen Beratungsjob immer, mich zunächst mit dem ganzen Unternehmen vertraut zu machen, am besten, indem mich ein Abteilungsleiter an den nächsten weiterreicht. Meine Begleiter erzählen mir später oft, dass ihr Ausflug in andere Bereiche für sie der wichtigste Teil meines Besuchs war.

Ähnlich hilfreich ist es, wenn ich Mitarbeiter aus verschiedenen Abteilungen zu einer Besprechung bitte, meist unter dem Vorwand, dies käme dem Unternehmen billiger, als wenn ich jedes Mal eine extra Besprechung anberaume. In Wahrheit will ich den Mitarbeitern jedoch die Erfahrung verschaffen, mehr von dem Unternehmen als Ganzes zu lernen. Sobald die Mitarbeiter in einem Raum versammelt sind, läuft so etwas wie die biblische Geschichte ab, die mit Adam und Eva im Paradies beginnt und mit der göttlichen Offenbarung endet. Zwischendrin mag es Wutausbrüche oder gar Tränen geben, doch die Offenbarung am Ende des Ganzen ist Mühe durchaus wert.

Elefanten und Unternehmen sind so riesig, dass man sie sich schwer in ihrer Gesamtheit vorzustellen vermag. Manchmal hilft ein Modell in kleinerem Maßstab weiter, wie zum Beispiel ein Elefantenbaby oder ein simuliertes Kleinunternehmen, das ich meinen blinden Freunden als Studienobjekt gebe. Babys, ganz gleich, ob es sich um junge Elefanten oder um junge Unternehmen handelt, sind klein und wachsen schnell, und man kann ihnen dabei zusehen, wie sie erwachsen *werden*, wodurch sich ein Verständnis für das ausgewachsene Modell entwickelt.

So ausgezeichnet diese Methoden auch sind, haben sie immer noch das Manko, Blinden nichts über Elefanten beizubringen. Dazu müsste man schon die Blindheit heilen. Leider gelingt es nur selten, blinde Menschen wieder sehend zu machen, doch die vorübergehenden Sehstörungen meiner Kunden kann ich meist heilen. Als Heilmethoden setze ich gerne greifbare Modelle ein und versuche, den Kunden direkte Erfahrungen zu ermöglichen; meine Lieblingsmethode besteht aber darin, ihnen die Augen für neue Perspektiven zu öffnen. Und sind die Augen erst einmal geöffnet, lernen sie noch lange, nachdem ich mein letztes Honorar erhalten habe, immer mehr Wissenswertes über Elefanten.

Das Nilpferd

»Neue Perspektiven« entdeckt man nicht unbedingt nur mit den Augen. Es gibt eine uralte Geschichte von dem König, der nach einer Formel suchte, mit der man Blei in Gold verwandeln konnte. Er drohte seinem Alchemisten mit dem Tod, wenn er diese Formel nicht fand. Der Alchimist beschrieb seinem König daraufhin eine höchst komplizierte Reihe an magischen Handlungen, die dafür vorzunehmen waren. Der König prägte sich jeden einzelnen Schritt ein und erkundigte sich dann, ob diese Formel auch sicher funktionieren würde.

»Hundertprozentig«, antwortete der Alchimist, »außer …«

Der Alchimist zögerte, woraufhin der König energisch nachfragte: »Außer was?«

»Ach, das ist nicht weiter wichtig. Das kann unmöglich passieren.«

»Was kann unmöglich passieren?«

»Also es ist wirklich äußerst unwahrscheinlich, aber es gibt da eine Sache, die die Formel wirkungslos macht. Mein König, *Ihr dürft unter keinen Umständen an ein Nilpferd denken,* während Ihr die Schritte durchführt.«

Das Bewusstsein erweitern

Durch diesen cleveren Trick rettete der Alchimist sein Leben, da er dem König die Verantwortung für den Fall seines Scheiterns übertrug. Ich tue dasselbe, wenn ich meinen Klienten sage:

> »Achten Sie nicht darauf, dass Ihre Füße gegen den Boden drücken!«

Was passiert, wenn Sie diesen Satz lesen? Gerade noch haben Sie sich nur auf die Worte auf einer Buchseite konzentriert und die meisten anderen Aspekte Ihrer Umgebung ausgeblendet, doch plötzlich können Sie gar nicht anders, als den Druck Ihrer Fußsohlen auf Boden zu bemerken, da Sie sich seiner bewusst wurden. Je mehr Sie *versuchen,* dieser Anweisung Folge zu leisten, umso mehr verstoßen Sie gegen sie.

Ich wende diese Methode an, damit meine Klienten nonverbale Signale besser zu nutzen lernen. Die meisten Menschen sind blind gegenüber nonverbalem Verhalten, und wenn ich es erwähne, wissen viele meiner Kunden nicht, was ich damit meine. Sie können damit ebenso wenig anfangen wie ein Blinder mit der Aussage, ein Elefant sei grau. Sobald meine Kunden jedoch direkte Erfahrungen mit ihren eigenen nonverbalen Signalen machen, wird diese Ebene verständlicher und greifbarer.

Das Innenleben erkennen

In unserem Kulturkreis wird viel gesprochen, weshalb wir oft blind für die Körpersprache eines Menschen sind. Das *Innenleben* eines Menschen ist natürlich noch weniger erkennbar. Meistens »sehen« wir noch nicht einmal unser eigenes Innenleben, geschweige denn das eines anderen. Mit ein bisschen Übung lässt sich jedoch erahnen, was in einem anderen vorgehen mag und inwiefern sich das von nach außen gezeigtem Verhalten unterscheiden *kann*.

Meine Beratungstätigkeit erfolgt überwiegend über Besprechungen verschiedener Art. Gelingt es mir, die Besprechungsfähigkeit meines Kunden zu verbessern, vereinfacht dies meine Arbeit, und auch der Kunde profitiert noch lange davon, nachdem ich sein Unternehmen wieder verlassen habe. Eine meiner Methoden, mit der man üben kann, in andere hineinzusehen, heißt »Geheimauftrag«.

Vor einer Besprechung erteile ich jedem Teilnehmer auf einem Blatt Papier einen Geheimauftrag, den er während der Besprechung erledigen soll. Diese Geheimaufträge könnten zum Beispiel wie folgt lauten:

- Sorgen Sie dafür, dass alle Entscheidungen, die während der Besprechung getroffen werden, für jeden gut sichtbar notiert werden.
- Sorgen Sie dafür, dass jeder Teilnehmer zu jedem Gesprächsthema seine Meinung äußern kann.
- Verhindern Sie, dass die Besprechung von einer Person oder einer kleinen Gruppe dominiert wird.
- Tun Sie so, als hätten Sie sich nicht auf diese Besprechung vorbereitet, und versuchen Sie, dies vor den anderen zu verbergen.
- Sorgen Sie, falls möglich, dafür, dass in der Besprechung die Entscheidung X getroffen wird, ohne damit in Zusammenhang gebracht zu werden.

Diese Geheimaufträge bestehen nur aus Aufgaben, die für Besprechungen sowieso typisch sind. Manche wirken sich positiv, manche negativ und manche gar nicht aus. Indem die Teilnehmer aber bewusst in bestimmte Rollen schlüpfen, lernen sie, Verhaltensweisen zu »sehen«, die vorher nicht sichtbar waren. Oder sie erkennen, dass es für bestimmte Verhaltensweisen andere Interpretationsmöglichkeiten gibt. Die neu gewonnene Sichtweise hat einen bleibenden Effekt darauf, wie ein Mensch zukünftige Besprechungen wahrnimmt.

Ich arbeite häufig mit diesen beiden Geheimaufträgen:

- Tun Sie so, als hätten Sie direkt im Anschluss an diese Besprechung eine weitere Besprechung, zu der Sie auf keinen Fall zu spät kommen wollen. Geben Sie sich daher die größte Mühe, diese Besprechung so schnell es geht zu Ende zu bringen.

- Tun Sie so, als hätten Sie direkt im Anschluss an diese Besprechung eine weitere Besprechung, die Sie unbedingt verpassen wollen. Geben Sie sich daher die größte Mühe, das Ende dieser Besprechung so lange es geht hinauszuzögern.

Indem ich beide »Geheimagenten« ihren Auftrag in derselben Besprechung erledigen lasse, können alle Teilnehmer beobachten, wie dieser Konflikt ausgetragen wird. Am Ende der Besprechung lüfte ich das Geheimnis um die Geheimaufträge und lasse die Anwesenden raten, wer welchen zu erfüllen hatte. Bis jetzt hat dieses Rätsel noch keiner richtig gelöst, sondern immer angenommen, der »Drängler« wäre derjenige gewesen, der die Besprechung so lange wie möglich hinausziehen sollte!

Diese Fehlinterpretation lässt sich darauf zurückführen, dass jeder Versuch, die Besprechung so kurz wie möglich zu gestalten – zum Beispiel durch Bitten, andere mögen sich kurz fassen, Kompromissvorschläge oder Drängen auf eine rasche Entscheidung – in einem Streitgespräch endet, wodurch sich die Besprechung natürlich hinzieht. Derjenige, der den Auftrag hatte, die Besprechung in die Länge zu ziehen, stellt schnell fest, dass er *nichts* zu tun braucht, da derjenige, der ein rasches Ende erzwingen will, ihm die ganze Arbeit abnimmt. Diese Erfahrung lehrt die Teilnehmer, dass eine Besprechung umso schneller zu Ende ist, je weniger sie sagen.

Weitaus wichtiger ist jedoch, dass die Teilnehmer lernen, das Verhalten der Gesprächspartner mit anderen Augen zu sehen, und dass sich die wahre Absicht eines Menschen nicht unbedingt mit seinem nach außen gezeigten Verhalten deckt. Damit ist der erste Schritt getan, das Innenleben eines anderen erkennen zu können.

Das Gefühlsleben erkennen

Sie haben nun vielleicht einen kleinen Blick auf die Gedanken anderer Menschen werfen können, deren Gefühle bleiben jedoch verborgen. Möglicherweise sind Sie sich nicht einmal Ihrer eigenen Gefühle bewusst. Für einen Berater ist der Blick in die Gefühlswelt noch weitaus wichtiger als der Blick in die Gedankenwelt, doch manche Menschen können Gefühle ebenso schlecht sehen wie Röntgenstrahlen.

Um meinen Kunden zu helfen, sich selbst besser kennen zu lernen, bat ich sie früher meist, ihre Gefühle in einem Tagebuch festzuhalten. Ungefähr der Hälfte von ihnen fiel zum Thema *Gefühle* absolut nichts ein. Heute helfe ich meinen Kunden auf die Sprünge, indem ich ihnen Gefühle wie Liebe, Hass, Abscheu, Leidenschaft, Trauer, Freude, Zorn, Wut, Mitleid, Wärme, Kälte, Trost, Leid, Nervosität, Verlangen oder Frust vorschlage. Mein Freund Sam Gross beschränkt sich auf fünf Begriffe: traurig, böse, wütend, glücklich und ängstlich.

Diese Liste mit möglichen Emotionen hilft manchen – aber nicht allen – Menschen, in ihr Innerstes zu blicken. Mir haben schon Dutzende von Kunden erklärt, dass sie keine spezifischen Gefühle haben, aber normalerweise stellt sich heraus, dass sie ihren Gefühlen gegenüber blind sind.

Mit nur ein wenig Hilfestellung meinerseits entdecken die meisten dann doch noch ein Gefühl, mit dem sie sich identifizieren können, ohne sich bloßzustellen. Ein Teilnehmer erzählte mir, dass er keine Gefühle hätte, aber manchmal »körperliche Gefühle« erlebe. Diese Formulierung erschien ihm entweder sicherer oder zutreffender, und der Anfang war gemacht, um nach weiteren Gefühlen zu suchen. Mir verhalf diese Formulierung zu einem nützlichen Ansatz, mit anderen über Gefühle zu sprechen, die sie angeblich nicht haben.

Ich frage diese Menschen dann, ob sie hungrig oder durstig sind oder ob ihnen warm oder kalt ist. Verspüren sie irgendwo Schmerzen, juckt es sie oder ist ihnen etwas unbequem? Antworten sie auch auf Fragen wie diese »Ich fühle nichts«, schlage ich ihnen eine Reise durch ihren Körper vor. Diese beginnt an den Zehen und führt uns immer weiter nach oben. Wenn sie spüren können, wie ihre Zehen in den Schuhen eingezwängt sind, ist das zumindest ein Punkt, mit dem ich anfangen kann. Doch auch wenn wir bereits an der Schädeldecke angelangt sind, ohne zwischen Kopf und Fuß ein Gefühl entdeckt zu haben, bin ich mit meinem Latein noch nicht am Ende. Meistens ist die betreffende Person inzwischen ziemlich verwirrt von meinem Verhalten, daher kann ich getrost fragen: »Verwirrt Sie das alles?« Normalerweise erhalte ich ein eindeutiges »Ja« als Antwort, so kann ich die nächste Frage stellen: »Woher *wissen* Sie, dass Sie verwirrt sind?« Der Person wird daraufhin bewusst, dass sie es weiß, weil sie diese Erfahrung schon einmal gemacht hat, woraufhin ich erwidern kann, dass sie dann auch weiß, wie sich ein Gefühl anfühlt – das Gefühl der Verwirrung nämlich.

Es verwundert mich immer wieder, dass die Erkenntnis, auf ein Gefühl gestoßen zu sein, ein erstauntes »Aha!« nach sich zieht, woraufhin dann weitere Emotionen beschrieben werden. Es ist ja nicht so, dass die Leute meine Frage nicht verstehen, sondern blind für ihre eigenen Gefühle sind. Sobald sie ein einziges erkennen, schärft sich der Blick für weitere. Als Berater kann ich mit meinen Kunden üben, doch auch ohne mich sammeln sie dadurch Erfahrungen, die ihnen keiner mehr wegnehmen kann. Wenn ich ihnen jedoch nicht zu diesem Aha-Erlebnis verhelfe, ist die Bitte, Gefühle aufzuschreiben, ebenso sinnvoll wie einen Blinden zu bitten, er möge die Augenfarbe eines Elefanten beschreiben.

DER EINFLUSSREICHE BERATER

Wenn Sie Ihren Einfluss konstant stärken, werden Sie ein sehr einflussreicher Berater. Der Stil Ihrer Beratungstätigkeit spiegelt dann Ihren zunehmend größeren Erfahrungsschatz und Ihr Wissen um Ihre Aufgaben wider, und Sie zeichnen sich durch die folgenden Prinzipien aus:

- Ihre Aufgabe ist es, andere Menschen zu beeinflussen, doch nur auf deren ausdrücklichen Wunsch hin.
- Ihr Ziel ist, dass Ihre Klienten immer unabhängiger, und nicht abhängiger, von Ihnen werden.
- Sie versuchen, nach dem Gesetz des Störenfrieds zu handeln: Je weniger Sie eingreifen, umso mehr macht Ihnen die Arbeit Spaß.
- Wenn Ihre Kunden um Hilfe bei der Lösung von Problemen bitten, können Sie auch Nein sagen.
- Wenn Sie Ja sagten und scheitern, können Sie damit leben. Wenn Sie erfolgreich sind, ist der unbefriedigendste Ansatz der, Probleme für andere zu lösen. Ihr Motto lautet: Hilfe zur Selbsthilfe.
- Eine größere Befriedigung ist es, den Kunden so bei der Lösung der Probleme zu helfen, dass sie das nächste Problem wahrscheinlich auch selbst lösen können.
- Die größte Befriedigung ist es, Ihren Klienten zu helfen, Probleme im Voraus zu vermeiden.
- Sie sind zufrieden mit dem, was Sie erreicht haben, auch wenn Ihr Klient kein Sterbenswörtchen darüber verliert.
- Die optimale Einflussnahme besteht für Sie darin, anderen zu helfen, klarer zu sehen, damit *sie* entscheiden können, was als Nächstes zu tun ist.
- Ihre Arbeitsmethoden sind allen Beteiligten bekannt und stehen zur Diskussion.
- Sie selbst sind Ihr wichtigstes Werkzeug, daher können Sie anderen am besten helfen, indem Sie sich selbst helfen.

Es mag verlockend klingen, ein einflussreicher und starker Berater zu sein, aber Vorsicht, es ist nicht ganz ungefährlich. Da die wirksamste Methode, anderen zu helfen, die ist, sich selbst zu helfen, beeinflussen die besten Berater andere manchmal schon durch ihre bloße Anwesenheit, selbst wenn ihre Einflussnahme gar nicht erwünscht ist. In einem gewissen Sinn gibt es für einen guten Berater keinen Weg zurück. Er kann seine Wirkung nicht wirkungslos machen, selbst wenn er es wollte.

Mir ist es auf Flugreisen schon passiert, dass ich mich ganz harmlos mit meinem Sitznachbarn unterhalten habe und dieser sich von mir mit den Worten verabschiedet: »Nach dem Gespräche mit Ihnen ist mir klar geworden, dass sich in meinem Leben etwas ändern muss.« Mir vollkommen fremde Menschen beschlossen, einen Eheberater aufzusuchen, den Job zu wechseln, andere Hauptfächer im Studium zu belegen, ihren Eltern nach sieben Jahren ohne jeglichen Kontakt einen Brief zu schreiben, eine internationale Marketingstrategie zu ändern, ein verlockendes Stellenangebot auszuschlagen und noch vieles mehr, nur weil ich mich ein paar Stunden mit ihnen unterhalten habe.

Mein Einfluss auf andere Menschen hat mich lange Zeit erschreckt. Je mehr ich meinen Einfluss stärkte, umso potenziell gefährlicher werde ich schließlich. Doch dann dämmerte mir, dass ich unter Größenwahn litt. Meine Beteiligung an ihren Entscheidungen war minimal. All diese Menschen standen bereits kurz vor einer wichtigen Entscheidung, und hätte ich nicht neben ihnen gesessen, hätte ihnen schon morgen – oder vielleicht übermorgen – ein anderer einen Rat gegeben. Wenn überhaupt, hatte ich ihre Entscheidungen nur beschleunigt.

Ich weiß, dass ich damit Recht habe, denn auch ich habe mich schon in ähnlicher Weise von starken Beraterpersönlichkeiten beeinflussen lassen. Doch auch als bloßer Katalysator für Entscheidungen trägt man eine gewisse Verantwortung. Man kann nicht einfach durch die Gegend spazieren, hier und dort ein paar Veränderungen bewirken und sich nicht um die Folgen scheren. Dann wären wir nicht besser als der Gebrauchtwagenhändler, der sich weigert, auch zu reparieren, was er einmal verkauft hat.

Man sollte zumindest verstehen, was Veränderungen bedeuten, wie sie erfolgen, wie sie auf keinen Fall erfolgen und wie sie auf schonende Weise durchgeführt werden. Und genau darum geht es in den nächsten Kapiteln.

8 Veränderungen in den Griff bekommen

Berater arbeiten meiner Überzeugung nach so, dass sie kleine Interventionen vom Kunden verstärken lassen. Wie aber ist es möglich, dass der Mitentdecker des Weinberg'schen Zwillingsgesetzes ernsthaft daran glaubt, dass Änderungen *prinzipiell* möglich sind oder gar von einer einzelnen Person ausgelöst werden können?

DIE UMKEHRUNG DES WEINBERG'SCHEN GESETZES

Diese Frage stellt sich, weil das Weinberg'sche Zwillingsgesetz oft missverstanden wird. Viele Menschen glauben sich zu erinnern, das Gesetz lautete:

> ... Egal, was man tut, es ändert sich nichts Wesentliches.

Der erste Teil dieses Gesetzes gehört jedoch auch dazu, und dann lautet es:

> Fast immer und fast überall gilt: Wie sehr man sich auch anstrengt, es ändert sich nichts Wesentliches.

Und so sagt es etwas ganz anderes aus, nicht wahr?

Formuliert man das Weinberg'sche Gesetz um, wird der Unterschied noch deutlicher. Die Umkehrung lautet zum Beispiel:

> In manchen Fällen gilt an manchen Orten: Es ändert sich etwas Wesentliches, vor allem, wenn man sich sehr anstrengt.

Das Weinberg'sche Zwillingsgesetz schließt Änderungen nicht aus. Jeder weiß, dass sich ständig und überall Änderungen vollziehen. Ich stelle zum Beispiel jedes Jahr fest, dass meine Jeans enger sitzen, die Treppen steiler geworden sind und Gedrucktes immer kleiner wird.

Da sich so vieles zum Nachteil verändert, werden Berater oft gebeten, Änderungen zu verhindern. »Einfluss« ausüben bedeutet nicht immer, damit Änderungen zu bewirken. Es gibt vermutlich mehr Ernährungsberater, Fitnessberater und Augentrainingberater als andere Berater zusammengezählt, und die meisten verbringen ihre meiste Zeit damit, den Wandel der Zeit aufhalten zu wollen. Ich lege diesen Beratern ans Herz, sich einmal mit der Umkehrung des Weinberg'schen Zwillingsgesetzes zu befassen: Wie kommen Änderungen *überhaupt* zustande und was kann man dagegen tun?

GREGORYS GURKENGESETZ

Wie kann ich denn nun erklären, wodurch sich Änderungen vermeiden lassen? Hm, am besten, ich erzähle Ihnen von Gregory, der einen Tante-Emma-Laden auf dem Land führte.

Gregorys Lebensmittelgeschäft war ein echtes Original, ebenso wie Gregory selbst. Nachdem er einen Kunden, der nach tiefgefrorenen Erbsen gefragt hatte, aus dem Laden geworfen hatte, machte es sich Gregory in seinem Lehnstuhl neben dem dickbauchigen Ofen gemütlich, legte die Füße auf eine Kiste mit Kräckern und schüttelte den Kopf. »*Tiefgefrorene* Erbsen! Ist das denn zu glauben? Was soll man denn mit tiefgefrorenen Erbsen anfangen? Bei mir gibt es sieben verschiedene Sorten Trockenerbsen, vier verschiedene Sorten Dosenerbsen, kandierte Erbsen, geräucherte Erbsen und die weltbeste Erbsensuppe seit der Erfindung von Fertigprodukten. Selbst wenn ich eine Tiefkühltruhe hätte, würde ich sie bestimmt nicht mit tiefgefrorenen *Erbsen* füllen.«

»Aber tiefgefrorene Erbsen sind heutzutage sehr *beliebt*«, wandte ich ein.

»Ach was, die Leute von heute wissen einfach nicht mehr, was gut ist und was nicht. Frauen, die in Hosen herumlaufen, wissen vermutlich nicht mal, wie sie eine Dose ohne elektrischen Schnickschnack öffnen können, ganz zu schweigen, wie man eine gute Suppe kocht.«

»Trotzdem, wie wollen Sie denn im Geschäft bleiben, wenn Sie Ihren Kunden nicht das anbieten, was sie wollen?«

»Ich *weigere* mich einfach, und damit basta! Es gibt eine richtige und eine falsche Art, einen Laden zu führen, und mir ist völlig egal, was die Leute von mir denken. Die alte Art ist die einzig richtige.«

»Hm, ich muss zugeben, dass es nirgends so gute saure Gurken gibt wie hier bei Ihnen.«

»Wir machen sie nach einem Geheimrezept meiner Familie. Ich habe es von meinem Vater, und der hat es von meinem Großvater bekommen.«

»Ich will das Rezept ja gar nicht, aber mich interessiert es einfach, wie man die Dinge konservieren, wie man sie erhalten kann. Können Sie mir ganz allgemein etwas über das Geheimnis von sauren Gurken verraten?«

»Vielleicht«, meinte Gregory und lehnte sich zurück. »Mein Großvater erzählte oft die Geschichte von der eigensinnigen Gurke. Als er sie ins Fass gab, schaute sie sich ihre Leidensgenossen an und war entsetzt, was mit ihnen passiert war. ›Verdammt, was ist denn mit euch los?‹, fluchte sie. ›Habt ihr denn gar keinen Stolz? Keine Gurke, die auch nur ein bisschen auf sich hält, lässt sich kampflos in Salzlake einlegen!‹

›Was können wir denn schon tun?‹, wollten die anderen Gurken wissen. ›*Widerstand leisten*, das ist es, was ihr tun könnt! Ich werde nicht zulassen, dass diese Salzlake durch *meine* Haut dringt!‹

Hier legte Opa immer eine Pause ein und wartete darauf, dass ich ihn fragte, was denn mit dieser eigensinnigen Gurke passierte.«

»Und wie lautete seine Antwort?«

»Er sagte: ›Sei kein Dummkopf. *Wenn du lange genug in Salzlake liegt, wirst du unweigerlich zu einer Essiggurke, ob es dir nun passt oder nicht.*‹«

Entstehen Veränderungen vielleicht irgendwie *aus* der Stabilität, *weil* alles um uns so stabil ist? Ist denn überhaupt etwas stabiler als Salzlake, die ja so etwas wie der Ozean selbst ist? Und ist überhaupt etwas vergänglicher als eine Gurke, die so empfindlich gegen Hitze, Kälte, Druck, Trockenheit und vieles mehr ist?

Ist Gregorys Gurkengesetz das erste Gesetz der Veränderung?

Gurken werden schneller salzig als Salzlake gurkig.

Ich wollte, es wäre nicht wahr. Dieses Gesetz verstößt gegen meine romantische Heldenvorstellung, dass ein Einzelner »das System« besiegen kann.

Monatelang beschäftigte ich mich mit diesem Gesetz, konnte nicht schlafen und fiel meinen Freunden auf die Nerven. Ich beschloss, Gregory noch einmal zu besuchen, um endlich Klarheit zu bekommen. Ich ging drei Mal an seinem Laden vorbei, bis ich ihn wiedererkannte. Statt der altmodischen Ladenfassade glänzte alles in Chrom und Kunststoff. Keine Spur mehr von dem handgeschriebenen Ladenschild »Gregorys Lebensmittelladen«. Stattdessen sprang mir ein gigantisches Neonschild ins Auge »Gregorys Pizzapalast«.

Auch Gregory erkannte ich nicht mehr. Er trug keinen Overall, keinen selbst gestrickten Pullover mehr und auch seine Maiskolbenpfeife war verschwunden. Verschwunden war auch seine ländliche Ausdrucksweise. »Na aber Hallo. Wenn das nicht Gerald ist! Wie läuft Ihnen der neue Laden rein?«

»Was ist denn aus dem alten geworden?«

»Keine Kunden. Hab jede Woche an die Tausend Dollar Verlust gemacht, aber mittlerweile verdiene ich das Dreifache von damals. Tiefgekühlte Pizza ist der absolute Renner.«

»Aber was ist aus der guten alten Zeit geworden?«

»Die finde ich immer noch gut und so! Aber wenn man ein Geschäft hat, muss man den Kunden bieten, was sie wollen. Außerdem hat auch Pizza eine lange Tradition. Hier, probieren Sie mal, mit Erbsen und Essiggurken – meine Spezialität.«

»Danke, Greg, aber ich habe es eilig. Außerdem habe ich Sodbrennen.«

Gegen den Salzwasserstrom schwimmen

Es deprimierte mich sehr, was aus Gregory geworden war, vor allem, weil ich mir vorstellen konnte, dass es auch mir passieren könnte. Gregorys Gurkengesetz lässt sich nämlich auch so ausdrücken:

> **Ein kleines System, das durch langen stetigen Kontakt versucht, ein größeres zu ändern, wird sich vermutlich eher selbst ändern.**

Ich bin eine kleine Person, die mit großen Kunden arbeitet, und das trifft auf viele Berater zu, weshalb so viele auch irgendwann zu sauren Gurken werden. Anthropologen kehren zur Natur zurück. Psychiater werden verrückt. Mitarbeiter des ehemals größten Unternehmens der Welt, Bell System, sagten häufig, dass ihr Körper früher oder später glockenförmig werde, was auch auf die Berater des Unternehmens zutraf.

Ein Berater darf also nicht zu viel Zeit mit ein und demselben Kunden verbringen, wenn er nicht zu einer sauren Gurke werden will. Lässt sich das nicht vermeiden, sollte man wenigstens zwischendurch für andere Klienten arbeiten, wenn es sein muss, umsonst. Ein Angestellter sollte nicht zu lange in ein und demselben Unternehmen arbeiten. Andererseits kann natürlich kein Mensch produktiv arbeiten, wenn man Kunden oder Arbeitgeber wechselt wie andere Leute ihre Socken. Damit sich etwas ändert, braucht es Zeit und den ununterbrochenen Kontakt, zumindest aber eines von beiden. Die schwierige Aufgabe lautet daher, den *Klienten* längerfristig und ununterbrochen in eine Art Salzlake einzulegen, ohne dass der Berater präsent sein muss.

DIE KRÄFTE DER VERÄNDERUNG

Roamers Regel

Als freiberuflicher Berater fliege ich viel und bin ständig in Bewegung. Die Gefahr, eingesalzen zu werden, ist daher relativ gering – nur von dem Essen an Bord geht ein gewisses Risiko aus. Und von manchen Mitreisenden. Ich kann mich nur zu gut an einen Flug erinnern, bei dem ein Cowboy neben mir saß. Auf dem Sitz neben ihm lag seine Gitarre.

Ich dachte mir, dass die Gitarre bestimmt sehr wertvoll sein muss, wenn dafür eigens ein Sitz gebucht wird. Doch dann erkannte ich meinen Sitznachbarn. »Hey, ich kenne Sie doch. Sie sind Roamer ›der Wanderer‹ Lethelbeck, der Folksänger. Sie haben eine tolle Stimme.«

Roamer wurde rot. »Freut mich zu hören. Vielen Dank. Doch heute macht das ja alles die Elektronik.«

»Ihre Bescheidenheit in allen Ehren, aber ohne echtes Talent hilft auch die beste Anlage nicht.«

»Ach, wissen Sie, es war weniger das Talent, das mich zum Sänger machte. Es kam einfach das eine zum anderen …«

»Wie soll ich das verstehen?«

»Als mein Vater starb, hinterließ er mir unsere Farm. Und eine Hypothek. Ich liebte diese Farm und wollte nie etwas anderes tun als den Rest meines Lebens dort zu verbringen, Schweine zu züchten und Mais anzubauen. Aber als Landwirt verdient man recht wenig, deshalb sang ich abends in der Dorfkneipe, damit ich die Schulden bezahlen konnte.«

»Und dort wurden Sie entdeckt?«

»Nein. Ich hatte zwar ein paar treue Fans, aber es reichte vorne und hinten nicht, um die Schulden abzuzahlen. Deshalb begann ich, in einigen größeren Städten zu spielen, was zwar etwas mehr Geld einbrachte, aber ich war dann so gut wie nie zu Hause und konnte mich nicht um die Farm kümmern. Als ich dann schließlich ziemlich viel Geld machte, steckte ich alles in die Farm.«

»Mein Grundstück ist zwar recht klein, aber ich weiß, wovon Sie reden.«

»Meines ist vierzig Mal so groß wie Ihres, aber für die Landwirtschaft war es eigentlich zu klein. Als ein Nachbar starb, kaufte ich sein Grundstück dazu, das noch ein bisschen größer war als meines. Damit ich das alles bezahlen konnte, verpflichtete ich mich zu einer Tournee durch sieben Staaten. Zu dieser Zeit gaben mir meine Freunde den Spitznamen Roamer, der Wanderer. Mein richtiger Name ist George.«

»Wie lange ist das her?«

»Hm, fast 25 Jahre. Und ich ziehe immer noch durch die Lande.«

»Besitzen Sie die Farm noch?«

»Aber sicher. Mittlerweile besitzt ich das Dreifache an Grund und die modernsten Geräte. Wir haben sogar einen solarbeheizten Schweinestall.«

»Das ist bestimmt schön für Sie, wenn Sie nach Hause kommen.«

»Um ehrlich zu sein, nein.«

»Wie bitte?«

»Nein. Sehen Sie, ich könnte es mir schon lange leisten, einen ruhigen Lebensabend auf meiner Farm zu verbringen. Ich habe es auch wirklich versucht, aber ich habe mich zu sehr an dieses Tingeln durch die Lande gewöhnt. Nach drei Monaten hielt ich es nicht mehr aus und ging ich wieder auf Tournee, und das geht nun schon seit Jahren so. Vermutlich sterbe ich in irgendeinem Flughafen.«

»Das ist die traurigste Geschichte, die ich je gehört habe.«

»Warum sagen Sie das? Mir *gefällt* mein Leben so. Ich bin nicht mehr derselbe, der ich war, als ich die Farm von meinem Vater erbte.«

Da erkannte ich, dass Roamer nur deshalb auf Tournee gegangen war, um das zu bewahren, woran sein Herz am meisten hing: die Farm. Und dann hatte ihn das ständige Reisen verändert. Das brachte mich auf ein weiteres Gesetz, das ich Roamers Regel nenne:

Wer darum kämpft, zu Hause zu bleiben, treibt sich selbst aus dem Haus.

Homers Regel

Roamers Farm lag in Nebraska, nicht weit von meinem Haus entfernt. Roamer hatte seinem Bruder Francis die Hälfte der Farm übertragen, da er sich die ganzen Jahre darum gekümmert hatte. Sobald ich von meiner Geschäftsreise zurückgekehrt war, machte ich mich auf den Weg nach Prairie Home, um Francis zu besuchen.

»Bitte nennen Sie mich nicht Francis«, war das erste, was er zu mir sagte, als wir uns über den Zaun hinweg die Hände schüttelten. »Ich bin Homer.«

»Ist das Ihr zweiter Vorname?«

»Nein. In Anlehnung an meinen Bruder Roamer, den Wanderer, erhielt ich den Spitznamen Homer, weil ich im trauten Heim bleibe.«

»Die Liebe zu Ihrem Stück Land müssen Sie beide wohl von Ihrem Vater geerbt haben.«

»Eigentlich nicht. Ich war noch ein kleiner Junge, als mein Vater starb. Ich habe ihn kaum gekannt. Ich wuchs abwechselnd bei meinen Tanten in Chicago, Denver und New Orleans auf.«

»Da waren Sie sicher froh, dass Sie sich endlich häuslich niederlassen konnten.«

»Nein, mir hat dieses Zigeunerleben Spaß gemacht. Ich habe nur nicht genug verdient, und als Roamer jemanden brauchte, der sich um die Farm kümmert, trafen wir eine Vereinbarung. Sobald er auf die Farm zurückkehrt, muss er mir mein Leben auf Achse finanzieren. So lautete meine Bedingung.«

»Und? Wo waren Sie denn schon überall?«

»Na ja, meine größte Reise war in den Nachbarort zum Einkaufen und auf die Bank.«

»Wollen Sie damit sagen, dass Ihr Bruder sein Wort nicht hält, nur damit er ständig auf Tournee gehen kann?«

»Um Himmels willen, nein! Er drängte mich oft, meine Koffer zu packen. Es ist genug Geld da, um einen Gutsverwalter einzustellen, und ich hätte jederzeit aufbrechen können. Doch ich muss zugeben, dass mir die große, weite Welt mittlerweile ein wenig Angst macht. Roamer hat mir sogar angeboten, mich auf seine Tourneen mitzunehmen. Ach, ich weiß nicht, nach all den Jahren *gefällt* es mir einfach zu Hause.«

Offensichtlich gehört zu Roamers Regel auch Homers Regel:

Wer darum kämpft, sein Zuhause zu verlassen, endet als Nesthocker.

Die stärkste Triebkraft für Veränderungen

Roamer wollte am liebsten im trauten Heim bleiben, doch indem er sich bemühte, das, was ihm am Herzen lag, zu bewahren, machte er sich zu einem rastlosen Wanderer. Homer dagegen liebte das Zigeunerleben, doch indem er sich bemühte, sich sein rastloses Leben zu bewahren, machte er sich zu einem sesshaften Stubenhocker.

Auf meinen Reisen habe ich Dutzende ähnlicher Beispiele erlebt. Ein liebender Ehemann versucht alles, damit seine Frau bei ihm bleibt, doch seine Eifersucht treibt sie in die Arme eines anderen. Eine einsame Mutter will auf Biegen und Brechen verhindern, dass ihr Nesthäkchen auszieht, aber ihre besitzergreifende Art treibt es erst recht aus dem Haus. Ein erfolgreiches Unternehmen will an seinem erfolgreichen Vorzeigeprodukt um nichts in der Welt etwas ändern … na gut, der Rest ist Geschichte.

Das alles leuchtet ein. Nur starke, unbeugsame Kräfte bewirken Veränderungen, und was könnte stärker sein als der Wille, *nichts* zu ändern?

Und nach Gregorys Gurkengesetz ist diese Kraft die wahrscheinlichste Ursache für Veränderungen.

Romers Regel

Das Prinzip, das dahinter steckt, liegt auf der Hand:

Wenn man etwas mit allen Mitteln bewahren will, verliert man es am ehesten.

Ich habe beschlossen, dieses Gesetz Romers Regel zu nennen, um Roamer und Homer damit zu ehren. Es soll mich immer daran erinnern, dass ein und dasselbe Gesetz den einen Bruder dazu bringt, ständig auf Achse zu sein, während es aus dem anderen einen Stubenhocker macht – dahinter steckt eine wahrhaft starke Kraft. Als ich Dani beim Kochen stolz von meiner Entdeckung berichtete, erschlug sie mich fast mit der Flunder. »Du Dummkopf«, meinte sie lachend. »Dieses Gesetz gibt es doch schon ewig. Der berühmte Paläontologe Alfred Romer hat es als Erster beschrieben.«

»Woher soll ich denn das wissen«, entgegnete ich. »Schließlich bis du die Paläontologieprofessorin.«

Immer wenn ich Dani ihren Professor vorhalte, bestraft sie mich mit einer Vorlesung. Dieses Mal fuchtelte sie dabei die ganze Zeit mit der Flunder vor meiner Nase herum und erläuterte mir, wie Romer mithilfe dieses Gesetzes wesentliche Änderungen in der Geschichte der Fossilien erklärte.

»Stell dir mal vor, dass es in den Weltmeeren plötzlich zu einer Überbevölkerung kommt«, meinte sie. »Vielleicht, weil neue Fischarten entstanden sind, die sich besonders schnell vermehren. Wie auch immer, die Nahrung wird knapp, weshalb nur Spezies, die zusätzliche Nahrungsquellen finden, die besten Überlebenschance haben.

Nehmen wir weiter an, dass eine bestimmte Fischart die Fähigkeit entwickelt, kurz das Wasser zu verlassen – zum Beispiel, weil sie einfach kurz die Luft anhalten kann – und am Ufer ein paar Pflanzen futtert. Aus der Perspektive der anderen Fische dringt diese Spezies somit in die vierte Dimension vor. Aus der eigenen Perspektive betrachtet verlassen diese Fische aber ihren bevorzugten Lebensraum nur *kurzfristig*, um darin dauerhaft überleben zu können.

Diese Fische haben das Wasser also nur verlassen, um weiterhin im Wasser überleben zu können, genauso wie Roamer sein Heim verließ, um zu Hause leben zu können. Sobald aber dieser erste kleine Schritt getan war, gab es kein Zurück mehr. Nach Tausenden oder gar Millionen von Jahren war für die Nachkommen dieser Fische das Land und nicht mehr das Meer zum Lebensraum geworden. Manche davon sind Amphibien, die zu Wasser und zu Land leben können, während andere sich zu reinen Landtieren entwickelt haben.«

KLEINERE ÄNDERUNGEN STEUERN

Romers Regel besagt, dass die größten und dauerhaftesten Änderungen in der Regel von dem Versuch bewirkt werden, genau das zu bewahren, was sich letztendlich am meisten ändert. Berater können sich dieses Gesetz zunutze machen, wenn sie ein größeres System ändern möchten, aber was passiert, wenn ihr Auftrag explizit darin besteht, etwas zu bewahren? Vielleicht befassen wir uns zunächst einmal mit einem klassischen Fall von schrittweisen Änderungen, damit wir verstehen, weshalb sich selbst die besten Absichten manchmal ins Gegenteil verkehren.

Veränderungen, die absolut keinen Unterschied machen

Werfen wir einen Blick in die Chefetage von Corporal MacAndrew's Arkansas Stewed Possum Company Ltd. Dort trifft Harold Halstead gerade wichtige Entscheidungen über Veränderungen bezüglich der Opossumpastete. Im Augenblick widmet Harold seine ganze Aufmerksamkeit Jones, einem schlauen Lebensmittelspezialisten, der eine schlaue Idee vorträgt, mit der sich vielleicht viel Geld sparen lässt. Als Jones mit seiner kleinen Rede fertig ist und gespannt auf die Reaktion wartet, stellt der pflichtbewusste Harold die einzig wichtige Frage. »Wie viel Geld kann das Unternehmen damit sparen?« Jones hat sofort die nötigen Zahlen parat. »Insgesamt sparen wir je Pastete ein Hundertstel Cent. Da wir jedes Jahr zehntausend Millionen Opossumpasteten verkaufen, sparen wir eine Million Dollar im Jahr.«

Jones hat ohne jeden Zweifel mindestens ein Jahr an seiner Innovation gearbeitet, und seinem Triumph steht fast nichts mehr im Weg. Nur Harold muss noch einverstanden sein. »Puh, das ist ja eine Riesensumme«, meint Harold, »aber wir sind dem Vermächtnis unseres verehrten Firmengründers, Corporal MacAndrew, verpflichtet. Sie würden doch sicherlich niemals etwas an dem Geheimrezept ändern, dem wir unseren Erfolg verdanken, oder?«

»Keinesfalls«, versichert Jones beflissen und klopft bestätigend auf seinen blau eingebundenen Bericht. »Hier sind die Marktforschungsergebnisse der letzten sechs Monate. Es wurde zweifelsfrei festgestellt, dass unsere Kunden *absolut keinen Unterschied* feststellen, was Geschmack und Aussehen angeht. Soweit wir das beurteilen können, ist die neue Formel *nicht* von unserem alten Rezept zu *unterscheiden*. Selbst Corporal MacAndrew, möge er ihn Frieden ruhen, würde keinen Unterschied schmecken.«

»In diesem Fall«, meint Harold und erhebt sich lächelnd, »kann ich Ihnen nur zu Ihrer hervorragenden Arbeit gratulieren. Bitte lassen Sie mir Ihren Bericht da, und wenn die Zahlen Ihre Aussage bestätigen, werden wir schon bei der nächsten Produktion mit dem neuen Rezept arbeiten.«

Als Jones das Büro verlässt, stellt Halstead fest, dass die Besprechung eine Viertelstunde kürzer war als gedacht, weshalb er länger Mittagspause machen kann. »Großartig«, denkt er sich, greift nach seinem Mantel und verlässt das Büro. »Da habe ich ja genug Zeit, um mir mal wieder was richtig Leckeres im *Al Dente* zu gönnen. Es ist mir ein Rätsel, wie jemand mit intakten Geschmacksnerven so etwas Fettiges wie Opossumpastete essen kann. Wie haben wir es bloß geschafft, mit so einem widerlichen Zeug so viel Geld zu machen?« Eine gute Frage. Kann es sein, dass Harold Halstead und das ganze Unternehmen in die Fastfoodfalle geraten sind?

Die Fastfoodfalle

Die Fastfoodfalle hängt von zwei Voraussetzungen ab: Erstens, *Wiederholung* (das heißt, ein Standardprodukt oder eine Standard-Dienstleistung wird immer wieder angeboten), und zweitens, *Zentralisierung* (das heißt, dass die Kosten für die Bereitstellung dieses Standardprodukts oder der Dienstleistung zum Beispiel durch eine zentralisierte Logistik so niedrig wie möglich gehalten werden).

Aufgrund der Wiederholung führt selbst die kleinste Einsparung an einem Posten zu einer erheblichen Einsparung, was das gesamte Produkt betrifft. Doch ohne Zentralisierung können sich diese Einsparungen um Centbeträge nicht akkumulieren, das heißt, es macht keinen Unterschied. Sobald diese beiden Faktoren aufeinander treffen, kann ein Unternehmen in der Regel der Versuchung nicht widerstehen, Änderungen einzuführen, um Kosten zu sparen, wobei darauf geachtet wird, das Produkt an sich nicht zu verändern.

Aber warum sollte das etwas ausmachen? Die Tests haben doch bewiesen, dass es keinen Unterschied macht. Es macht deswegen doch einen Unterschied, weil es sich hier um einen Sonderfall handelt, den Systemanalytiker als Doppeltrugschluss bezeichnen. Darunter versteht man die irrige Annahme, dass kein Unterschied plus kein Unterschied in der Summe keinen Unterschied ergibt.

Nehmen wir einmal an, Jones' Idee war, eine Opossumpastete nur noch mit 99 Gramm Kümmel, anstatt mit 100 Gramm Kümmel zu würzen. Kein Mensch, dem bei dem Gedanken an Opossumpastete das Wasser im Mund zusammenläuft, würde den Unterschied bemerken. Selbst wenn Jones noch ein Gramm Kümmel einspart, ändert sich der Geschmack der Pastete bestimmt nicht. Doch in großen Unternehmen ist es sehr unwahrscheinlich, dass das Ganze nicht permanent wiederholt wird. Da gibt es so viele kluge Köpfe, die alle nur eines im Sinn haben: Kosten sparen und noch ein Gramm

Kümmel streichen – und niemand weiß, wohin das führen wird. Keiner weiß, *ab welchem Punkt* es doch einen Unterschied macht; klar ist, dass dieser Punkt irgendwo zwischen hundert und null Gramm Kümmel liegen muss und irgendwann gegen das Vermächtnis des ehrenwerten Corporal MacAndrew verstoßen wird.

Die Fastfoodfalle ist natürlich keine Gefahr, wenn man sie als Unterschied zwischen hundert und null Gramm Kümmel formuliert, doch für Harald Halstead in seiner Chefetage stellt sie sich ja nicht auf diese Weise dar. Ein paar Gramm Kümmel hier weniger, eine Prise Salz dort eingespart, dafür ein Milligramm Opossumknorpel mehr und einen Bruchteil einer Sekunde kürzer frittiert – und schon ist es passiert. Letztendlich gibt es kein Entkommen aus der Fastfoodfalle, denn:

Kein Unterschied plus kein Unterschied plus kein Unterschied plus ... macht letztlich einen gewaltigen Unterschied.

Eine starke, unbeugsame Kraft

Corporal MacAndrew, der jeden Cent zwei Mal umdrehte, hätte sich vielleicht so ausgedrückt:

Viele Wenig machen ein Viel.

Der Corporal war ein sparsamer Mensch und gab seine Sparsamkeit an das Unternehmen weiter. Andererseits beharrte er schon fast fanatisch auf der Beibehaltung seines Originalrezepts, das seine Opossumpastete vor dem langsamen Tod durch die Fastfoodfalle bewahrte.

Mag schon sein, dass das Festhalten des Corporals an seinem Originalrezept ein wenig verrückt war, aber es machte Sinn. Gregorys Gurkengesetz funktioniert in beiden Richtungen. Das unbeugsame Festhalten am Originalrezept war sozusagen die Salzlake, die das gesamte Unternehmen umgab und die Qualität des Produkts bewahrte, obwohl unzählige Versuche unternommen wurden, »unwesentliche« Änderungen durchzuführen.

Um inmitten des Wandels ein gewisses Maß an Stabilität beizubehalten, braucht es eine starke, unbeugsame Kraft. In vielen Unternehmen ist diese Kraft ein charismatischer und charakterstarker Gründer wie Corporal MacAndrew. Doch je größer ein Unternehmen wird, umso wahrscheinlicher ist es, dass diese eine Kraft ausreicht. Dann können zwei Dinge passieren: Entweder verliert das Unternehmen diese Kraft, was zur Veränderung der Produktqualität führt oder der Gründer wird zum tragenden Symbol der Unternehmenskultur erkoren, wodurch seine Stärke und unbeugsamer Wille weiterleben.

Das heißt aber nicht, dass jede starke und unbeugsame Kraft auch gut sein muss. Romers Regel beweist, dass viele Unternehmen, Länder, Spezies und Individuen gescheitert sind, da sie sich zu sehr an die falschen Dinge klammerten. Der Nachfolger des Corporals, Harold Halstead, kennt Romers Regel nicht, beweist aber trotzdem den Grundsatz:

> **Die größten und dauerhaftesten Änderungen werden in der Regel von dem Versuch bewirkt, genau das zu bewahren, was sich letztendlich am meisten ändert**

Halstead ist ein kluger und »vernünftiger« Geschäftsmann. Er weiß, dass die Sparsamkeit des Corporals für das Unternehmen noch immer eines der wichtigsten Überlebenskriterium »in unserer vom Wettbewerb geprägten Geschäftswelt« ist. Was er jedoch nicht weiß, ist, dass die Bemühungen, den Profit Cent für Cent durch Sparmaßnahmen zu sichern, der Firma die Schlinge um den Hals legen, weil es ihm an der echten Hingabe an das Originalrezept fehlt.

Fords fundamentale Feedbackformel

Die starke und ungebrochene Kraft, die nötig ist, um der Fastfoodfalle aus dem Weg zu gehen, muss nicht unbedingt von einer bestimmten Person ausgehen. Persönlichkeiten wie die des Corporal MacAndrew sind eher die Ausnahme, und die meisten Menschen sind, wie Gregory, zu schwach, um der Logik der Sparmaßnahmen zu widerstehen. Doch Beratern steht zum Glück eine Alternative zur Verfügung, mit deren Hilfe sie verhindern können, dass ihre geplanten Änderungen sich schrittweise gegen sie richten.

Es mag Harold zwar ein Rätsel sein, was mit den Pasteten passiert, doch er ist klug genug, um lieber in einem italienischen Restaurant zu essen. Ausgeklügelte Untersuchungen können Unternehmen erklären, was falsch gelaufen ist, aber wir Menschen verlassen uns lieber auf unsere Nase. Daher finden im Bereich Umweltschutz auch ständige Kämpfe zwischen eifrigen Datensammlern und den Normalbürgern statt.

Vielen Umweltsünden spiegeln die Bedingungen für die Fastfoodfalle wider: Widerholungen in großem Umfang in Verbindung mit einer zentralisierten Kostenrechnung. So führt eine Fabrik schrittweise Änderungen ein, um die Produktivität zu erhöhen, und keine dieser geringfügigen Änderungen macht sich in den Abwässern bemerkbar. Doch es dauert nicht lange, bis die Menschen, die ein Stückchen weiter unten am Fluss wohnen, den Unterschied riechen können, selbst wenn die Ingenieure beweisen können, dass es zu keinem Umweltschaden kam.

In Amerika erzählt man sich eine Geschichte über Henry Ford, der vom amerikanischen Kongress gefragt wurde, wie sich die Verschmutzung der Gewässer durch Industrieanlagen vermeiden ließe. Ford rümpfte über die komplexen neuen Gesetze, die vom Kongress vorgelegt wurden, verächtlich die Nase und schlug stattdessen ein einziges Gesetz vor, das »der Verschmutzung unserer Gewässer ein für alle Mal eine Ende bereitet«. Das Gesetz wurde vom Kongress nicht verabschiedet, doch es ist durchaus bemerkenswert:

1. Jeder kann eine beliebige Menge Wasser aus einem beliebigen Gewässer entnehmen und es für einen beliebigen Zweck nutzen.
2. Jeder muss die gleiche Menge an Wasser, die er entnommen hat, ein Stück weiter *flussaufwärts* wieder in das Gewässer zurückschütten.

Anders ausgedrückt, jeder kann mit Wasser tun, was immer er will, solange er bereit ist, selbst die Konsequenzen zu tragen.

Wieso schützt dieser Grundsatz, dem ich den Namen Fords Fundamentale Feedbackformel gegeben habe, vor einer schleichenden Umweltverschmutzung? Aus zwei Gründen:

1. Er ist *stark*, denn ohne Wasser gibt es keine industriellen Produktionsprozesse.
2. Er ist *unbeugsam*, da er per Gesetz an einen wichtigen Teil dieses Produktionsprozesses gebunden ist und zu jedem Zeitpunkt gilt.

Wären Harold Halstead und sein Forschungsteam vertraglich verpflichtet, selbst Opossumpastete zu essen, wäre das Problem der Fastfoodfalle ein für alle Mal aus der Welt geschafft.

Berater, die einen Qualitätsstandard aufrechterhalten möchten, sollten darauf achten, ob die Mitarbeiter, die für die Qualität verantwortlich sind, diese auch zu spüren bekommen, also sozusagen flussabwärts zu finden sind. Menschen, die sich unmöglich benehmen, sind sich dessen meist gar nicht bewusst. Sobald sie sich einmal auf Video gesehen haben, ändert sich ihr Verhalten im Allgemeinen schlagartig. Unsensible Bürokraten arbeiten meistens genau dort, wo sie ihre eigenen Dienste niemals in Anspruch nehmen müssen, wie zum Beispiel im Arbeitsamt oder Sozialamt. Brutale Chirurgen werden oft viel mitfühlender, sobald sie selbst unterm Messer gelegen haben.

Das nächste Mal, wenn Sie ein neues Restaurant ausprobieren wollen, sollten Sie als Erstes herausfinden, ob die Restaurantbesitzer auch selbst dort essen. Wenn ja, ist das zwar keine Garantie dafür, dass *Ihnen* das Essen dort schmeckt, doch wenn nein, wird es vermutlich *niemandem* schmecken!

DER WEINBERG'SCHE TEST

Berater sind den Konsequenzen ihrer eigenen Ratschläge so gut wie nie wirklich ausgesetzt, daher tragen sie eine große Verantwortung, wenn sie Änderungen bei den Klienten bewirken. Die Klienten wissen natürlich auch, dass ihr Berater die Folgen seiner Tätigkeit nicht zu spüren bekommt, was ein Grund für die vielen Witze über Berater ist. Die meisten Witze schieben Berater in dieselbe Schublade wie Professoren. Besteht ein Student das Examen, behauptet der Professor ja, dass es ausschließlich an seinen genialen Vorlesungen lag. Fällt ein Student durch das Examen, war er ganz einfach zu dumm. Im Klartext: Der Professor ist niemals schuld daran. Das macht es natürlich sehr schwierig, einen bestimmtes Niveau der Lehre zu garantieren, und die meisten Universitäten umgehen das Problem, indem sie jegliche Maßnahmen zur Überprüfung ihrer Lehr-Effizienz verbieten.

Die Probe auf das Exempel

Als ich an einer Computerkonferenz in Davos teilnahm, bot sich mir die Gelegenheit, eine Podiumsdiskussion mit drei Professoren zu verfolgen, die über Informatikkurse an den Universitäten debattierten. Nachdem sie alle drei ihre Meinungen zum Lehrplan wiedergegeben hatten, stellten sie sich den Zuhörern für eine Fragerunde zur Verfügung. Jemand fragte: »Und wie stellen Sie fest, ob Ihr Lehrplan auch die erwünschten Erfolge bringt?«

Anstatt einer Antwort erhob sich ein Raunen, Murmeln, Räuspern und Wispern im Raum. Die Zuhörer rutschten unruhig auf ihren Sitzen hin und her und warfen Schlagworte wie *Feedback durch Kollegen* oder *Intellektualität der Professoren* in den Raum. Schließlich wollte einer der Professoren wissen, ob denn jemand aus dem Publikum einen Vorschlag hätte. Da anscheinend niemand wagte, das Wort zu ergreifen, stellte ich mich dieser Herausforderung.

»Stellen Sie sich bitte vor«, sagte ich, »dass diese Konferenz nun beendet ist. Sie sind mit dem Zug nach Zürich zum Flughafen gefahren, haben Ihr Gepäck aufgegeben und befinden sich an Bord Ihrer Maschine. Die Türen sind schon geschlossen und plötzlich hören Sie über die Bordlautsprecher eine Computerstimme folgende Durchsage machen:

> Liebe Fluggäste, dies ist ein historischer Moment in der Geschichte des Fliegens: der erste voll automatischer Flug. Von diesem Moment an übernimmt ein Mikrocomputer die Steuerung des Flugzeugs, bis Sie an Ihrem Zielort gelandet sind. Es gibt weder einen Piloten noch einen Co-Piloten, doch Sie brauchen sich

> keine Sorgen um Ihre Sicherheit zu machen. Das Steuerungsprogramm des Flugzeugs wurde als Projekt einer Doktorarbeit für Informatik an der Universität X zugelassen. Gute Reise!

»Die Probe auf das Exempel für Ihren Lehrplan ist, wie Sie sich nun *fühlen*«, endete ich. Offensichtlich hielten die drei Professoren meinen Beitrag nicht für sonderlich hilfreich, doch die Zuhörer brachen in unkontrolliertes Gekicher aus. Der Moderator versuchte, wieder Ruhe und Ordnung herzustellen, doch das Publikum schien das Interesse an weiteren Beiträgen der Podiumsgäste verloren zu haben, nachdem einer meinen Vorschlag als lächerlich abgelehnt hatten. Ich selbst war niedergeschlagen, denn ich hatte ihn durchaus ernst gemeint. Um ehrlich zu sein, ich hielt ihn für den ultimativen Test.

Während die Zuhörer dem Ausgang zuströmten, sprach mich ein kleiner weißhaariger Mann mit Spitzbart im grauen Dreiteiler an. Sein Englisch hatte einen deutschen Akzent. »Professor Weinberg, ich wollte Ihnen nur sagen, dass mir Ihr Test gefallen hat. Im Gegensatz zu den Podiumsgästen finde ich ihn ausgesprochen sinnvoll. Außerdem ist er genau der richtige Qualitätsmaßstab für meinen Lehrplan.«

Ich war begeistert, dass mich jemand ernst nahm und fragte ihn: »Und wie *würden* Sie sich fühlen, wenn Sie in diesem Flieger säßen und die Durchsage hörten?«

Seine Antwort überraschte mich. »Ach, ich würde mir überhaupt keine Sorgen machen. Ich würde mich absolut sicher fühlen.«

»Ach ja? Ist Ihr Programm wirklich so gut?«

»Keineswegs«, meinte er mit einem Augenzwinkern. »Aber wenn einer *unserer* Studenten dieses Programm geschrieben hätte, würde noch nicht einmal der Motor angehen.«

Die Hand in das Feuer legen

Wann immer ich gefragt werde, wie sich ein Risiko einschätzen ließe, muss ich an diesen spitzbärtigen Professor denken. Für die Risikobeurteilung gibt es zahlreiche Tests, aber ich denke doch, dass der Weinberg'sche Test zur ersten Wahl zählt. Kurz gefasst stellt er nur eine Frage:

Würdest du diesem System dein Leben anvertrauen?

Zugegeben, manchmal lohnt es sich nicht, gleich sein Leben zu riskieren, weshalb ich mir einige abgeschwächte Versionen überlegt habe:

Würden Sie dafür Ihren rechten Arm riskieren?
Würden Sie dafür Ihre linke Hand riskieren?
Würden Sie dafür Ihre gesamten Ersparnisse riskieren?

Würden Sie dafür einen Monatslohn riskieren?

Würden Sie dafür zehn Dollar riskieren?

Den Zehn-Dollar-Test habe ich schon mit Hunderten von Programmierern durchgeführt, die behaupteten, ihr Programm wäre absolut fehlerfrei. In 95 Prozent der Fälle weigerten sie sich, mit mir um 10 Dollar zu wetten, dass ich innerhalb einer bestimmten Zeit einen Fehler entdecke. Bei den restlichen fünf Prozent habe ich die Wette jedes Mal gewonnen.

Ich kenne niemanden, der Probleme hat, das Geld *anderer* Leute zu riskieren. Das wichtigste Element des Weinberg'schen Test ist, dass derjenige, der daran teilnimmt, einen persönlichen Einsatz erbringen muss, anstatt sich durch leeres Geschwafel aus der Affäre ziehen zu können. Als Berater versuchen wir, Fords fundamentale Feedbackformel auf uns selbst anzuwenden, zumindest theoretisch. In der Umgangssprache könnte man den Weinberg'schen Test auch so formulieren: »Würdest du dafür die Hand ins Feuer legen?«.

Wenn wir Berater Änderungen vorschlagen, sollten wir uns zuerst überlegen, um welche Risikoebene der Weinberg'schen Testversion es dabei geht und unsere Gefühle auf die Waagschale legen. Stehen Menschenleben auf dem Spiel, ist unser eigenes Gefühl der Sicherheit oberstes Ziel. Geht es um Geld, sollten wir uns vorstellen, es wäre unser eigenes, das da auf dem Spiel steht.

Gerade bei technischen Errungenschaften wurden häufig Menschenleben aufs Spiel gesetzt, bis man sich ernsthaft daran machte, den Stand der Technik zu verbessern. Schiffe sanken, Brücken stürzten ein, Gebäude brannten nieder, Flugzeuge stürzten ab, Motoren explodierten. Wie viele Menschenleben müssen denn geopfert werden, bevor Berater lernen, etwas es gleich beim ersten Mal richtig zu machen?

Hoffentlich kein einziges Mal. Doch was ist mit den anderen Opfern – Zeit, Geld, Wohlbefinden? Wenn es nicht gerade um Leben oder Tod geht, fehlt es oft an der Vorstellungskraft, sich selbst als Betroffener der Folgen einer Empfehlung zu sehen. Vielleicht kann der Weinberg'sche Test mehr als Leben zu retten. Vielleicht rettet er unsere Jobs, unseren Ruf und sogar unsere Selbstachtung.

9 Änderungen sicher umsetzen

Winston Churchill sagte einmal, er sei froh, in seiner Jugend kein Radikaler gewesen zu sein, weil ihn das davor bewahrte, im Alter reaktionär zu werden. Mit fortschreitendem Alter verstehen wir langsam, was es mit den Veränderungen so auf sich hat, was an sich Grund genug wäre, den Mut zu verlieren.

Was mich daran hinderte, reaktionär zu werden, ist mein nicht unerhebliches Beraterhonorar als Geburtshelfer für Änderungen. Wohlhabende Hebammen geben ihren Beruf ja schließlich auch nicht auf, nur weil Geburten auch schwierig sein können. Außerdem macht ja gerade die Tatsache, dass es viele schwere Geburten gibt, den Geburtshelfer zum wohlhabenden Menschen. Anstatt mich entmutigen zu lassen, untersuche ich daher lieber Möglichkeiten, die Risiken von Veränderungen zu minimieren, ebenso wie auch eine Hebamme gelernt hat, die mit einer Geburt verbundenen Risiken zu senken.

DIE PLAGE DER PANDORA

Die Einnahme von Medikamenten veranschaulicht deutlich, welchen Risiken wir uns aussetzen, wenn wir mit Änderungen experimentieren. Vor einiger Zeit machte mir meine Arthritis wieder einmal zu schaffen, weshalb mir meine Hausärztin ein Medikament verschrieb. Nachdem ich die Pillen geschluckt hatte, waren zwar die Schmerzen verschwunden, aber ich bekam Magenprobleme. Daraufhin bekam ich andere Tabletten, die ich vom Magen her sehr gut vertrug, die aber leider nicht gegen meine Gelenkschmerzen halfen. Da ich davon ausging, dass ein Arzt ja auch eine Art Berater ist und demzufolge erst beim dritten Mal Erfolg hat, ließ ich mir noch ein Medikament verschreiben. Mein Magen blieb ruhig, und selbst am ersten richtig kalten Wintermorgen blieben meine Gelenkschmerzen aus, sodass ich selig weiterschlafen konnte.

Ich genoss die Wärme meiner Heizdecke und wollte noch etwas weiterschlafen, doch dann schlug die Küchentür zu und es war aus mit meiner Ruhe. Ich rieb mir den Schlaf aus den Augen und stellte mit wachsendem Entsetzen fest, dass mein Körper völlig nass geschwitzt war und es mich wie verrückt juckte.

Meine eigene Büchse voller Unheil

Dani beugte sich über mich. »Was ist los?«, wollte ich wissen und verdrängte kurzzeitig meine eigene missliche Lage.

»Na ja, erstens, mein neuer Digitalwecker hat heute morgen nicht funktioniert und ich bin schon eine Stunde zu spät dran.«

»So ein Pech«, sagte ich mitfühlend. »Trink erst mal eine Tasse Kaffee, dann schaut die Welt gleich anders aus.«

»Womit ich zu Punkt zwei komme! Unsere neue Superluxus-Kaffeemühle-Kaffeemaschinenkombination hat sich gerade in kleine Stücke gemahlen. Irgendwie hat sich der Mühlenrotor im Filtersieb verklemmt, und jetzt ist mein Kaffee voller Metallspäne.«

»Ist sonst alles in Ordnung?«

»Es *war* alles in Ordnung, bis du angefangen hast, so herumzubrüllen. Du bist doch eigentlich wirklich alt genug, um mit deinen Problemen selbst klar zu kommen, oder?«

»Ich glaube nicht. Mach mal das Licht an und schau mich an!«

»Du meine Güte! Was ist mit deinem Gesicht?«

»Es ist nicht nur mein Gesicht. Es ist überall … außer auf den Fußsohlen vielleicht. Die kann ich nicht sehen. Das müssen diese neuen Pillen gegen meine Arthritis sein …«

»Die Pillen, die keine Magenbeschwerden verursachen sollen?«

»Meinem *Magen* geht es ausgezeichnet.«

»Das wird sich vielleicht ändern, wenn du dich im Spiegel gesehen hast.«

»Kannst du bitte die Ärztin anrufen? Vielleicht ist es gefährlich. Ich sehe derweilen nach der Kaffeemaschine.«

Die Kaffeemaschine war hinüber. Ich suchte gerade nach löslichem Kaffee, als Dani mit Neuigkeiten von der Ärztin die Treppe herunterkam. »Sie meint, du sollst sofort in die Notaufnahme fahren. Vielleicht gibt es da ja Kaffee.«, fügte sie hoffnungsvoll hinzu.

Ich fühlte mich nicht in der Lage, selbst zu fahren. Während ich mich anzog, ging Dani hinaus, um das Auto anzulassen. Ich versuchte gerade, meine geschwollenen

Füße in Schuhe zu quetschen, als sie wieder zurückkam. »Die Batterie ist leer. Ich glaube, das liegt an diesem neuen Ladegerät, das ich für meinen Kassettenrekorder gekauft habe.«

Das Jucken wurde langsam unerträglich. Langsam riss mir der Geduldsfaden. »Ist doch egal, dann nehmen wir eben mein Auto.«

»Nein, dein Auto springt auch nicht an.«

»Es *muss* anspringen. Das Auto ist nagelneu.«

»Sicher, aber es ist zu kalt für Diesel, glaub's mir.«

Wir riefen die Pannenhilfe an und trafen zwei Stunden später in der Notaufnahme ein. Zum Glück schien ich nichts Lebensbedrohliches zu haben, denn wir mussten noch weitere zwei Stunden warten, bis ich an die Reihe kam.

Als die Ärztin mich untersuchte, entschuldigte sie sich. Die Klinik hatte erst vor kurzem ein neues Programm installiert, mit dessen Hilfe die Dienstpläne für die Ärzte in der Notaufnahme erstellt wurden. »Offensichtlich gibt es da noch ein paar Probleme. Ich hoffe, Sie fühlen sich nicht allzu elend.«

Das Gesetz des Neuen

Mein Elend war letztendlich doch zu etwas gut. Nachdem Dani zur Arbeit gegangen war, kratzte ich mich zunächst einmal in aller Ruhe und überlegte mir dann, wie es zu dieser Häufung von Katastrophen kommen konnte.

»Da muss es doch einen Grund geben«, murmelte ich vor mich hin, während ich mir eine weitere Hautschicht abzog. »Das kann doch kein Zufall sein, wenn so viel auf einmal daneben geht. Was haben diese Katastrophen denn gemeinsam?«

Ich griff zum Stift, um mich vom Jucken abzulenken, und schon nach kurzer Zeit war diese Liste fertig:

Neuer Digitalwecker verfällt in den Winterschlaf.

Neue Kaffeemaschine zerhackt sich selbst in kleine Stücke.

Neues Medikament verursacht extremen Juckreiz und Fieber.

Neues Ladegerät entleert die Batterie.

Neuer Wagen springt nicht an, weil der Tank voller Dieselsülze ist.

Ich kam nicht gleich darauf, was all diese Dinge gemeinsam hatten, aber als mir die Ärztin einfiel, dich sich wegen des neuen Programms entschuldigte, fiel es mir wie Schuppen von den Augen. Wenn ich nicht dem Fieberwahn erlegen wäre, wäre es mir bestimmt schon eher eingefallen:

Neue Sachen funktionieren nie.

Nach einigen Tagen war der lästige Juckreiz verschwunden, doch die Erkenntnis blieb. Wohin ich auch sah, was immer ich hörte, es lief auf dasselbe hinaus. Der neue Hund fraß den Badezimmervorleger. Das neue Buchungsverfahren meiner Bank erleichterte mich um 6.000 Dollar für nichts. Das neue Kampfflugzeug drehte sich auf den Rücken, sobald es den Äquator überquerte. Die neue Verteidigungsstrategie des Footballteams vermasselte 47 Sekunden vor dem Schlusspfiff den Sieg.

Ich wollte dieses erstaunliche Prinzip das Gesetz des Neuen nennen, doch als ich Dani davon erzählte, gähnte sie nur gelangweilt und wechselte das Thema. Da ich keine Ruhe gab, wies mich Dani zurecht: »*Darüber* brauchst du wirklich nichts zu schreiben. *Jeder* weiß, dass neue Sachen nie auf Anhieb funktionieren.«

»Aber warum ist dann jeder so scharf auf neue Sachen?«

»Wenn du *dieses* Rätsel lösen kannst, hast du genug Stoff für ein ganzes Buch.«

Pandora, Sinnbild des Wandels

Ich wühlte meine Geschichtsbücher heraus, doch egal, wie weit ich in der Geschichte zurückging, war es anscheinend jedem schon immer klar gewesen, dass neue Sachen nie funktionieren, was aber auch noch nie jemanden davon abgehalten hat, etwas Neues zu wollen. Erst in der griechischen Mythologie fand ich des Rätsels Lösung.

Wir alle wissen, dass Prometheus (dessen Name auf Griechisch »der Vorausschauende« bedeutet) für die Menschen das Feuer vom Olymp stahl. Zeus war darüber ziemlich aufgebracht und dachte sich eine Bestrafung für die Menschen aus: eine lebendige Puppe aus Wasser und Lehm, eine Jungfrau von unwiderstehlicher Schönheit, die den Namen Pandora trug. Pandora wurde als Geschenk zu Epimetheus (»der Nachbedachte «) gesandt, der sie gegen den Rat seines Bruders Prometheus heiratete. Pandora brachte ein großes Gefäß (die so genannte Büchse der Pandora) mit, das mit allen Übeln gefüllt war, die den Göttern eingefallen waren. Als sie ihre Büchse öffnete, entwichen alle Übel und überkamen die Menschen. Seitdem ist Pandora Sinnbild für Wandel.

Das größte aller Übel

Soweit ist die Geschichte von Pandora den meisten bekannt. Doch da gibt es noch etwas: Das größte aller Übel blieb in dem Gefäß zurück. Bedauerlicherweise entwich es aber etwas später, und wenn das nicht passiert wäre, hätten wir unsere Lektion vielleicht doch gelernt.

Das letzte Übel war nämlich die *Hoffnung*. Und solange noch ein Funken Hoffnung besteht, machen wir Menschen wieder und wieder dieselben Fehler.

Und das ist die eigentliche Entdeckung:

> **Neue Sachen funktionieren nie; aber es besteht immer ein Funken Hoffnung, dass es diesmal anders ist.**

Dieses Gesetz braucht einfach einen Namen, den man nicht so schnell vergisst. Wie wäre es mit ›die *Plage* der Pandora‹? Im Grunde genommen waren es nicht die schrecklichen Übel aus Pandoras Büchse, mit denen wir wirklich geplagt sind, sondern unsere Hoffnung.

MIT FEHLSCHLÄGEN LEBEN

Die Plage der Pandora ist eine Gesellschaftskrankheit, die von den Marktschreiern verbreitet wird. Jegliche Hoffnung, dass sich Pandoras Pocken mittels technischen Neuerungen heilen ließen, ist vergebens. Wir *wissen* ja, dass Neuerungen nie funktionieren, dennoch sind die Kunden scharf auf jeden neuen Schnickschnack. Anstatt sich also mit Händen und Füßen gegen Änderungen zu wehren, ist es sinnvoller, mit ihnen leben zu lernen. Oder von ihnen zu leben.

Das beste Blatt des Gebers

Da diese Marktschreier nicht zum Schweigen gebracht werden können, erliegen die Klienten zwangsweise ihren verlockenden Angeboten. Weshalb also nicht mit dem Strom schwimmen? Wie mein Freund Henry zu sagen pflegte:

> **Vertrau deinen Mitspielern, aber heb immer die Karten ab.**

Oder vielleicht in diesem Fall passender:

> **Probieren geht über Studieren, aber es darf dabei niemandem etwas passieren.**

Ich habe dieses Prinzip *das beste Blatt des Gebers* genannt, da Sie als Berater die Karten austeilen. Ihre Kunden müssen zwar das Spiel wagen, aber Sie können die Karten so mischen, dass Ihren Kunden einige Schutzmechanismen zur Verfügung stehen, wenn sie ein neues Spiel wagen.

Fehlschläge akzeptieren

Der erste Schutzwall besteht aus der Bereitschaft hinzunehmen, dass das neue System *versagen wird*, möglicherweise sogar in mehrfacher Hinsicht. Wenn ich mich bei dem Gedanken ertappe: »Ich muss das ändern, weil ich mir *keinen* Fehlschlag leisten kann«, habe ich ein Problem. Wenn ich mir nicht einen *kleinen* Fehlschlag leisten kann, bringt mir die Umstellung auf ein neues System nichts. Und das alte auch nicht.

Habe ich mich damit abgefunden, dass ein Fehlschlag unvermeidbar ist, besteht der nächste Schutzwall darin, mir eine weitere Frage stellen. »Warum glaube ich, dass ich mir nicht den kleinsten Fehlschlag erlauben kann?« Ein neuer Wecker ist ein gutes Beispiel. Ist es Ihnen auch schon passiert, dass Sie nicht schlafen konnten, weil Sie sich andauernd fragten, ob Ihr Wecker Sie auch tatsächlich rechtzeitig für einen wichtigen Termin wecken würde?

Verbesserung, nicht Perfektion, lautet das Ziel

Was ist schlimmer als nicht rechtzeitig aufzuwachen? Gar nicht erst einschlafen zu können. Was mich zum nächsten Schutzwall und zur nächsten Frage bringt: »Wenn das neue System schon nicht perfekt ist, wie kann ich dann dafür sorgen, dass es zumindest besser als das alte ist?« Verbesserungen sind einfacher zu bewerkstelligen als Perfektion. Und wie die Chinesen zu sagen pflegen: Das Beste ist der Tod des Guten.

Ich kann mir zum Beispiel den neuen Wecker und den alten stellen. Mit zwei Weckern ist die Chance, rechtzeitig geweckt zu werden, höher als mit nur einem – zumindest nicht schlechter.

Die Anwendung der Dreierregel

Als weiteren Schutzwall sollte ich mir nun eine halbe Minute lang Zeit nehmen, um darüber nachzudenken, was immer noch schief gehen kann, obwohl ich nicht länger nach Perfektion strebe. Der Dreierregel zufolge vergesse ich dabei bestimmt irgendetwas, aber ein paar Sachen werden mir bestimmt einfallen.

Wie viele Möglichkeiten für eine Fehlfunktion des neuen Weckers gibt es wohl? In einer halben Minute fallen mir folgende Möglichkeiten ein:

1. Stromausfall
2. Batterien verkehrt eingelegt.

3. Falsche Weckzeit eingestellt, da mit der Bedienung des Geräts noch nicht vertraut.
4. Versehentlich das Stromkabel ausgesteckt, da ich es mit einem anderen Kabel verwechselt habe.
5. Wecker klingelt, aber der Ton wird von mir nicht als Weckton erkannt.
6. Zeit falsch abgelesen und wieder eingeschlafen.
7. Dani schaltet den Wecker aus, weil ihr der Ton auf die Nerven geht.

Mir wäre sicherlich keine einzige dieser Möglichkeiten eingefallen, wenn ich mich von der Hoffnung hätte blenden lassen, dass mit einem neuen Wecker nichts schief gehen kann. Gegen diese potenziellen Fehlschläge kann man sich ganz einfach schützen, indem man den zweiten Wecker als Reserve stellt.

Eine Sicherheitsreserve entwickeln

Der nächste Schutzwall besteht darin, eine *Sicherheitsreserve* zu entwickeln. Im Falle des Weckers ist das ein Kinderspiel: einfach einen weiteren Wecker benutzen. Natürlich gibt es da auch noch andere Möglichkeiten. Mit dem richtigen Dreh lassen sich selbst die Gefahrenquellen in Sicherheitsreserven verwandeln.

Da wäre zum Beispiel die Gefahrenquelle, dass ich mit dem neuen Wecker noch nicht vertraut bin. Ich kann Dani um Hilfe bitten, um den Weckton auch als solchen zu erkennen. Auf diese Weise bin ich nicht nur vor Punkt 5, 6 und 7 geschützt, sondern auch gegen 2, 3 und 4. Wenn Dani aufwacht und merkt, dass ich noch friedlich vor mich hinschnarche, hat sie die offizielle Erlaubnis, mich zu wecken. Menschliche Sicherheitsreserven sind da sehr anpassungsfähig.

Die Sicherheitsreserve im Fall der neuen Kaffeemaschine wäre eine Dose mit löslichem Kaffee gewesen. Der schmeckt zwar nicht so gut wie frischer Kaffee, aber auf jeden Fall besser als heißes Wasser.

PRÄVENTIVMASSNAHMEN

Obwohl Sicherheitsreserven der letzte Schutzwall sind, können natürlich auch sie versagen. Als die Batterie in Danis Auto gestreikt hat, war gleichzeitig auch der Diesel in meinem Wagen eingesulzt. Beides war relativ neu. Ich kann zwar akzeptieren, dass neue Sachen nicht funktionieren, doch gegen zwei gleichzeitige Ausfälle war ich machtlos.

DAS EDSEL'SCHE ERBE

Da wir gerade von Autos sprechen, fällt mir der Edsel ein, Sie wissen schon, dieser Ford, der sich in den fünfziger Jahren als totaler Flop erwies. Ich muss gestehen, dass ich damals als Berater für Ford arbeitete und auch mit dem Edsel zu tun hatte, was mich zu einem Fachmann für Pandoras Pocken macht. Ich habe dennoch fünfundzwanzig Jahre geschwiegen, da ich bis vor kurzem nicht begriff, was damals passiert ist. Als Ford die Kampagne »Bessere Ideen« startete, überlegte ich mir noch einmal, wie das eigentlich gewesen war.

Ich erinnere mich an das Edsel-Projekt als triumphalen Erfolg. Wir installierten damals fantastische neue Computersysteme, die letztendlich zum Standard für die gesamte Automobilindustrie wurden. Der Edsel selbst blieb zwar ein Ladenhüter, doch unsere *Ideen* setzten sich durch, weil sie gut waren. Immer wieder einmal treffe ich Leute, die am Edsel-Projekt beteiligt waren, und *alle* empfinden dasselbe wie ich. Sie hatten sich für den Edsel engagiert, weil sie die Vision von etwas ganz Neuem teilten – noch so eine »Bessere Idee« von Ford.

Der Edsel war in den fünfziger Jahren Fords Antwort auf *alle* neuen Ideen. Berater und andere Fanatiker mit dem Kopf voller neuer Ideen können eine Gefahr für die etablierte Ordnung darstellen, warum sie also nicht aus dem Verkehr ziehen und sie alle gemeinsam an einem Projekt arbeiten lassen? Diese Einstellung führte unweigerlich in grenzenloses Chaos, obwohl jede einzelne Idee durchaus brillant war. Als Berater habe ich schon zig Male erlebt, wie damit Veränderungen verhindert werden sollten, aber die Raffinesse, mit der es damals bei Ford geschah, ist bis heute unerreicht.

Keine Sicherheitsreserve dieser Welt, kein noch so ausgeklügelter Schutzmechanismus kann vor Katastrophen à la Edsel schützen. In diesem Fall wäre die einzig mögliche Rettung eine Präventivmaßnahme gewesen. Aus diesem Grund möchte ich Präventivmaßnahmen den Namen Edsel'sches Erbe geben:

Wenn es schon unbedingt etwas Neues sein muss, beschränke dich auf eine Sache.

Anders ausgedrückt, wenn man einen neuen Partner will, sollte man unbedingt seinen alten Wecker behalten. Und wenn man unbedingt einen neuen Wecker haben will, sollte man die alte Ehefrau behalten.

Zeit und Ort festlegen

Eine weitere Schutzmaßnahme gegen die Plage der Pandora ist es, die richtige Zeit und den richtigen Ort für die Veränderung zu wählen. Warum probieren Sie Ihren neuen Wecker nicht am Wochenende aus oder an einem anderen Tag, an dem Sie nichts Wichtiges vorhaben? Oder besser noch, an dem Tag, an dem Sie Ihre Schwiegereltern besuchen müssen. Beim Kauf eines neuen Wagens – oder eines gebrauchten – sollten Sie nicht sofort eine längere Urlaubsreise antreten. Machen Sie erst einmal eine kurze Fahrt oder besser, mehrere, um sich mit dem Auto vertraut zu machen. Am besten, Sie bleiben in der Nähe Ihres Autohändlers, damit die Abschleppkosten überschaubar bleiben.

Doch manchmal hat man ja einfach keine Wahl. Dani und ich machten einmal mit sieben ihrer Studenten eine Reise zu historischen Ausgrabungsstätten in Europa. Ab Luxemburg hatten wir einen Volkswagenbus gemietet, in dem wir neun Platz fanden. Da es nicht möglich war, dieses Gefährt Monate vorher schon mal in Amerika auszuprobieren, waren wir ab unserem ersten Tag all den Ungewissheiten ausgeliefert, die ein neues Fahrzeug so mit sich bringt. Dazu kam, dass wir uns in einem neuen Land befanden und mit einer neu zusammengewürfelten Gruppe reisten. Zum Glück hatten wir uns gut vorbereitet, sonst wäre unsere Reise zu einer Aneinanderreihung unausweichlicher Katastrophen geworden.

Das Volkswagen-Vorgehen

Wir retteten unsere Haut und schonten unsere Nerven, indem wir das Edsel'sche Erbe beachteten und den beteiligten Faktoren der Reihe nach ihre Neuartigkeit nahmen. Wir begannen mit den neuen Leuten. Drei Monate vor der geplanten Abfahrt fingen wir an, uns einen Abend in der Woche zu treffen, um die Reise zu besprechen. Dabei lernten wir uns natürlich besser kennen. Als wir später wie neun Sardinen in der Dose aufeinander hockten, war dies zumindest erträglich. Nicht bequem, aber erträglich.

Einen Monat vor unserer Abreise mieteten wir einen ähnlichen Bus und unternahmen kleinere Ausflüge. Außerdem packten wir probehalber unsere sieben Sachen. Es war zwar äußerst hart, sich nur auf das Notwendigste zu begrenzen, aber zu viel Gepäck in Luxemburg wäre eine Quälerei gewesen.

Mit dieser Strategie konnten wir die Neuartigkeit auf einen Bereich beschränken, nämlich den VW-Bus selbst. Und der VW-Bus war ein richtig gutes Auto. Schnarcher, wie wir ihn liebevoll nannten, war zwar noch ziemlich neu, aber immerhin ein langjährig erprobtes Modell. Ganz anders als der Edsel.

Edsel hatte viel zu viele Neuerungen auf einmal eingeführt. Volkswagen dagegen ist dafür bekannt, immer nur eine kleine Sache zu ändern, die umfassend geprüft wird. Wir ergänzen daher das Edsel'sche Erbe um das Volkswagen-Vorgehen:

Kannst du etwas Neuem nicht widerstehen, probiere es in kleinen Häppchen.

Dafür gibt es zum Glück mehrere Möglichkeiten:

- Probeläufe unter ähnlichen Bedingungen
- Etwas Neues in seine Einzelteile zerlegen und sich einzeln damit befassen
- Sich beim Ausprobieren von anderen helfen lassen

Das Volkswagen-Vorgehen lässt sich auf ein neues Auto ebenso gut anwenden wie auf ein neues Computernetzwerk. Bevor Sie sich den neuesten BMW leisten, sollten Sie ihn sich mal übers Wochenende ausleihen. Wenn Sie schon immer Wagen mit Automatikschaltung gefahren sind, sollte auch der Leihwagen damit ausgestattet sein, damit Sie in aller Ruhe erst einmal all die anderen neuen Sachen testen können. Eine gute Idee ist es auch, niemals der Erste in der Nachbarschaft zu sein.

Wenn Sie Ihre Ungeduld ein wenig zügeln, werden Sie von anderen BMW-Fahrern genug über die Kinderkrankheiten Ihres Wunschautos erfahren und haben dann die Möglichkeit, sich zumindest darauf einzustellen oder ein anderes Modell auszusuchen. Mit der Zeit kennen sich auch die Werkstätten damit aus. Kurz gesagt, ignorieren Sie die Werbung und kaufen Sie niemals das neueste Modell, sondern warten Sie erst mal in Ruhe ab.

Die Zeitbombe

Diese Strategien funktionieren. Manchmal können Sie die Plage der Pandora tatsächlich abwehren, sofern Sie nicht dem Irrtum erliegen, Sie wären für immer immun. Meine Klienten wenden diese Strategien erfolgreich bei der Einstellung neuer Mitarbeiter an: immer nur einen Mitarbeiter neu einstellen und ihm eine längere Einarbeitungsphase zugestehen, während der er weniger produktiv arbeitet. Dem Neuling wichtige, aber unkritische Arbeiten zuteilen und für Sicherheiten sorgen, da er unweigerlich Fehler machen wird. Dasselbe Prinzip funktioniert auch für Computer: immer nur eine neue Komponente installieren, eine Einarbeitungsphase mit verminderter Produktivität einkalkulieren, wichtige, aber unkritische Arbeiten damit erledigen und Sicherheitskopien für unvermeidliche Ausfälle anlegen.

Wann immer ich diese Vorgehensweise empfehle, bekomme ich den Einwand »Zeitverschwendung« zu hören. Die Leute haben es immer ganz fürchterlich eilig, Neuerungen zum Laufen zu bringen, was ja auch verständlich ist, denn wären sie nicht wichtig, würde man Sie sie ja nicht einführen wollen. Zeitdruck hat auf Neuerungen jedoch einen ähnlich zerstörerischen Effekt wie Dampfdruck in neuen Kesseln. Die Aussage »Das ist doch Zeitverschwendung« ist für mich ein Konditionierungsreiz, der sofort mich an eine Variante des Sprichworts »Die Zeit heilt alle Wunden« denken lässt. Diese Variante trägt den Namen Zeitbombe und lautet:

Die Zeit verwundet alles Heil.

Anders ausgedrückt:

Der sicherste Weg, Zeit zu verschwenden, ist, Warnungen in den Wind zu schlagen.

Ein neuer Klient bat mich einmal, ihn vor einem weiteren Millionenverlust zu bewahren, den ein einzelner Mitarbeiter verursacht hatte, als er das neue Informationssystem – zwei Mal hintereinander – zum Absturz gebracht hatte, als es öffentlich zugänglich gemacht werden sollte. Er hatte lediglich den Fehler begangen, den Ein-Aus-Schalter ein paar Hundert Mal hintereinander zu drücken, um die faszinierenden Lichtmuster am Bildschirm besser beobachten zu können.

Mein Klient hatte die Einführung des neuen Systems anhand *einiger* meiner Sicherheitsvorkehrungen vorbereitet. Die Manager hatten sich den Kopf darüber zerbrochen, was alles schief gehen könnte, woraufhin die Programmierer antraten, um eben diese Fehlerquellen zu beseitigen. Doch dann hatten sie es zu eilig und waren zu zuversichtlich, oder zu hoffnungsvoll, dass nichts schief gehen könne. Die Folge war vorhersehbar, nämlich von Titanic-Ausmaßen.

Aufgrund ihrer Zuversicht übersahen sie, dass ein Fehlschlag unvermeidlich war, weshalb sie die Sicherheitsreserve vernachlässigten. Die Katastrophe hätte allein dadurch verhindert werden können, dass ein qualifizierter Mitarbeiter für einige Tage das System betreut. Der einzige Mitarbeiter, der sich mit dem System auskannte, war jedoch eine drei viertel Stunde vom Ort des Geschehens entfernt. Bis dieser Mitarbeiter vor Ort war, war das System zum zweiten Mal abgestürzt – weil derselbe Mitarbeiter wie beim ersten Mal dieselben Knöpfe gedrückt hatte.

Wäre mein Klient mit der Gefährlichkeit der Zeitbombe vertraut gewesen, hätte er sich den Verlust von einer halben Million ersparen können. Die andere halbe Million hätte er sich ebenfalls sparen können, wenn er eingegriffen hätte, bevor der Unglücksrabe zum zweiten Mal den Absturz verursachte. Der Verlust der dritten halben Million blieb ihm zum Glück erspart, doch es gibt auch kostengünstigere Möglichkeiten, sich ein eigenes Klingelsystem aufzubauen.

OLGAS OFFENBARUNGEN

Zugegeben, meine Unfähigkeit, meinen Klienten vor den ersten beiden Systemabstürzen zu bewahren, hatte mich leicht verstört. Es sah fast so aus, als wäre dieser spezielle Klient nur über eine Krise dazu zu bewegen, Änderungen einzuführen. Ich habe es schon oft erlebt, dass Krisen Änderungen erzwingen. Sich von einer Krise motivieren zu lassen ist zwar nicht unbedingt die klügste Art, etwas anzupacken, aber als Berater musste ich lernen, mit einer solchen Situation umzugehen. Mein Wissen über Krisensituationen verdanke ich zu einem Großteil meiner Freundin Olga.

Olga ist Biologin und arbeitet in der Forschung. Ich habe sie schon immer dafür bewundert, dass sie selbst in den brenzligsten Situationen einen kühlen Kopf bewahrt. Vor kurzem heiratete sie. Ihr Mann brachte zwei kleine Kinder mit in die Ehe (allein die Vorstellung würde jeden normalen Menschen graue Haare wachsen lassen), doch Olga scheint mit allem ganz locker fertig zu werden.

Die einzige sichtbare Veränderung in ihrem ordentlichen Büro ist, dass auf ihrem Schreibtisch jetzt ein Foto von ihrem frisch gebackenen Ehemann und den Kindern steht. Ich besuchte sie neulich und kam, ganz wie Olga es immer tut, sofort auf den Punkt: »Was kannst du mir über Veränderungen erzählen? Ist es möglich, sich zu ändern, ohne in eine Krise zu fallen?«

»Dazu fällt mir eine nette Geschichte ein.«

Krisen und Illusionen

»Als ich meinen Entschluss bekannt gab, Peter zu heiraten«, begann Olga, »fragten mich sämtliche Kollegen, ob sich meine neue Familie denn nicht auf meine Arbeit auswirken würde. Ich konnte es nicht fassen. Wie kamen sie nur auf die Idee, dass ich zwar einen Etat von 3 Millionen Dollar verwalten und ein Labor mit 14 Laboranten und 150 Beagles leiten kann, aber nicht mit einem Haushalt, zwei Kindern und einem Mann fertig werde?« »Vielleicht wollten sie nur ein kleines Schwätzchen halten?«

»Mag sein, aber ich war eingeschnappt. Keiner sollte mich mit einem Heimchen am Herd oder einer von Gregorys Gurken verwechseln. Als wir aus den Flitterwochen zurückkamen, organisierte ich die Hausarbeit, nein ich komponierte sie, als wäre es die Neunte Symphonie von Beethoven. Es war ein Meisterwerk.«

»Das kann ich mir gut vorstellen.«

»Die Jungs saßen am Frühstückstisch, diszipliniert wie die Violinspieler, und löffelten ihr Müsli. Peter spielte das erste Cello mit Schinken und Steakmesser. Draußen vor der Garage stand unsere Familienkutsche wie der Kontrabass brummend, voll getankt und fahrbereit, um Brian in den Kindergarten und Ethan in die Schule zu bringen.«

»Und welches Instrument hast du gespielt?«

»Ich war natürlich der Dirigent, mit dem Taktstock in der Kaffeetasse. Ich dachte damals, das wäre genau wie die Leitung des Labors. Alles nur eine Frage der Organisation. Dann blickte ich zufällig aus dem Fenster und sah, wie Mendel, unsere Katze, von einem Auto überfahren wurde.«

»War sie tot?«

»Ja, platt wie eine Flunder. Aber weißt du, welcher Gedanke mir als Erstes durch den Kopf schoss?«

»Nein, was denn?«

»Ich dachte: *Du kannst jetzt nicht tot sein! Wir haben keine Zeit zu trauern!*«

»Seltsam! Und was hast du dann gemacht?«

»Ich bin zusammengebrochen. Was sonst?«

»Das glaube ich nicht, Olga. Du bist doch gar nicht der Typ dafür.«

»Das glaubst du mir nicht? Tja, das liegt daran, dass du keine Ahnung von Krisen hast. Das war keine Krise an diesem Morgen.«

»Hört sich aber ganz danach an.«

»Gut, das habe ich in den ersten fünf Minuten auch gedacht. Aber dann fiel es mir wie Schuppen von den Augen. Es war keine Krise, sondern das Ende einer Illusion.«

Das also war Olgas erste Offenbarung zum Thema Wandel durch Krisen:

Es mag nach einer Krise aussehen, ist aber nur das Ende einer Illusion.

Der Kampf, etwas zu behalten

Ich verstand Olgas Offenbarung zwar, aber es fiel mir trotzdem schwer zu glauben, dass Krisen einfach nur das Ende von Illusionen sein sollten.

Olga wiederum konnte meine Schwierigkeiten damit gut verstehen. »Es passiert zwar nicht oft, aber ab und zu kommt es wirklich zu einer Krise …« meinte sie.

»… zum Beispiel, wenn deine Katze überfahren wird?«

»Nein, auch das war nur eine Illusion.«

»Also für mich ist eine tote Katze alles andere als eine Illusion.«

»War es aber. Inmitten des ganzen Geschreis kam Mendel aus dem Keller und maunzte nach seiner Milch.«

»Er hat doch überlebt?«

»Er ist gar nicht überfahren worden. Es war wirklich höchste Zeit, dass meine

Illusionen zerplatzten, denn ich hatte mir einfach das Schlimmste eingebildet, als ich aus dem Fenster blickte. Das Auto hat einen Fußball überfahren.«

»Das bedeutet, dass die Illusion vor dem Platzen stand und du die ganze Geschichte noch schlimmer gemacht hast, weil du dich krampfhaft daran geklammert hast.«

»Genau«, sagte Olga lächelnd. »Erinnerst du dich noch an deine Midlife-Crisis? Du hast einfach aufgehört zu glauben, du wärst unsterblich, gegen alle Krankheiten gefeit und würdest kein Gramm zunehmen.«

Ich verzog schmerzlich das Gesicht. »Am schlimmsten ist es, wenn mir junge Mädchen die Tür aufhalten.«

»Für mich ist es am schlimmsten, zuzugeben, dass auch meine Kompetenz ihre Grenzen hat.«

»Aber du *bist* doch kompetent. Du bist die kompetenteste Person, die ich kenne.«

»Aber nicht *hundertprozentig*. Du erliegst nur derselben Illusion, die ich unbedingt wahr machen wollte.«

»Hm. Du hast wirklich ganze Arbeit geleistet.«

»Ja, sicher habe ich das. Ich habe mir auch wirklich große Mühe gegeben. Aber warum? Die Antwort lautet:

Wenn Veränderungen unausweichlich sind, kämpfen wir um das, was uns am meisten wert ist.«

Illusionen machen alles nur noch schlimmer

Olgas zweite Offenbarung hat sich als noch nützlicher erwiesen als ihre erste. Wann immer meine Klienten im Angesicht von Veränderungen anfangen zu kämpfen, weiß ich, was ihnen wirklich wichtig ist. Manchmal ertappe ich mich selbst beim Kämpfen, und erfahre dadurch mehr über meine eigenen Werte. Eines kann ich mit Sicherheit sagen: Ich habe mich ziemlich heftig gegen Olgas Offenbarungen gewehrt, was ihr natürlich nicht entgangen ist.

»Was stört dich so an diesen Erkenntnissen, Jerry?«

»Ich will nicht zugeben müssen, dass ich meine Klienten glauben lasse, sie könnten sich ohne mich nicht ändern. Ich habe Angst, dass sie mich wirklich *nicht* brauchen, und dann verliere ich sie als Kunden.«

»Ganz genau!«

»Das ist ganz schön bitter, Olga. Ich kann gar nicht glauben, dass ich so bin.«

»Kann ich verstehen, aber du brauchst dich deswegen nicht zu schämen. Diese

Reaktion ist völlig normal. Meine Hunde beschützen ihre Welpen, du deine Kunden und ich meine Kompetenz.«

»Aber wenn sogar deine Beagles das tun, kann es doch nicht so schlimm sein, schützen zu wollen, was einem lieb und teuer ist, oder?«

»Moralisch gesehen spricht nichts dagegen, aber es führt letztendlich nur zu Problemen. Beagles wissen instinktiv, wann ihre Welpen alt genug sind, selbst auf sich aufzupassen. Menschen hängen jedoch ihren selbst erschaffenen Illusionen nach, um verlorene Werte zu kompensieren. Die meisten wirklichen Veränderungen vollziehen sich langsam. Wie der Alterungsprozess. Aber wenn wir Veränderungen hinter Illusionen verstecken, verschwenden wir unsere ganze Energie darauf, diese Illusionen aufrechtzuerhalten. Und dann können wir uns nicht auf die Veränderungen einstellen, solange sie noch geringfügig sind. Wenn unsere Illusionen dann zerplatzen, glauben wir, dass eine Veränderung immer mit einer Krise einhergeht.«

»Und diese Energie, die wir dafür verwenden, den Status quo zu bewahren, verschlimmert die Krise noch, oder?«

»Richtig. Und damit wären wir bei meiner dritten Offenbarung angelangt.«

Wer sich eine Illusion erschafft, um Veränderungen zu vermeiden oder abzuschwächen, macht die Veränderung immer wahrscheinlicher – und brutaler.

Olgas dritte Offenbarung gilt für alle Methoden, mit denen ein Berater seinen Kunden bei der Durchführung von Änderungen unterstützt. Was immer Sie tun, es muss klar und offensichtlich erkennbar sein. Das ist der größte Dienst, den Sie Ihrem Klienten erweisen können, denn wenn schwerwiegende Veränderungen anstehen, ist die Wahrheit das wichtigste Gut.

Ermutigen Sie Ihren Klienten, der Wahrheit so bald wie möglich ins Gesicht zu schauen. Wenn es Ihnen wirklich ernst damit ist, andere vor Unannehmlichkeiten zu schützen, dürfen Sie niemanden vor der Wahrheit schützen. Die Wahrheit mag manchmal schmerzhaft sein, aber wenn Illusionen zerplatzen, tut das noch viel mehr weh.

10 Was tun bei Widerstand?

Selbst wenn genügend Sicherheitsmaßnahmen getroffen wurden, um das Risiko und die Fallstricke kleinerer und größerer Änderungen zu minimieren oder gar auszuschließen, haben es Berater immer wieder mit Kunden zu tun, die sich jeder Änderung beharrlich widersetzen – manchmal aus gutem Grund. Die Bandbreite dieses Widerstands gegen »verordnete« Änderungen ist immens und reicht von offener Sabotage bis zu raffinierten Tricks wie dem »Hilf mir/hilf mir nicht«-Spiel. Der simple Satz »Nein, vielen Dank, aber ich möchte nichts ändern« kommt mir so gut wie nie zu Ohren.

WIDERSTAND BEGRÜSSEN

Jeder Berater beschwert sich über Widerstand, und wenn auch Sie glauben, Widerstand wäre etwas, worauf Sie gerne verzichten würden, sollten Sie einmal überlegen, was passiert, wenn Ihr Kunde all Ihren Ideen widerstandslos zustimmt. Dann nämlich tragen Sie allein die Verantwortung dafür, dass Ihre Ideen für jede Situation und jederzeit die richtigen sind. Und da kein Mensch perfekt ist, brauchen wir ein gewisses Maß an Widerstand, um unsere Vorschläge auf Herz und Nieren prüfen zu können. Deshalb sollten wir Widerstand in erster Linie als positiv empfinden, da er den Job eines Beraters einfacher macht. Jeder Berater trifft in seiner Arbeit auf Widerstand, und jeder erfolgreiche Berater hat seine eigenen Methoden, damit umzugehen. Meine Methode ist eine Weiterentwicklung des Ansatzes, den Peter Block in seinem überaus nützlichen Ratgeber *Flawless Consulting: A Guide to Getting Your Expertise Used* beschreibt. Eine Zusammenfassung der wichtigsten Schritte aus diesem Buch finden Sie in diesem Kapitel.

WIDERSTAND OFFEN DARLEGEN

Widerstand ist wie ein Pilz, er wächst nicht im Tageslicht. Sobald Sie den Verdacht haben, dass man Ihnen Widerstand entgegenbringt, sollten Sie sofort mit Ihrem Kunden darüber sprechen, anstatt ihn im Verborgenen wachsen zu lassen.

Ihre Reaktion

Wann immer ich spüre, dass meine Ideen auf Widerstand stoßen, reagiere ich selbst instinktiv mit Widerstand. Wenn ich mich häufig wiederhole oder mich merkwürdig benehme, ist das ein eindeutiges Zeichen dafür, dass mein Unterbewusstsein den Widerstand längst erkannt hat und ihn bekämpft. Mein Bewusstsein hat keine so schnelle Auffassungsgabe, doch wenn es sich dann einschaltet, ist die Beobachtung meines eigenen Verhaltens der zuverlässigste Sensor für mir entgegengebrachten Widerstand.

Sie sollten daher lernen, Ihre eigenen Verhaltensmuster zu durchschauen. Beim kleinsten Hinweis, dass etwas nicht in Ordnung ist, sollten Sie an Browns brillantes Vermächtnis denken und auf die Musik in Ihrem Inneren hören. Achten Sie auf nonverbales Verhalten, das sich in defensiven oder aggressiven Gesten äußern kann, je nachdem, wie bedrohlich Sie den Widerstand empfinden. Nachfolgend ein paar Verhaltensweisen, bei denen Sie sich selbst ertappen könnten:

Defensiv

- sich wegdrehen
- wegsehen
- mit dem Kopf schütteln
- Arme oder Beine verschränken
- übertriebenes Lächeln
- gähnen

Aggressiv

- mit dem Finger deuten
- auf den Boden schauen
- nicken
- die Faust ballen
- Grimassen schneiden
- mit den Fingern klopfen

Sobald ich eine dieser Verhaltensweisen an mir entdecke, konzentriere ich mich auf meine Gefühle und stelle meistens recht bald darauf fest, dass ich entweder gelangweilt, verärgert, ungeduldig oder wütend bin. Manchmal stelle ich diese Gefühlsregungen auch direkt fest oder durch die Art, wie ich etwas sage. Dann spreche ich nämlich von »mir« und »Ihnen« anstatt von »uns« oder in einem Tonfall, den ich am besten als »väterlich« beschreiben kann.

Die Reaktion des anderen

Ich kann Widerstand auch am nonverbalen Verhalten anderer Menschen erkennen, obwohl diese Methode langsamer und unzuverlässiger ist, da ich die Gefühlswelt anderer nicht kenne.

Die unzuverlässigste Methode, die ich nur im Notfall nutze, ist, den Worten anderer aufmerksam zu lauschen. Viele Menschen verstehen es zwar meisterhaft, ihre Vorbehalte hinter relativ harmlosen Äußerungen zu verstecken, doch die folgenden Aussagen lassen sich oft als Zeichen für Widerstand deuten:

»Ich brauche mehr Informationen.«
»Sie brauchen mehr Informationen.«
»Das ist noch viel zu früh.«
»Das ist viel zu spät.«
»Rein theoretisch ja, aber die Praxis sieht ganz anders aus.«
»Ich habe da eine Theorie.«
»Das hat noch nie jemand versucht.«
»Das ist doch ein alter Hut.«
»Ich habe doch gar kein Problem.«
»Ich habe viel zu viel Probleme.«

Ich habe bewusst widersprüchliche Aussagen paarweise zusammengestellt, denn zum einen kann man sie sich in dieser Form leichter merken, und zum anderen treten sie häufig genauso auf. Manchmal habe ich das Gefühl, als würden meine Kunden denken: »Ich sage, was immer mir einfällt, nur um Änderungen zu verhindern.«

Paradoxe Aussagen sind in diesem Zusammenhang ebenfalls üblich, daher muss ich nicht unbedingt bestimmte Schlagworte hören, um Widerstand zu vermuten. Zwei der häufigsten verbalen Zeichen für Widerstand sprechen Bände, obwohl die Worte an sich ausbleiben oder keine Bedeutung haben. Manchmal entsteht nämlich ein langes *Schweigen*, wenn eigentlich eine Antwort die natürliche Reaktion wäre, und manchmal besteht die Reaktion aus einem langen, völlig bedeutungslosen Geplapper.

Die üblichste Form des Widerstands ist jedoch, dass der Klient den Spieß herumdreht und behauptet, nicht *er*, sondern *ich* hätte ein Problem. Offensichtlicher kann ein Widerspruch kaum sein, denn schließlich bezahlt mich mein Kunde für die Lösung seiner Probleme, nicht umgekehrt. Diese Form des Widerstands ist deshalb so üblich, weil sie so wirkungsvoll ist, und sie ist wirkungsvoll, weil diese Behauptung manchmal sogar der Wahrheit entspricht. Manchmal ist es tatsächlich der Berater, der ein Problem hat.

Ich zum Beispiel habe einige Probleme, die ich manchmal auf meine Kunden projiziere. Deshalb ist der nächste Schritt auch so wichtig. Unabhängig davon, was im Anschluss passiert, trennt er meine Probleme von denen meiner Kunden.

WIDERSTAND MÖGLICHST NEUTRAL ANSPRECHEN

Damit ich selbst einen klaren Kopf bewahren kann, muss ich das Problem möglichst *neutral* ansprechen. Ich weiß von Sparks, dass eine Lösung nur weiter in die Ferne rückt, wenn man versucht, einem anderen die Schuld in die Schuhe zu schieben. Stattdessen sage ich lieber etwas wie »Es macht mir Schwierigkeiten, dass wir dauernd das Thema wechseln. Könnten Sie mir bitte dabei helfen, mich auf einen Punkt nach dem anderen zu konzentrieren?« Damit vermeide ich, *meinem Gesprächspartner* vorzuwerfen, dauernd vom Thema abzuschweifen. Vielleicht bringe ich ihn ja auf eine mir nicht bewusste Weise dazu. Ich stelle also mein Problem klar, anstatt jemand dafür verantwortlich zu machen.

Wenn ich neutral und sachlich bleibe, kann ich genauere Rückschlüsse aus der Antwort meines Gegenübers ziehen. Bedrängt mich mein Klient zum Beispiel mit Detailfragen, kann ich ihm entgegnen: »Ich denke, wir können das Problem auch ohne dieses Detail anpacken und schlage vor, dass wir vorläufig nur mit den vorliegenden Informationen arbeiten.« Mit dieser sachlichen Aussage drücke ich meine Meinung aus, ohne ihm gegenüber zu behaupten, er brauche die Informationen nicht. Was mein Kunde tatsächlich braucht, kann ich nun wirklich nicht wissen.

Auf eine Reaktion warten

Die neutrale Formulierung des Widerstands ist nichts anderes als ein Kommentar zu dem, was gerade passiert. Dadurch wird die Diskussion von der unterschwelligen Gefühlsebene, auf der der Widerstand stattfindet, auf eine neutralere Ebene verlagert. Mir persönlich fällt es sehr schwer, mich auf neutralem Boden zu bewegen und meinen Mund zu halten. Ich versuche immer, mich auf zwei kurze Sätze zu beschränken, dann warte ich einfach ab.

Und warte.

Und warte.

Und manchmal warte ich noch länger.

Das Warten fällt mir sehr schwer, da mich absolutes Schweigen im Raum ziemlich unruhig werden lässt. Aber den Kunden ergeht es genauso, und es ist ja schließlich ihr Problem, um das es geht, nicht meins. Und irgendwann wird der Zeitpunkt kommen, an dem mein Job erledigt ist und ich sie mit der Umsetzung der Veränderungen alleine lasse, daher können sie genauso gut jetzt schon üben, Verantwortung zu übernehmen. In der Regel tun sie das auch, wenn ich lange genug warte.

Richtig auf Fragen reagieren

Manchmal besteht die einzige Reaktion meines Kunden aus weiterem Widerstand. In diesem Fall wiederhole ich den gesamten Prozess, bis der Klient die wahren Gründe seiner Vorbehalte äußert. Dummerweise lasse ich mich manchmal aus dem Konzept bringen, wenn mein Klient Fragen stellt, selbst wenn es immer wieder dieselben Fragen in leicht abgewandelter Form sind. Mit Fragen kann man einen eifrigen Berater, der auf alles eine Antworten parat hat und sich unbedingt verständlich machen will, leicht aufs Glatteis führen. Um diesen Teufelskreis zu unterbrechen, antworte ich nach bestem Wissen und Gewissen, aber höchsten drei Mal. Alle weitere Fragen deute ich dann als Form des Widerstands und weise auch sachlich darauf hin. Eine mögliche Erwiderung wäre in diesem Fall etwas wie »Ich habe nun drei Fragen beantwortet, aber ehrlich gesagt ist mir nicht klar, worauf Ihre Fragen abzielen.« Dann warte ich wieder ab.

Im Grunde genommen bedeutet diese Aussage nichts anderes als »Wir könnten eigentlich schon sehr viel weiter sein. Weshalb behindern Sie unseren Fortschritt?« In den meisten Fällen sprechen die Klienten dann Punkte an, die sie glauben, aus meinen Ausführungen herausgehört zu haben. Damit kommen wir der Ursache ihres Widerstands schon etwas näher und können gemeinsam daran arbeiten.

WOHER KOMMT DER WIDERSTAND?

Wenn ich den Grund des Widerstands herausgefunden habe, würde ich die Dinge immer am liebsten sofort richtig stellen. Die meisten Menschen haben gewisse Vorstellungen darüber, wie sich Widerstand überwinden lässt, nur dummerweise funktionieren sie bei Beratern nicht.

Eine Bisongeschichte

Neulich gab ich eine Party, um Morton, der eine Ranch mit rund 200 Bisons besitzt, mit einigen meiner Freunde bekannt zu machen. Zu meinen Gästen zählten Jack, ein Mathematiklehrer, Mona, die Chefin einer Werbeagentur, und Wendy, eine Systemanalytikerin in einem Krankenhaus. Morton hatte Grillfleisch für alle mitgebracht, aber wir mussten ziemlich lange warten, bis der Grill richtig heiß wurde. Es dauerte nicht lange, bis alle Gäste leicht verstimmt waren und sich über dieses und jenes beklagten.

Mona grummelte vor sich hin. »Das war vielleicht eine Woche! Ich glaube, ich bin die Einzige, die wirklich hart arbeitet. Meine Leute kommen nicht einmal pünktlich zur Arbeit. Aber ab nächster Woche werde ich andere Saiten aufziehen!«

»Sei froh, dass du keine Lehrerin bist«, erwiderte Jack. »Ich würde auch gerne mal andere Saiten aufziehen, aber vor lauter Vorschriften kann ich überhaupt nichts machen. Meine Schüler tun rein gar nichts, und mir sind die Hände gebunden. Am liebsten würde ich die Prügelstrafe wieder einführen.«

Wendy lachte. »Du hast aber wenigstens noch ein *bisschen* was zu sagen. Einer Systemanalytikerin hört *niemand* zu, geschweige denn macht, was ich sage. Wir haben ein Jahr lang dafür gebraucht, ein neues Computersystem einzuführen, aber die Ärzte und die Krankenschwestern ignorieren es einfach. Wenn ich nur einen Tag Klinikdirektor wäre, würde ich sie schon *dazu bringen*, es zu nutzen!«

Ich konnte sie gut verstehen, doch ich glaube nicht, dass sie sich in meine Lage hineindenken konnten, als ich sagte: »Autor zu sein ist noch viel schlimmer. Du bist zumindest *vor Ort*, Wendy, und hast die Möglichkeit, den Ärzten und Schwestern zu sagen, was du willst. Ich dagegen schreibe mir die Finger wund, doch sobald ein Werk veröffentlicht wird, habe ich keinerlei Einfluss mehr, was damit passiert. Wenn keiner meine Bücher lesen möchte, war alles umsonst. Ich habe echt tolle Sachen geschrieben, und wenn ich nur ein paar wichtige Leute dazu zwingen könnte, sie zu lesen, wäre so viel gewonnen.«

In diesem Moment wies mich Dani freundlich darauf hin, dass es an der Zeit sei, die Bisonburger auf den Grill zu legen, weshalb mir die Reaktion meiner Gäste auf meine traurige Geschichte entging. Andererseits war ich ziemlich froh, dem Ganzen zu entkommen, denn die Stimmung war ziemlich niedergeschlagen.

Die Bisonleine

Die Bisonburger lenkten die Aufmerksamkeit der Gäste glücklicherweise auf Morton. »Schmeckt *ausgezeichnet*«, meinte Mona und wischte sich ein bisschen Soße vom Kinn. »Aber ich habe gehört, dass es ganz schön schwierig ist, Bisons in Gefangenschaft zu züchten.«

»Stimmt«, pflichtete ihr Jack bei. »Ich habe mal irgendwo gelesen, dass Bisons jeden Maschendrahtzaun durchbrechen, als wäre er aus Bindfaden.«

»Man braucht keine Zäune, sondern Bisonleinen«, erklärte Morton.

»Bisonleinen? Habe ich noch nie gesehen! Die müssen ja ziemlich stabil gemacht sein.«

»Die werden gar *nicht gemacht.*«

Nun sah Jack sogar noch verblüffter aus als ich mich fühlte. »Jetzt verstehe ich gar nichts mehr.«

»Ganz einfach, eine Bisonleine ist nichts, was man macht, sondern etwas, das man *weiß.*«

Ich bin zwar stolz auf mein nicht unerhebliches Wissen, aber Bisons gehörten nicht gerade zu meinem Spezialgebiet. Deshalb fragte ich nach: »Und was ist das?«
»Wer Bisons hält, muss nur zwei Dinge wissen, das ist alles. Erstens:

Du kannst einen Bison dazu bringen, überall hinzugehen, solange er selbst dorthin will.

Und zweitens:

Du kannst einen Bison davon abhalten, irgendwo hinzugehen, solange er selbst nicht dorthin will.«

»Das trifft doch auf *alle* Tiere zu«, wandte Wendy ein. »Nur, dass es bei *kleineren* Tieren nicht so wichtig ist. Die bleiben da, wo man sie hinbringt oder gehen dorthin, wohin man sie treibt.«

Wendy brachte mich damit auf etwas, von dem ich glaubte, es könnte sich als nützlich erweisen. Erst vor einigen Tagen hatte ich etwas erlebt, das Wendys Aussage über kleine Tiere genau bestätigte. Ich machte es mir bequem und begann, meine Geschichte zu erzählen.

Eine Hundegeschichte

Dani und ich waren nach Omaha gefahren, um ein Seminar über Kommunikation abzuhalten. Wir trafen bereits am Abend vorher in dem Hotel ein, weil wir am nächsten Tag ausgeruht sein wollten. Doch gerade, als wir uns schlafen gelegt hatten, begann im Nebenzimmer ein Hund wie verrückt zu bellen und zu jaulen.

Als Hundeliebhaber hatten wir Mitleid mit dem armen Geschöpf, das offensichtlich einsam und verlassen in einem fremden Zimmer eingeschlossen war. Ich rief die Rezeption an und schilderte die Situation.

»Das kann nicht sein«, lautete die freundliche Antwort. »Hunde sind im Hotel verboten.«

»Umso schlimmer.«

»In welchem Zimmer soll der Hund denn sein?«

»Das kann ich Ihnen ganz genau sagen! Zimmer Nummer 206.«

»Sie müssen sich täuschen, Nummer 206 ist gar nicht belegt.«

»Dann haben Sie entweder einen nicht eingetragenen Gast oder einen ausgesetzten Hund im Zimmer.«

»Das Bellen muss von draußen kommen. Es ist bestimmt gleich wieder ruhig.«

»Könnten Sie bitte nachsehen, was in Zimmer 206 los ist?«

»Ja, gut. Ich schicke den Techniker rüber, sobald er Zeit hat.«

Ich weiß nicht, womit der Techniker beschäftigt war, aber nach einer halben Stunde hatte er noch immer keine Zeit gehabt. Wir hörten den Hund noch immer jaulen, daher rief ich erneut die Rezeption an. Wieder wurde mir versichert, dass sich der Techniker darum kümmern würde, aber es geschah nichts.

»Ich habe das Gefühl, die *wollen* uns nicht glauben«, meinte Dani schließlich. »Solange du nicht runter gehst und dich aufführst, werden sie nichts unternehmen.«

»Wenn ich da jetzt nackt runter ginge, würden sie bestimmt etwas unternehmen, aber dafür ist es zu kalt. Und wenn ich mich jetzt erst anziehen muss, bin ich so hellwach, dass ich nie wieder einschlafe.«

»Ich bin mir ziemlich sicher, dass keiner nachsehen kommt, wenn nicht einer von uns an die Rezeption geht und die Einrichtung demoliert.«

»Heureka, das ist es!« schrie ich und sprang trockener, aber genauso nackt wie Archimedes aus dem Bett. Dann rief ich die Rezeption an. »Hier noch mal Weinberg, Zimmer 204. Ich rufe wegen des Hundes an. Er bellt immer noch.«

»Der Techniker war bereits in Zimmer 206, Herr Weinberg. Da ist kein Hund.«

»Na ja, vielleicht ist es kein Hund, aber *irgendetwas* ist da drin. Und dieses Etwas ist dabei, durchzudrehen. Bis vor kurzem hat es nur gebellt, aber jetzt …«, ich tat so, als würde ich kurz lauschen, »… hört es sich so an, als würden die Möbel zu Kleinholz verarbeitet.«

»Wie bitte? Dort macht jemand die Möbel kaputt?«

»Zumindest hört es sich aus unserem Zimmer so an. Moment mal bitte. … Ja, ich kann es genau hören, es kracht und scheppert …«

»Herr Weinberg, ich rufe Sie gleich zurück.«

Sie rief natürlich nicht mehr an, aber nach einer halben Minute hörten wir, wie ein Hund aus Zimmer 206 geführt wurde.

Eine Menschengeschichte

»Genau wie Wendy gesagt hat«, meinte Jack, als ich mit meiner Geschichte zu Ende war. »Der Hund wollte nicht allein in dem Zimmer eingesperrt sein, und wenn er ein Bison gewesen wäre, hätte er einfach die Wand durchbrochen.«

Nachdenklich fügte Mona hinzu: »Morton hätte dem Hund bestimmt etwas gegeben, damit er freiwillig in dem Zimmer bleibt. Vielleicht ein Spielzeug oder einen anderen Hund als Spielgefährten.«

»Genau das ist der Trick«, bestätigte Morton. »Ich kenne mich mit Hunden zwar nicht so gut aus wie mit Bisons, aber mir wäre schon was eingefallen, damit der Hund in dem Zimmer bleiben *will.*«

»Im Grunde«, erklärte Dani, »hat Jerry genau diesen Trick bei der Empfangsdame angewendet. Erst als er sie mit etwas köderte, das in ihrem Interesse war, unternahm sie etwas, und das in kürzester Zeit.«

Jack meldete sich zu Wort. »Jerry hatte Glück. Ebenso Morton, der mit so gefügigen Tieren arbeitet. Leider sind meine Schüler nicht halb so gefügig wie Bisons. Lehrer zu sein wäre ein Kinderspiel, wenn man die Kinder dazu bringen könnte, genau das wissen zu wollen, was man ihnen sowieso beibringen will. Aber ich muss mich nach dem *Lehrplan* richten. Wer hat schon die Zeit herauszufinden, was *Kinder* lernen möchten?«

»Genau meine Meinung«, stimmte Mona ihm zu. »Wenn sich meine Mitarbeiter mehr für *meine* Projekte einsetzten, hätte ich auch die Zeit, *ihre* Wünsche kennen zu lernen. Aber da ihnen jegliche Begeisterung für ihre Arbeit zu fehlen scheint, sehe ich keinen Grund, weshalb ich meine Zeit damit vergeuden sollte, über ihre Bedürfnisse nachzudenken.«

»Ich weiß, was du meinst«, meinte Wendy. »Wenn die Ärzte und Schwestern sich nur einmal klar machen würden, wie enttäuschend es für mich ist, dass sie mein System nicht nutzen, und wenn sie wüssten, wie viel mir daran liegt, würde mir mein Job bestimmt mehr Spaß machen. Aber ich weiß nicht, wie ich ihnen das verständlich machen soll.«

Irgendwie waren wir wieder auf die leidige Arbeit zu sprechen gekommen, aber auch ich wollte meinen Standpunkt loswerden. »Wenn sich Menschen wie Bisons verhielten, wäre das Leben eines Schriftstellers ein Zuckerschlecken. Ich müsste meine Botschaften nur an die Interessen meiner Leser anknüpfen. Aber die meisten Leute interessieren sich ja sowieso nicht für die wirklich wichtigen Dinge, sonst würden sie meine Bücher verschlingen wie ihr diese Bisonburger.«

Morton nickte zustimmend und blickte uns langsam der Reihe nach in die Augen. »Hm. Ich bin froh, dass ich es mit Bisons zu tun habe. Ich habe Menschen noch nie so richtig verstanden.«

Zusammen die Ursache entdecken

Die Bisonleine ist der Schlüssel für den Umgang mit Widerstand. Sie nützt jedoch nichts, wenn mir meine Bedürfnisse und Wünsche wichtiger sind als die meiner Kunden. Man sollte meinen, ich wüsste doch, dass meine Kunden natürlich an ihren eigenen Zielen interessierter sind als an meinen, aber ich muss gestehen, dass ich es häufig vergesse. Vielleicht ist der Unterschied zwischen Bisons und Menschen der, dass Bisons aus Erfahrung lernen.

Was für den Berater »Widerstand« ist, ist für den Kunden »Sicherheit«. Wir alle machen Dinge, von denen wir glauben, dass der Gewinn höher ist als der Verlust. Sobald das Risiko eines Scheiterns größer ist als der vermeintliche Gewinn, leisten wir Widerstand. Im Allgemeinen kann man jedoch sagen, dass jede Sache ihre Vorteile, aber auch ihre Nachteile hat. Wenn ich zusammen mit meinen Kunden nach der eigentlichen Ursache ihres Widerstands suche, stellen wir eine Liste mit allen möglichen Vor- und Nachteilen auf. Manchmal befürchte ich dabei, dass ich Nachteile auf den Tisch bringe, an die der Kunde noch gar nicht gedacht hat, doch die Zusammenarbeit mit dem Kunden ist weitaus wichtiger als die Liste selbst.

Die Zusammenarbeit bringt unbewusste Faktoren ans Licht. Klienten überschätzen meiner Erfahrung nach oft die negativen Faktoren, über die nicht gesprochen wird. In Horrorgeschichten werden die Monster auch nie zu detailliert beschrieben, weil sie viel von ihrem Schrecken verlieren, je genauer sie der Leser kennen lernt. Sobald mein Kunde und ich einen potenziellen Verlust genau benennen und beschreiben, löst sich die irrationale Angst davor in Luft auf.

Doch in den meisten Fällen übersehen meine Kunden positive Folgen, was für mich umso verwunderlicher ist, je offensichtlicher ich sie sehe. Die für mich offensichtlichen Vorteile sind jedoch für meinen Kunden manchmal relativ unwichtig, während er anderen größere Bedeutung beimisst, als ich je vermutet hätte. *Meine* Einschätzung der Vorteile spielt überhaupt keine Rolle, daher muss ich sie ihm auch alle offen darlegen.

Alternativen überlegen und ausprobieren

Eine hervorragende Methode, unbewusster Ablehnung auf die Spur zu kommen, ist zu prüfen, wie der Kunde auf Alternativen reagiert. Das könnte zum Beispiel so aussehen:

- »Wäre Ihnen wohler, wenn wir den Termin um ein halbes Jahr verlängern?«
- »Könnten Sie sich mit dem Plan anfreunden, wenn wir die Kosten um dreißig Prozent senken könnten?«

- »Was wäre, wenn wir das Projekt ohne zusätzlchen Personalaufwand durchführen könnten?«
- »Was halten Sie davon, wenn wir statt des rechnergesteuerten Vorgangs nur die manuellen Arbeitsabläufe ändern?«
- »Gibt es *eine* Sache, die wir in diesem Plan ändern können, damit Sie sich dabei wohler fühlen?«

Gerade die letzte Frage kann viel bewirken, doch viele Klienten sind so in der »Realität« verwurzelt, dass ihnen das vielleicht Mögliche als völlig unmöglich erscheint. Doch in diesem Stadium geht es ja nicht um das eigentliche Problem, sondern um die Ursache des Widerstands, weshalb man Kunden dazu bringen muss, sich auf Gedankenspiele einzulassen. Manchmal gelingt das mit dieser Frage: »Sagen wir mal, eine gute Fee würde Ihnen einen Wunsch zu diesem Plan gewähren. Was würden Sie sich wünschen?«

Manchmal gelingt es mir, die Verteidigungslinie des Unterbewusstseins zu durchbrechen, indem ich meinem Kunden sage: »Ich weiß, dass Ihnen nichts einfällt, was wir an unserem Plan ändern sollten, aber wenn Ihnen etwas einfallen würde, was wäre das?« Es ist zwar völlig widersinnig, aber in mehr als der Hälfte der Fälle führt diese paradoxe Frage direkt zum Kern des Widerstands. Das muss wohl daran liegen, dass die Sprache unseres Unterbewusstseins paradox ist.

Es gibt noch eine Methode, das Unterbewusstsein auszutricksen, und das ist die Frage nach den positiven Aspekten, wie zum Beispiel »Was gefällt Ihnen an unserem Plan am besten?« Sobald sie beantwortet ist, können Sie die nächste stellen. »Und was gefällt Ihnen am zweitbesten?« Auf diese Weise werden die auf Ablehnung stoßenden Aspekte des Plans dadurch erkennbar, dass sie nicht erwähnt werden.

WIDERSTAND IM VORAUS VERMEIDEN

Falls Sie einmal in eine Sackgasse geraten, versuchen Sie das Gespräch über Änderungspläne zu beenden und stattdessen über Beständigkeit zu reden, das heißt, Sie fragen nicht, was der Meinung des Kunden nach geschehen soll, sondern was auf keinen Fall geschehen darf. Ich stelle dann immer Fragen wie »Wenn wir diesen Plan umsetzen, was soll dann auf jeden Fall unverändert bleiben?«

Wenn mir derartige Fragen einfallen, bevor ich meinen Kunden mit Änderungsplänen verunsichere, kann ich unter Umständen jeglichen Widerstand im Voraus vermeiden. Im Grunde ist die Überwindung des Widerstands eine Aufgabe, die ich bereits zu Beginn eines Auftrags hätte erledigen müssen, wenn ich gleich verstanden hätte, was mein Kunde will. Daher können sämtliche beschriebene Methoden sowohl vor als auch nach dem Zeitpunkt, zu dem Widerstand entsteht, eingesetzt werden.

Unsicherheiten minimieren

Das Wichtigste an der letzten Frage ist, was *auf jeden Fall* unverändert bleiben soll. In etwa 90 Prozent aller Fälle entsteht Widerstand aus Unsicherheit, was durchaus verständlich ist, da es ja um die Zukunft geht. Niemand weiß, was in der Zukunft geschieht, aber meistens können Kunden es besser einschätzen als Berater. Menschen, die Risiken realistisch betrachten, werden in der Regel keine Berater.

Widerstand, der durch Unsicherheit entsteht, kann mit Methoden zur Risikominimierung überwunden werden. Aus diesem Grund sind Terminverlängerungen Balsam für die Seele des ängstlichen Kunden, der instinktiv um die Gefahr der Zeitbombe weiß: Die Zeit verwundet alles Heil. Bei der Erwähnung einer Terminverlängerung atmen alle Beteiligten hörbar auf, mit einer Ausnahme: derjenige, der unter Termindruck steht.

Der Wunsch nach mehr Zeit kann einerseits tatsächlich die Notwendigkeit nach mehr Zeit, andererseits aber auch der Wunsch, Unsicherheiten auszuräumen, sein. Um was es sich wirklich handelt, kann ich herausfinden, indem ich allgemeine Unsicherheiten reduziere, zum Beispiel über die Einzelheiten des Plan. Da ich bei meiner Arbeit meist intuitiv vorgehe, fragen sich meine verblüfften Kunden oft, wovon zum Teufel ich eigentlich die ganze Zeit rede. Erst neulich brachte mich ein Kunde auf den Boden der Tatsachen zurück, als er mich fragte: »Sie sprechen die ganze Zeit von 30 … Was meinen Sie eigentlich? 30 Arbeitskräfte oder 30.000 Euro?« Kein Wunder, dass ich auf Widerstand stoße, wenn ich mich so undeutlich ausdrücke.

Auch wenn ich sämtliche Unsicherheiten, die sich auf meine Ausführungen beziehen (unterschätzen Sie das nicht!), aus dem Weg geräumt habe, bleibt immer ein Rest an Unsicherheit übrig, der sich nicht restlos klären lässt. Kann sich mein Klient damit nicht abfinden, versuche ich, in meinem Plan einen Schutz gegen dieses Restrisiko einzubauen. Bei landwirtschaftlichen Hilfsprojekten in Entwicklungsländern wird ähnlich vorgegangen, wenn sich Landwirte davor scheuen, neue Methoden einzusetzen. Stimmt der Landwirt der vorgeschlagenen Methode zu, wird ihm die Erstattung eines eventuellen Einkommensverlust zugesichert, falls dieser sich auf die neue Methode zurückführen lässt. Erzielt er dagegen ein höheres Einkommen, kann er den Überschuss behalten.

Mit dieser Art der Absicherung drückt man aus: »Falls sich Ihre Befürchtungen bewahrheiten sollten, werde ich dieses oder jenes unternehmen, um Ihren Schaden wieder gutzumachen.« Die Wiedergutmachung muss nicht unbedingt finanzieller Art sein.

Einer meiner Klienten nahm seinen Geschäftspartnern die Angst vor einem riskanten Projekt, indem er ihnen schriftlich einen anderen Auftrag zusicherte, sollte das Projekt vorzeitig eingestellt werden. Ein anderer verteilte Gutscheine für firmeninterne Schulungen zu einem beliebigen Zeitpunkt über ein frei wählbares Thema. Beide Male konnten sich die Beteiligten sicher sein, dass sie keinen persönlichen Verlust erleiden würden, falls die Projekte scheitern sollte.

Den Weg frei machen

Wenn es darum geht, Widerstand zu überwinden, ist vor allem eines wichtig: Er darf sich auf keinen Fall festsetzen. Daher darf ich dem Widerstand meines Kunden niemals eigenen Widerstand entgegenbringen. Es kann zwar sein, dass ich aus einem argumentativen Schlagabtausch als Sieger hervorgehe, doch damit kann ich den Kunden in eine Situation manövrieren, in der er sich als Verlierer sieht, falls er seine Meinung ändert. Das Risiko, im Hier und Jetzt sein Gesicht zu verlieren, scheint schwerwiegender zu sein als in der Zukunft ein paar Millionen Euro zu verlieren.

Für mich ist es noch schlimmer, mein Gesicht zu verlieren, denn mein »Gesicht« bedeutet in diesem Fall das Unternehmen meines Kunden, und die Millionen, die auf dem Spiel stehen, gehören nicht mir. Kommt es aufgrund von Widerstand zu einem Stillstand bei der Umsetzung eines Plans, stehen die Chancen zwei zu eins, dass es an mir und nicht an meinem Klienten liegt. Dann muss ich erneut den Ursachen des Widerstands auf den Grund gehen und am besten bei mir selbst anfangen.

Noch einmal, mein Ziel lautet, meinen Kunden bei der Lösung ihrer Probleme zu helfen und nicht, meine überragende Intelligenz oder meinen stärkeren Willen unter Beweis zu stellen. Als Berater bin ich nur zu einem Bruchteil am Erfolg oder Misserfolg meines Klienten beteiligt, weshalb Größenwahn völlig fehl am Platz ist.

Gelingt es mir nicht, den Widerstand meines Kunden zu überwinden, versuche ich, es nicht persönlich zu nehmen, sonst erreiche ich nur, dass mein Kunde weiterhin Widerstand gegen meine Vorschläge leistet oder um des lieben Friedens willen einlenkt, was völlig am Sinn der Sache vorbeigeht. Wenn wirklich gar nichts mehr geht, ist es am besten loszulassen und dem Kunden etwas zu sagen wie »Ich befürchte, ich kann Ihnen nicht helfen. Ich hoffe, dass Sie Ihr Problem lösen können, aber mir fällt wirklich keine andere Möglichkeit mehr ein.«

Ein solches Eingeständnis kostet mich immer sehr viel Überwindung, da ich jedes Mal befürchte, mein Kunde könnte seinen Respekt vor mir verlieren. Meine Angst erweist sich jedoch, wie der meiste Widerstand, fast immer als völlig unbegründet. Ganz im Gegenteil, mein Kunde respektiert mich danach noch viel mehr, weil ich zugeben kann, dass auch ich meine Grenzen habe.

Erstaunlicherweise fällt auch oft der Widerstand meines Kunden in sich zusammen, sobald ich von einem Plan loslasse. Widerstand zu leisten ist nämlich sehr schwierig, wenn man keinen Gegner hat.

11 Marketing für Berater

Kürzlich unterhielt ich mich auf einem Workshop mit Kollegen über unsere Anfänge als Berater. Marty erzählte, dass er als Programmierer in North Carolina tätig war, als sein Unternehmen beschloss, den Hauptsitz nach Philadelphia zu verlegen. Da er nicht umziehen wollte, die Firma aber auf sein Wissen angewiesen war, wurde ihm sein früheres Gehalt dafür angeboten, eine Woche im Monat in Philadelphia zu arbeiten. Da er drei Wochen im Monat nichts zu tun hatte, begann er, sich nach weiteren Kunden umzusehen.

Pamela führte in New York bei einer Bank Schulungen über finanzbezogene Themen für Bankkunden durch. Bei diesen Seminaren beeindruckte sie mit ihren Fähigkeiten viele Führungskräfte, die sie schließlich fragten, ob sie nicht Lust hätte, ihnen bei ihren Ausbildungs- und Schulungsprogrammen zu helfen. Sie kündigte daraufhin ihre Stelle bei der Bank und ist seitdem selbstständige Beraterin für Aus- und Fortbildung – wobei ihr ehemaliger Arbeitgeber zu ihren besten Kunden zählt.

WIE BERATER INS GESCHÄFT KOMMEN

Martys und Pamelas Geschichten sind typische Beispiele. Die meisten Berater verdanken ihren Job mehr oder weniger dem Zufall, und die meisten haben mindestens einen größeren Kunden, wenn sie sich selbstständig machen. In dieser Hinsicht ist Beratung eine spezielle Branche, oder würden Sie rein zufällig eine Boutique, Werkstatt, ein Restaurant oder ein Fitnessstudio eröffnen?

Der »übliche» Weg, sich selbstständig zu machen, besteht darin, sich den Markt anzusehen und einen Plan aufzustellen, wie der Bedarf geweckt oder die bestehenden Bedürfnisse erfüllt werden können. Da jedoch die meisten Berater zu ihrem Job kommen wie die Jungfrau zu ihrem Kind und sich dank ihres ersten Kunden keine Sorgen darüber machen müssen, wie sie ihre Miete bezahlen können, machen sie sich keine Gedanken darüber, wie sie für ihre Dienste werben können – bis sie ihren ersten Kunden verlieren. Dann kommen sie zu mir, um die Gesetze des Marketing zu erlernen.

DIE GESETZE DES MARKETING

Aufträge? Ja, aber wie viele?

Als Erstes gebe ich meinen Kollegen ein Rätsel auf.

> Frage: Was ist der Unterschied zwischen einem erfahrenen und einem unerfahrenen Berater?
> Antwort: Der Anfänger beschwert sich: »Ich brauche mehr Aufträge«, während der alte Hase stöhnt: »Ich brauche mehr Zeit.«

Es ist das Los der Berater, entweder zu viel Zeit und zu wenig Aufträge oder zu viel Aufträge und zu wenig Zeit zu haben, womit wir beim ersten Gesetz des Marketing wären:

> **Ein Berater kennt nur zwei Gangarten: im Leerlauf oder mit Vollgas.**

Die meisten Berater werden zwar oft zu Geschäftsessen eingeladen, aber so etwas wie »genau die richtige Menge an Arbeit« gibt es nicht.

Ich stelle dieses Gesetz als Erstes auf, da jeder Berater wissen sollte, worauf er sich einlässt. Berater, die eher zufällig zu diesem Job kommen, haben kurzzeitig vielleicht wirklich genau die richtige Menge an Aufträgen und erhalten einen ganz falschen Eindruck über die Beratung. Ich kenne keinen einzigen Berater, der dauerhaft immer die richtige Menge an Arbeit hat. Wer sich wünscht, immer genau so viel Arbeit zu haben, dass er gerade gut davon leben kann, sollte einen Imbiss eröffnen oder zur Armee gehen, aber nicht Berater werden.

Wie man am besten neue Kunden gewinnt

Warum ist es denn nicht möglich, immer genau die richtige Menge Arbeit zu haben? Weil Ihre derzeitige Auftragslage zum Teil bestimmt, wie viele Aufträge Sie in Zukunft haben werden. Wenn mich ein Kollege fragt, wie man am besten neue Kunden gewinnt, fällt mir nichts anderes als das zweite Gesetz des Marketing ein:

Die beste Methode, Kunden zu gewinnen, ist Kunden zu haben.

Überflüssig zu erwähnen, dass kein Kollege mit dieser Antwort glücklich ist, schließlich befindet er sich ja gerade im Leerlauf. Hätte er bereits genügend Kunden, würde er mich ja nicht um Hilfe in Sachen Marketing bitten, aber er kümmert sich genau zum falschen Zeitpunkt darum. Der richtige Moment, sich nach neuen Kunden umzusehen, ist, wenn man bis zum Hals in Arbeit steckt.

Jeder Kunde will mit einem erfolgreichen Berater arbeiten, daher ist die beste Eigenwerbung, zusätzliche Aufträge abzulehnen. Da sich Berater oft im Leerlauf befinden, vermitteln sie Kunden leicht den Eindruck, sie würde sich zu eifrig um Aufträge bemühen. Gerät ein Kunde aber an einen Berater, der sich im Vollgasmodus befindet, hält er ihn für etwas ganz Besonderes und will unter allen Umständen diesen und keinen anderen Berater beauftragen. Und selbst wenn dieser im Moment einfach zu beschäftigt ist, ist er beim nächsten Auftrag die erste Wahl.

Aufmerksamkeit erregen

Da die beste Methode, Kunden zu gewinnen, ist, Kunden zu haben, werden die Reichen immer reicher und die Armen immer ärmer. Viele arme Berater sind irgendwann so entmutigt, dass sie das Handtuch werfen. Viele reiche Berater begehen jedoch irgendwann einmal einen Fehler, der sie in den Leerlaufmodus zurückwirft.

Eine Ursache dafür ist, dass Berater im Vollgasmodus leicht vergessen, dass genau jetzt der richtige Zeitpunkt ist, die Werbetrommel zu rühren. Deshalb widme ich all diesen Beratern das dritte Gesetz des Marketing:

Verbringe mindestens einen Tag in der Woche damit, auf dich aufmerksam zu machen.

Berater im Leerlaufmodus haben damit natürlich kein Problem, schließlich haben sie gerade nichts Besseres zu tun. Berater im Vollgasmodus sind dafür zu beschäftigt. Doch wenn ich ihnen klar machen kann, dass sich die Zeiten ändern können, schuften sie umso mehr, um für schlechte Zeiten einen Notgroschen beiseite legen zu können.

Sie übersehen, dass es drei Möglichkeiten gibt, auf sich aufmerksam zu machen: eine, für die man bezahlt, eine, die umsonst ist und eine, für die man bezahlt wird. Werbung ist die Möglichkeit, für die man bezahlen muss und für den Einzelnen von geringem Interesse. Ich kenne keinen selbstständigen Berater, der durch Werbung zu mehr Aufträgen gekommen ist.

Die einzige lohnenswerte Werbeausgabe ist, sich Visitenkarten und Geschäftspapiere drucken zu lassen, damit die Kunden wissen, wie man Sie erreichen kann. Verteilen Sie Ihre Visitenkarten überall, wo Sie umsonst auf sich aufmerksam machen können, zum Beispiel bei Veranstaltungen von Berufsverbänden, bei Besprechungen oder im Flugzeug. Wenn Sie unternehmungslustig sind und ernsthaft vorhaben, einen Tag in der Woche die Werbetrommel zu rühren, fallen Ihnen bestimmt viele Gelegenheiten ein, die Sie nichts weiter kosten.

Sind Sie nicht nur unternehmungslustig, sondern auch geschäftstüchtig, können Sie sich auch dafür bezahlen lassen, um auf sich aufmerksam zu machen. Sofern Sie ein guter Redner sind, werden Ihnen so manche Menschen ein nettes Sümmchen dafür anbieten, Vorträge zu halten. Können Sie gut schreiben, finden sich Zeitschriften, die hungrig auf Ihre Artikel sind. Achten Sie nur darauf, dass Sie als Autor namentlich genannt werden und Ihre Kontaktadresse nicht fehlt. Sind Sie gut als Dozent, werden die Leute dafür bezahlen, an Ihren Seminaren teilzunehmen.

Derartige Tätigkeiten werden für viele Berater zur größten Einnahmequelle. In jedem Fall sichern Sie sich damit aber ein zweites Standbein, sollten die Beratungsaufträge einmal weniger werden. Mir ist zum Beispiel aufgefallen, dass ich mehr an Tantiemen für meine Bücher verdiene, wenn mein Beratungsgeschäft Leerlauf hat. Vielleicht sind Bücher ja so etwas wie Berater für Arme.

Wie wichtig sind Sie eigentlich?

Ich muss zugeben, dass es mir selbst auch nicht leicht fällt, mich an das dritte Gesetz des Marketing zu halten. Ich handele mir nur sehr ungern einen Korb ein, und wenn ich für mich werbe, besteht ja immerhin die Gefahr, dass ich eine Abfuhr erteilt bekomme. Ich stelle mir lieber vor, dass mein Geschäft gut läuft, weil ich eben einfach gut bin und nicht, weil ich Werbung mache. Ich muss nur weiterhin gut sein, dann blüht auch das Geschäft.

Aufgrund meiner Unfähigkeit, der Wahrheit ins Gesicht zu sehen, gibt es das vierte Gesetz des Marketing, das mich immer wieder daran erinnert, dass:

Kunden sind immer viel wichtiger für dich als du es für sie jemals werden kannst.

Manche meiner Kunden machen mehr als zehn Milliarden Dollar Umsatz im Jahr. Wenn sie mir einen Auftrag mit 10.000 Dollar bezahlen, freut mich das sehr, und sie merken diese Summe überhaupt nicht. Einer dieser Großkunden hat Danis Rechnung über 44.000 Dollar gleich zwei Mal bezahlt. Dani rief natürlich sofort dort an, und als ihr endlich jemand glaubte, dass die Rechnung zweimal bezahlt worden war, teilte man ihr mit, dass es am besten wäre, wenn sie das Geld einfach behält. Ein so großes Unternehmen hält sich nicht mit der Rücküberweisung solch kleiner Beträge auf, aber als Einzelperson ist Dani ein zu kleines Unternehmen, um das Geld behalten zu können, daher zog sie den Betrag von der nächsten Rechnung wieder ab.

Ich hatte schon Kunden, die mir zwar versicherten, ich wäre der beste Berater, den sie je gehabt hätten, die mich aber trotzdem von ihrer Budgetliste strichen. Sie hatten Anweisung von oben, ein paar Prozent zu sparen, und wo lässt sich der Rotstift einfacher ansetzen als bei einem externen Berater? Ein höfliches Schreiben oder ein kurzes Telefonat, und die Sache ist erledigt.

Ich habe aus allen möglichen Gründen schon »sichere« Aufträge verloren, und nie hatte es etwas mit meiner Leistung zu tun. Ein Kunde verlegte seinen Geschäftssitz nach Europa, bei einem anderen wurde mein Ansprechpartner versetzt, und sein Nachfolger brachte seinen eigenen Berater mit. Ein Unternehmen wollte meinen Vertrag nicht verlängern, da beschlossen wurde, sämtliche Aufträge unter 5.000 Dollar zu stornieren, da der Verwaltungsaufwand zu hoch sei. Ich hätte liebend gerne meine Preise erhöht, aber leider habe ich zu spät davon erfahren. All diese Kunden bedauerten das Ende unserer Geschäftsbeziehungen sehr, doch sicher keiner mehr als ich.

Anders ausgedrückt, ganz gleich, wie Ihr Geschäft momentan läuft, sollten Sie sich immer an das dritte Gesetz des Marketing halten und einen Tag in der Woche auf sich aufmerksam machen. Zwei Anrufe und ein Schreiben können den Unterschied machen zwischen einem Essen im Hotel Vier Jahreszeiten oder einer Suppe bei der Heilsarmee.

Großkunden

Mit zwei Anrufen und einem Schreiben habe ich tatsächlich einmal an nur einem einzigen Tag ein Drittel meiner Kunden verloren. Manche Berater schaffen es auch, mit nur einem einzigen Anruf alle Kunden zu verlieren, indem sie in eine der üblichsten Fallen für Berater getappt sind: Sie waren so stark von einem einzigen Kunden abhängig, dass sie ohne ihn nicht überleben konnten. Deshalb ist die Beachtung des fünften Gesetzes des Marketing auch so wichtig:

> **Ein einziger Kunde darf nie mehr als ein Viertel aller Aufträge ausmachen.**

Leider ist es ziemlich einfach, in diese Falle zu tappen. Bei einem angestellten Berater ist es sogar unvermeidlich. Dennoch hat ein Angestellter gewisse Vorteile gegenüber einem Freiberufler, denn er erhält Arbeitgeberanteile zu den Sozialversicherungen und hat einen relativ sicheren Arbeitsplätze. Trotzdem sollten sich auch angestellte Berater an obiges Gesetz halten und sich nicht auf einen einzigen Verbündeten in ihrem Unternehmen verlassen.

Manche Berater machen sich mit nur einem Kunden selbstständig und suchen gar keine weiteren. Mein Freund Wesley arbeitete etwa die Hälfte seiner Zeit für viele kleine Kunden, bis ihm einer plötzlich einen Vollzeitvertrag auf zwei Jahre anbot. Die Freude darüber, seine Einkünfte verdoppeln zu können, ließ ihn vergessen, welche Folgen es haben würde, zwei Jahre lang keine anderen Kunden mehr zu betreuen. Wie vorauszusehen war, verlor Wesley alle seine Kunden und musste sich nach den zwei Jahren nach einem neuen Job umsehen. Für ihn war es das Ende seiner Beraterlaufbahn.

Arnolds Erlebnis ist fast noch typischer für unsere Branche. Er hatte sechs gute Kunden und einige Interessenten in petto, auf die er im Notfall zurückgreifen konnte. Als ein Kunde keinen Bedarf mehr an seinen Diensten hatte, bat ihn gleichzeitig ein anderer, mehr für ihn zu arbeiten. Nun hatte er nur noch fünf Kunden, und einen Monat später wiederholte sich das Ganze. Da waren es nur noch vier. Zum Schluss waren es nur noch drei. Als sein größter Kunde, der ihm knapp die Hälfte seiner Einnahmen sicherte, absprang, konnte er sich nicht mehr über Wasser halten. Heute ist er als Immobilienmakler tätig.

Lynnes Lebensweisheit

Hätte Arnold mehr Geld auf dem Konto gehabt, hätte er die Zeit überbrücken und von seinem Ersparten leben können, während er sich um neue Kunden bemühte. Doch wie bei vielen anderen Beratern auch war Sparen nicht so seine Art. Die meisten Menschen kommen auch dann noch ganz gut über die Runden, wenn ihnen plötzlich ein Viertel ihrer Einnahmen fehlt, und genau aus diesem Grund besagt das Gesetz ja auch, dass kein Kunde mehr als ein Viertel zum Gesamteinkommen beitragen soll. Doch finanzielle Gründe allein reichen nicht aus, um das Scheitern vieler Freiberufler zu erklären.

Da Arnold langsam einen Kunden nach dem anderen verlor, wurde jeder einzelne zunehmend wichtiger. Arnold wusste, dass er eigentlich hätte ablehnen müssen, als der Kunde ihn bat, mehr Stunden für ihn zu arbeiten, aber er hatte Angst, auch diesen Kunden ganz zu verlieren. Doch immer, wenn Sie sich zu einem Kunden nicht »Nein« sagen trauen, werden Sie als Berater ein wenig ineffizienter und zudem verliert Ihr Kunden an Respekt für Sie. Damit steigt das Risiko, den Kunden für immer zu verlieren.

Meine kluge Freundin und Beraterin Lynne Grimes sagt immer:

Damit man zu sich selbst als Berater »Ja« sagen kann, muss man zu seinen Kunden auch »Nein« sagen können.

Dieser Tipp ist weitaus wichtiger als alle Gesetze des Marketing zusammen. Deshalb habe ich ihm verdienterweise den Namen Lynnes Lebensweisheit gegeben.

NOCH MEHR GESETZE DES MARKETING

Zufriedene Kunden

Das fünfte Gesetz des Marketing ist *keine* Aufforderung dazu, sich Ihrer Kunden zu entledigen. Ganz im Gegenteil. Wenn Sie sich daran und vor allem auch an Lynnes Lebensweisheit halten, sichern Sie sich den Respekt Ihrer Kunden. Und genau darauf kommt es an, denn das sechste Gesetz des Marketing besagt:

Die beste Werbung ist ein zufriedener Kunde.

Die Wahrscheinlichkeit, dass ein früherer Kunde Ihnen später weitere Aufträge gibt, ist zwanzig Mal so hoch wie die Wahrscheinlichkeit, einen neuen Kunden für sich zu gewinnen – vorausgesetzt, Sie haben gute Arbeit geleistet. Und wenn Sie neue Kunden gewinnen wollen, verdreifachen gute Referenzen Ihre Chancen. Deshalb frage ich zufriedene Kunden grundsätzlich, ob ich sie als Referenz nennen darf.

Trotzdem spielt diese Art der Referenzen eine eher untergeordnete Rolle. Zufriedene Kunden werben auf wesentlich nützlichere Art für mich. Kunde X rief bei mir an, weil ihm ein anderer meiner Kunden während eines Rugbyspiels freundlicherweise von mir erzählt hat. Kunde Y kam zu mir, weil er mich von seinem damaligen Arbeitgeber kannte, bei dem ich vor sieben Jahren bestimmte Kontrollen durchführte. Er war schon damals beeindruckt von meiner Arbeitsweise, und da er nun jemand für dieselbe Aufgabe benötigte, stand es für ihn außer Frage, einen anderen Berater als mich einzuschalten.

Dani gewann einmal einen Neukunden, bei dem zwei »Vermittler« eine Rolle spielten. Kunde Z gab ihr einen Auftrag, da sie ihm von einem anderen Berater empfohlen wurde. Dieser Berater hatte mit einem ehemaligen Kunden von Dani zusammengearbeitet, der in höchsten Tönen von Danis Leistungen schwärmte und deshalb ohne Zögern Klient Z die Daten von Dani gab.

Ich habe mich früher immer gefragt, woher in aller Welt die Leute, die mich aus heiterem Himmel anriefen, meine Telefonnummer hatten. Inzwischen frage ich sie danach. Zum einen verstehe ich dadurch besser, wie Marketing funktioniert (und weiß zum Beispiel, dass neunzig Prozent meiner Aufträge direkt oder indirekt von zufriedenen Kunden stammen), und zum anderen – was genauso wichtig ist – kann ich mich bei demjenigen bedanken, der mich empfohlen hat.

Großzügig verteilen

Wie kommt man denn nun an zufriedene Kunden? Sie wissen ja selbst, dass es Tausende von Möglichkeiten gibt, aber gegen manche wird so heftig verstoßen, dass man ihnen denselben Status wie den Gesetzen des Marketing geben muss.

Zunächst muss man sich klar machen, dass Beratung ein höchst riskantes Unterfangen ist. Eine einzige brillante Idee kann Sie auf einen Schlag reich machen, doch schon bei der nächsten Idee kann es passieren, dass sie Ihnen jemand wegschnappt und sich selbst eine goldene Nase damit verdient, während Sie den Gang ins Armenhaus antreten müssen. Beratung ist nichts für Feiglinge. Wenn Sie die Nerven verlieren, sind Sie nicht mehr in der Lage, kreative Ideen zu entwickeln, sondern quetschen wahrscheinlich ihre alten aus wie Zitronen. Doch wenn Sie nur noch mit einer einzigen Idee arbeiten, sind Ihre Tage als Berater gezählt. Ideen lassen sich zu leicht stehlen.

Einer der Nachteile für einen selbstständigen Berater ist, dass man früher oder später einen Rechtsanwalt konsultieren muss, ein Gang, der den meisten Angestellten erspart bleibt. Rechtsanwälte sind ziemlich gewöhnungsbedürftig, doch glücklicherweise ist meine ältere Schwester Charlotte (Marvins Ehefrau) Rechtsanwältin, weshalb ich mich auch ohne Jurastudium ganz gut mit Recht und Gesetz auskenne.

Das muss ich schon alleine deshalb, weil mich viele Kollegen fragen, ob sie ihren Kunden anzeigen können, weil er ihre Ideen geklaut hat. Meine Standardantwort lautet, dass man jederzeit jeden verklagen kann, dass es aber meiner Meinung mehr Sinn macht, sein sauer verdientes Geld in neue Konzepte zu investieren als in einen langwierigen Prozess. Prozesse sind nur für denjenigen verlockend, der keine Ideen mehr hat. Sofern man nicht selbst Opfer eines Ideendiebstahls geworden ist, erscheint das auch sehr einleuchtend. Ich weiß aus eigener Erfahrung, wie belogen, betrogen und bestohlen man sich fühlen kann. Doch die Wut trübt den Blick für kreative neue Ideen, weshalb ein Prozess die einzige vernünftige Alternative zu sein scheint.

Mir ist es einmal passiert, dass ein Kunde einen von mir verfassten, noch unveröffentlichten Artikel kopiert und veröffentlicht hat, ohne mich als Autor zu nennen. Charlotte versicherte mir, dass eine Klage durchaus gerechtfertigt sei – ich aber vollkommen verrückt sein müsse, wenn ich einen guten Kunden verklage.

Manchmal ist der Ideendiebstahl nicht ganz so offensichtlich. Zum Beispiel, wenn jemand einen Bericht oder ein Diagramm kopiert und möglicherweise einige Kleinigkeiten ändert, oder eine Idee ausfeilt und als die seine ausgibt. In jedem Fall ist meine erste Reaktion immer Wut und der Wunsch, den Mistkerl zu verklagen.

Mittlerweile habe ich jedoch begriffen, dass mein Ärger nur ein Symptom für etwas ganz anderes ist, nämlich das Gefühl, ein Versager zu sein. Ich zweifle an meinen Fähigkeiten, neue Ideen zu entwickeln. Anstatt mich voller Eifer in die Arbeit zu stürzen und neue Ideen auszubrüten, versuche ich verzweifelt, meine alten Ideen zu schützen. Kurz, ich verliere die Nerven.

Ich gebe offen zu, dass ich manchmal die Nerven verliere. Wer sich ständig abstrampelt, nur um nicht zurückzufallen, ist der Strampelei irgendwann überdrüssig. Jeder Berater kommt früher oder später an den Punkt, an dem er sich versucht fühlt, einfach alles hinzuwerfen und vom Ruhm vergangener Tage zu leben. Wann immer ich an diesem Punkt angelangt bin, macht es mich ängstlich, wütend und außerdem arbeitsunfähig. Dann hilft nur eine Ruhepause und Ablenkung, bis ich mich wieder stark genug fühle, in diese Tretmühle zurückzukehren.

Ich lebe von Ideen, nicht von Prozessen. Ich verdiene meine Brötchen damit, neue Konzepte zu entwickeln, nicht damit, der Vergangenheit hinterher zu trauern. Ich denke dann immer an Aristoteles, der einmal gesagt hat: »Eine gute Idee setzt sich erst durch, wenn sie zigmal wiederholt wird.« Das heißt, auch ich habe meine Ideen nicht erfunden, ich »borge« sie mir von anderen und ändere sie so, damit sie meinen Zwecken dienen.

Der Ruhm von gestern ist das Grab von morgen. Da ich nicht lebendig begraben werden möchte, halte ich mich lieber an das siebte Gesetz des Marketing:

Gib ihnen deine besten Ideen.

Ich bemühe mich vor allem darum, dass meine Kunden meine Arbeit fortführen können. Normalerweise werde ich mit ihrer Anerkennung belohnt, und wenn nicht, lieben sie mich zumindest für meine Großzügigkeit. Auf diese Weise steigt die Wahrscheinlichkeit, dass ich weitere Aufträge erhalten oder weiterempfohlen werde.

Unterschied à la Duncan Hines

Allerdings darf man den Kunden auch nicht zu viel geben, denn auch hier lauert Gefahr. Kurz nach dem zweiten Weltkrieg, als Backmischungen auf den Markt kamen, arbeitete ich mit Rudy und den Rüben im Supermarkt. Ich kann mich noch gut daran erinnern, dass ich die Regale mit den Backmischungen nie auffüllen musste. Diese Schachteln blieben im Regal und teilten das Schicksal der Rüben. Keiner wollte sie haben und sie verstaubten langsam, aber sicher.

Doch dann kam die Backmischung der Marke Duncan Hines. Duncan Hines war damals ein bekannter Restaurantkritiker, und in Sachen Backmischung ereignete sich ein kleines Wunder. Während die Staubschicht auf den anderen Packungen immer dicker wurde, gingen die Backmischungen der Marke Duncan Hines weg wie warme Semmeln. Was um alles in der Welt fanden die Hausfrauen nur an einem Restaurantkritiker?

Wie ich später herausfand, gelang es Duncan Hines wie keinem anderen, auf die Psychologie der Hausfrau einzugehen. Die anderen Hersteller warben damit, dass ihre Backmischungen kinderleicht zu verwenden waren: einfach Wasser dazugeben, umrühren, backen – fertig. Doch Hines hatte erkannt, dass kinderleicht *zu* einfach war. Keine Hausfrau, die etwas auf sich hielt, wollte einfach nur Wasser hinzugeben. Das hatte doch nichts mehr mit Backen zu tun!

Hines baute daher einen Schwierigkeitsgrad ein. Bei seinen Produkten musste man unbedingt noch ein Ei dazugeben – ein glitschiges, schleimiges, gelb-weißes, leicht zerbrechliches Ei! Da war auf wundersame Weise das Geschick der Hausfrau gefragt, denn einfach nur Wasser dazugeben, das kann ja wohl jeder. Und wenn unsere Hausfrau ihrer Familie den Kuchen auf den Tisch stellte, konnte sie voller Stolz sagen, »Den habe ich selbst gebacken!«

Duncan Hines entdeckte das achte Gesetz des Marketing, auch bekannt unter dem Namen »Der Unterschied à la Hines«:

Mit dem eigenen Ei schmeckt es besser.

Das »Ei«, das den Unterschied macht, kann natürlich alles sein, solange die Verbraucher ihren Teil dazu beitragen müssen.

Die Grußkartenindustrie hat dieses Gesetz noch weiter verfeinert. Alles, was der Verbraucher zu ihrem Produkt beitragen muss, ist seine Kaufentscheidung. Im Werbespot sagt eine Mutter gerührt zu ihrem Sohn: »Oh, Tommy! Du hast diese Karte wirklich ganz alleine für mich ausgesucht?« Tommy schwillt die Brust, als hätte er die Karte selbst gemalt und ein passendes Gedicht dazu geschrieben. Er hat sie ausgewählt, also ist es seine Karte.

Der Unterschied à la Hines erklärt, weshalb Berater ihre Kunden oft vertreiben, wenn sie doch nichts lieber wollen als neue Kunden. Jedes Mal, wenn ich mich um jeden Preis verkaufen will, versuche ich auf jede Frage eine gute Antwort zu haben. Damit ignoriere ich natürlich das achte Gesetz des Marketing, will heißen, ich gebe meinen Kunden keine Chance, sich an der Entwicklung der Problemlösung zu beteiligen. Wenn meine Antworten schlecht sind, stehe ich dumm da, was ja schon schlimm genug ist. Wenn meine Antworten gut sind, steht mein Kunde dumm da, was mit Abstand noch viel schlimmer ist.

Nichts tun heißt auch, etwas tun

Hier sitze ich nun und versuche, Ihnen mein gesamtes Wissen über Marketing weiterzugeben. Damit verstoße ich prompt gegen das achte Gesetz des Marketing, wie mir Dani eben sagte. Damit Sie ein eigenes Ei dazuzugeben können, stelle ich Ihnen das neunte Gesetz des Marketing vor:

Verbringe mindestens ein Viertel deiner Zeit mit Nichtstun.

Unter »Nichtstun« verstehe ich in diesem Fall, dass Sie nichts tun, was Sie Ihren Kunden in Rechnung stellen können, was die Aufmerksamkeit auf Sie lenkt oder mit geschäftlichem Papierkram zu tun hat. Ansonsten können Sie in dieser Zeit tun, was Sie wollen, und ich nehme an, das Sie dieses Ei liebend gerne selbst dazugeben und daher auch meinen Rat für ausgezeichnet halten.

Weshalb sollte Nichtstun eine wirksame Werbemaßnahme sein? Hier einige meiner Gründe, aber denken Sie daran, auch bei dieser Aufzählung dürfen Sie freilich Ihr Ei hinzugeben:

- Wenn Sie rundum ausgelastet sind, können Sie keine plötzlichen Geschäftschancen nutzen.
- Auch wenn Sie nicht auf jedes Fingerschnippen Ihrer Kunden reagieren sollten, ist es sinnvoll, Zeit für eventuelle Notfälle übrig zu haben.
- Als menschliches Wesen sind Sie anfällig für Unwetter, Unfälle und anderes Unheil, weshalb Sie in Ihrem Terminplan immer etwas Luft für Katastrophen jeglicher Art einbauen sollten.
- Sie sind Ihr einziges Produkt. Ohne Erholungsphasen leiden Sie bald an völliger Erschöpfung oder ersticken Ihre Kreativität im Keim. So oder so, verkaufen können Sie sich dann nicht!
- Wenn Sie sich dem süßen Nichtstun hingeben, lernen Sie, Ihren Kunden nicht zu viel zu geben.

Aber können Sie es sich überhaupt leisten, längere Zeit »nichts« zu tun? Ja, wenn Sie angestellt sind oder Angestellte haben, an denen Sie verdienen. Nein, wenn Sie selbstständig sind, außer Sie lassen sich Ihre Arbeit entsprechend bezahlen.

Na, dann wollen wir das Ganze mal grob überschlagen. Wenn Sie ein Viertel Ihrer Zeit in Werbung investieren, ein weiteres Viertel mit Nichtstun verbringen, können Sie also nur die übrige Zeit in Rechnung stellen. Nehmen wir weiter an, dass etwa die Hälfte Ihres Verdienstes für Fixkosten draufgeht und Sie ein Fünftel Ihrer Gesamteinnahmen für schlechte Zeiten auf die hohe Kante legen möchten. Dann muss Ihr tatsächlicher Rechnungsbetrag fünf Mal so hoch sein wie Ihr Wunscheinkommen. Das haben Sie jetzt nicht verstanden? Macht nichts, vielleicht klappt es ja, wenn wir konkrete Zahlen verwenden. Wenn Sie über das Jahr betrachtet 5 Euro netto die Stunde verdienen wollen, beträgt Ihr Stundensatz 25 Euro. Wenn Sie täglich 200 Euro verdienen wollen, müssen Sie Ihren Kunden einen Tagessatz von 1.000 Euro in Rechnung stellen.

Wenn Sie glauben, dass Sie nicht den fünffachen Satz verlangen können, sind Sie in der Beratungsbranche falsch am Platz, denn wenn Sie weniger verlangen, sind Sie bald ganz raus dem Geschäft.

AUF QUALITÄT SETZEN

Hier noch einmal alle Gesetze des Marketing auf einen Blick:

1. Ein Berater kennt nur zwei Gangarten: im Leerlauf oder mit Vollgas.
2. Die beste Methode, Kunden zu gewinnen, ist Kunden zu haben.
3. Verbringe mindestens einen Tag in der Woche damit, auf dich aufmerksam zu machen.
4. Kunden sind immer viel wichtiger für dich als du es für sie jemals werden kannst.
5. Ein einziger Kunde darf nie mehr als ein Viertel aller Aufträge ausmachen.
6. Die beste Werbung ist ein zufriedener Kunde.
7. Gib ihnen deine besten Ideen.
8. Mit dem eigenen Ei schmeckt es besser.
9. Verbringe mindestens ein Viertel deiner Zeit mit Nichtstun.

Diese Gesetze verraten Ihnen, wie Sie neue Kunden gewinnen und Ihre alten halten können. Wenn Sie sich an diese Gesetze halten, werden Sie bald mehr zu tun haben als Ihnen lieb ist, das heißt, Sie befinden sich im Vollgasmodus. Die Folge ist, dass Sie die Werbung vernachlässigen, bis bei Ihnen Leerlauf herrscht. Wenn es nur diese beiden Gesetze des Marketing gäbe, befänden Sie sich schon bald in einem Teufelskreis wie seinerzeit Sisyphus.

Meine Schwester hat hart geschuftet, um überhaupt Rechtsanwältin zu werden, dann kämpfte sie ebenfalls hart darum, Erfolg zu haben und jetzt steckt sie bis über beide Ohren in Arbeit. Eines Tages überreichte ihr ein Mandant (der Ehemann in einem lukrativen Scheidungsfall) eine Liste mit sämtlichen Haushaltsgegenständen für die Aufteilung. Beim Durchlesen sprangen ihr folgende Zeilen ins Auge:

Bezeichnung: 1 Flasche Spülmittel
Zustand: zu einem Drittel voll
Aufbewahrungsort: unter der Küchenspüle
Rechtmäßiger Eigentümer: Ehemann

In diesem Augenblick beschloss Charlotte, niemals mehr Scheidungssachen anzunehmen.

Wie Charlotte oder jeder andere Firmengründer auch gehen wir Selbstständige davon aus, dass der Zweck von Werbung ist, mehr Aufträge an Land zu ziehen. Das mag vielleicht am Anfang der Selbstständigkeit zutreffen, aber der erfahrene Berater denkt ganz anders darüber. Und damit wären wir beim zehnten Gesetz des Marketing angelangt:

Auf Qualität, nicht auf Quantität setzen.

Ich nenne dieses Gesetz auch Charlottes Gesetz. Ich bin sogar der Meinung, dass es wichtiger ist als Marvins medizinische Mysterien und die anderen neun Gesetze des Marketing zusammengenommen. Ganz gleich, ob Sie Rechtsanwalt, angestellter Berater oder ein Techniker sind, es gibt entweder Leerlauf oder Vollgas, aber nichts dazwischen. Hält der Leerlauf zu lang an, sind Sie über kurz oder lang aus dem Geschäft. Geben Sie dauernd Vollgas, machen Sie bald Ihre erste Million. Doch die meisten Millionäre langweilt ihr Geld.

Eines Tages wird Sie eine halb leere Flasche Spülmittel zum Grübeln bringen, ob Geld wirklich alles ist, worauf es ankommt. Sie werden sich fragen: »Kann das denn alles sein?« Ab diesem Moment geht es nicht um die Frage »Wie komme ich an mehr Aufträge«, sondern um die: »Will ich das überhaupt?«

Von da aus ist es nur noch ein kleiner Schritt zur nächsten Frage: »Wie komme ich an Aufträge, die es wirklich wert sind, erledigt zu werden?« So befremdend es klingen mag, diese Gesetze des Marketing eignen sich noch besser dazu, Sie glücklich zu machen als dazu, Sie reich zu machen.

12 Einen Preis auf Ihren Kopf aussetzen

Oscar Wilde sagte einmal, dass wir Menschen den Preis von allem, aber den Wert von nichts kennen. Seit Wildes Zeiten ist das noch viel schlimmer geworden, denn nun kennen wir nicht einmal mehr unseren eigenen Preis. Jedenfalls nicht wir Berater. Es mag zwar vereinzelt Berater geben, die sich absolut sicher sind, den richtigen Preis für ihre Leistungen zu fordern, aber ich habe noch keinen von dieser Sorte kennen gelernt.

Diese Tatsache macht das leidige Thema Geld natürlich zu einem wichtigen Thema in einem Buch, das sich an Berater wendet. Andererseits muss man sich vorsichtig an dieses Thema herantasten, da viele Berater glauben, es läge unter ihrer Würde, sich über Geld Gedanken zu machen. Für mich ist Vorsicht geboten, da ich Gefahr laufe, Leser zu verlieren, wenn ich über Geld spreche. Vielleicht ist eine Aussage wie »Verlangen Sie den fünffachen Satz Ihres Wunschhonorars« gerade noch akzeptabel, aber wenn ich konkreter werde, verstoße ich gegen sämtliche Regeln des guten Geschmacks.

Da ich in meinem Buch aber wahrscheinlich sowieso schon einige Male zu weit gegangen bin, ist es zu spät, sich über guten oder schlechten Geschmack den Kopf zu zerbrechen. Am besten tarnen Sie das Buch jetzt mit einem unauffälligen Umschlag und lesen einfach weiter, denn in den folgenden Abschnitten geht es nur noch um das geschmackloseste aller Themen: der Preis der Beratung.

SEX UND DAS ERSTE GESETZ DER PREISGESTALTUNG

Ich wuchs im Mittleren Westen Amerikas auf, zog aber später nach Kalifornien um. Das ist zwar schon eine ganze Weile her, aber ich kann mich noch deutlich an meinen Schock erinnern. Neben dem Meer, dem Wetter, dem Verkehr und dem Smog schockierte mich am meisten, wie die Kalifornier, zum Beispiel meine Nachbarin Greta, mit Tabuthemen umgingen. Was mir aufgrund der dünnen Wände von ihrem Sexualleben verborgen blieb, breitete Greta genüsslich bei einem Schwätzchen über den Gartenzaun aus. Aber das war noch nicht alles. Greta arbeitete für eine Kosmetikfirma und plauderte liebend gerne über die Geheimnisse des »Geschäfts mit der Haut« – wie sie es bezeichnete. Ich erinnere mich noch so gut an den Tag, als sie mir eine Geschichte über die Preispolitik ihrer Firma verriet. Im Bibelgürtel des Mittleren Westens sprechen anständige Leute nicht über solche Dinge.

Gretas beschämende Geschichte drehte sich um einen Lippenstift, den ihre Firma über kleinere Supermärkte im ganzen Land vertreiben wollte. Trotz des Billigpreises von etwa einem Dollar erwies sich der Lippenstift als Flop und wurde wieder aus dem Handel genommen. Dummerweise gab es einen riesigen Lagerbestand, der dem Unternehmen einen erheblichen Verlust bescheren würde. Dann kam jemand auf die geniale Idee, den Preis auf fünf Dollar anzuheben, und den Lippenstift in schickeren Läden anzubieten. Gesagt, getan. Der Plan ging auf und der Lagerbestand war schon nach zwei Wochen restlos ausverkauft.

Was ist das Faszinierende an der Preisgestaltung? Nun ja, ebenso wie Sex findet sie hinter verschlossenen Türen statt, verbraucht jede Menge Energie und hat unvorhersehbare Folgen. Was uns am Sex am meisten fasziniert, ist die Tatsache, dass er für jeden Menschen unterschiedliche Bedeutung haben kann – und zwar gleichzeitig. Sex ist eine Fortpflanzungsmethode, eine Ausdrucksform der Liebe, eine Möglichkeit, Macht und Kontrolle auszuüben, körperliche Betätigung, ein aufregendes Spiel, ein Geschäft, eine Form der Selbstbestätigung und macht außerdem jede Menge Spaß. Mit Ausnahme der körperlichen Betätigung lässt sich dasselbe über die Preisgestaltung von Beratern sagen. Und damit wären wir auch schon beim ersten Gesetz der Preisgestaltung:

Die Preisgestaltung hat viele Funktionen und an Geld zu kommen, ist nur eine davon.

Wie wir noch sehen werden, läuft derjenige, der sich nur auf den finanziellen Aspekt konzentriert, Gefahr, sich zum falschen Preis zu verkaufen.

Image und das zweite Gesetz der Preisgestaltung

Hinter dem Lippenstift, der sich für einen Dollar nicht verkaufen lässt, aber für fünf Dollar zum Verkaufsschlager wird, steckt dieselbe psychologische Taktik, die für manche Berater gilt. Wer sich als weltberühmte Autorität auf einem Gebiet bezeichnet und für einen Hungerlohn arbeitet, verwirrt die Klienten mit einer sehr widersprüchlichen Botschaft. Schließlich ringen sie sich mühsam dazu durch, einen Außenseiter ins Unternehmen zu holen, womit sie gegen ihren Instinkt und ihren Selbsterhaltungstrieb handeln, und das Mindeste, was sie erwarten, ist die absolute und beruhigende Gewissheit, den besten aller Berater zu bekommen. Und es ist ja wohl völlig ausgeschlossen, den Besten für einen Hungerlohn zu gewinnen. Zumindest glauben sie das, und daher lautet das zweite Gesetz der Preisgestaltung:

Je mehr sie dir zahlen, umso mehr lieben sie dich.

Innerhalb eines vernünftigen Rahmens gilt daher: Je höher der Preis, umso mehr Aufträge. Die Höhe des Preises sollte natürlich nicht übertrieben werden, sonst wird man Sie zwar lieben, aber nicht engagieren.

Sie könnten zwar dann Ihre Preise wieder senken, aber denken Sie daran, dass sich das zweite Gesetz der Preisgestaltung auch so ausdrücken lässt:

Je weniger sie dir zahlen, umso weniger respektieren sie dich.

Ab und zu engagiere ich mich ehrenamtlich und halte dann zum Beispiel eine kostenlose Vorlesung an der Universität. Für Aufträge dieser Art brauche ich die doppelte Vorbereitungszeit, und sie sind mit wesentlich mehr Stress verbunden als andere Jobs, die mir das Doppelte meines üblichen Honorars einbringen. Es fängt schon damit an, dass mich vor dem Vorlesungstermin mindestens drei Universitätsmenschen anrufen, um mir genaue Anweisungen zu geben, was ich bei meinem »Auftritt« zu tun hätte – und alle drei geben mir natürlich ganz unterschiedliche Anweisungen. Sobald dann endlich alles geklärt ist und ich um eine schriftliche Auftragsbestätigung bitte, kann ich mir sicher sein, dass diese erst in allerletzter Minute bei mir eintrudelt und die Vereinbarungen plötzlich wieder ganz anders lauten. Im Laufe der Jahre reifte in mir die Überzeugung, dass Universitäten und ehrenamtliche Organisationen zwei Drittel ihres Personals damit beschäftigen, das übrige Drittel vor der Infektion mit neuen Ideen zu schützen. Als Außenstehender, der möglicherweise ansteckende Ideen in die sterile Umgebung schmuggelt, stelle ich natürlich eine nicht unerhebliche Bedrohung dar.

Bezahlt mich ein Klient jedoch außergewöhnlich gut, habe ich normalerweise absolute Handlungsfreiheit, denn aufgrund des hohen Preises ist mein Klient davon überzeugt, dass ich am besten weiß, was er braucht. Und weil ich offensichtlich ein sehr hohes Tier bin, werden sämtliche Details schnell und unbürokratisch geklärt.

Diese Erfahrungen legen nahe, dass der Preis eine Art Filter ist. Ich kann dem nur zustimmen. Wenn Sie einem potenziellen Kunden einen Preis nennen, von dem Sie glauben, dass Sie ihn wert sind, den er aber für übertrieben hält, verliert er den Respekt vor Ihnen, wenn Sie sich herunterhandeln lassen. Und das ist nicht das einzige Problem: Da solche Kunden glauben, Sie wären Ihren Preis nicht wert, verplanen sie jeden einzelnen Moment Ihrer Arbeitszeit im Voraus. Man wird Ihnen einen kühlen Empfang bereiten, was an sich schon frustrierend ist, doch vor allem ist es ein eindeutiges Zeichen dafür, dass diese Kunden keinen Ihre Vorschläge annehmen werden. In gewisser Weise haben Kunden dieser Sorte irgendwie Recht: Sie *sind* nicht sehr viel wert – zumindest nicht für sie. Aus diesem Grund sollen Sie niemals für Kunden arbeiten, die Ihren regulären Preis nicht zahlen wollen.

WICHTIGER ALS GELD: DAS DRITTE GESETZ DER PREISGESTALTUNG

Nehmen wir einmal an, Sie möchten mit einem Kunden zusammenarbeiten, der Ihr übliches Honorar aber einfach nicht zahlen kann. Lassen Sie sich durch das zweite Gesetz der Preisgestaltung nicht entmutigen: Sie können trotzdem dafür sorgen, dass Sie respektiert werden, indem Sie einen angemessenen Preis festlegen. Das dritte Gesetz der Preisgestaltung besagt nämlich:

Der Preis besteht nur zum geringsten Teil aus Geld.

Dieses Gesetz ist insbesondere für *angestellte* Berater wichtig, damit sie trotz des Festgehaltes ebenso respektiert werden wie ihre besser bezahlten freiberuflichen Kollegen. Sehen wir uns einmal an, was es Ihren Kunden außer Geld noch so »kostet«, Ihre Dienste in Anspruch zu nehmen. Es kostet ihn Überwindung, die Existenz eines Problems zuzugeben, es kostet ihn Mühe, den Auftrag für Sie genehmigen zu lassen, es kostet ihn Schwierigkeiten, Terminpläne zu ändern, es kostet ihn viel Überzeugungskraft, die richtigen Leute zu Ihrer Unterstützung zusammenzutrommeln, und nachdem Sie wieder weg sind, kostet es ihn Arbeit, Ihre Empfehlungen umzusetzen.

Indem es sich Ihre Klienten etwas kosten lassen müssen, das für *sie* von Wert ist, haben Sie im Endeffekt Ihren Preis erhöht, selbst wenn Sie keinen Cent mehr bekommen. Wenn Ihre Kunden für Ihren Besuch Zeit und Mühe investieren, werden sie Ihnen volle Aufmerksamkeit schenken, sobald Sie vor Ort eintreffen. Die Gefahr dabei ist nur, dass Sie möglicherweise ganz unabsichtlich mehr verlangen, als Ihre Kunden zu geben bereit sind, auch wenn dabei keine hohen Geldsummen im Spiel sind.

HONORARALTERNATIVEN: DAS VIERTE GESETZ DER PREISGESTALTUNG

Mit dem Wissen, dass der Preis viel mehr ist als Geld, können Sie Ihr Honorar auf unterschiedliche Weise erhöhen, ohne dass Ihr Kunde mehr bezahlen muss. Als Autor kann ich mein Einkommen aus einem Kundenbesuch erhöhen, indem ich meine Bücher dabei verkaufe. Als Berater kann ich mir manchmal Kontakte mit potenziellen Kunden vermitteln lassen, auf die Dienste einer großen Computerabteilung zurückgreifen oder eine umfangreiche Bibliothek nutzen. Viele dieser Vorteile bieten sich auch für angestellte Berater und sind gerade für Festgehaltempfänger von großem Nutzen.

Wenn ich auf Reisen bin, bekomme ich oft Gegenden und Orte zu sehen, die ich schon immer mal sehen wollte. Sofern ich mir einen freien Tag oder ein freies Wochenende einrichten kann, bitte ich meine Kunden, mir die Sehenswürdigkeiten vor Ort zu zeigen. Wir haben meist viel Spaß miteinander, vertiefen unsere Beziehung und ich lerne immer etwas Neues kennen. Universitäten sind in dieser Beziehung besonders angenehm, da mich meistens einige Studenten unter ihre Fittiche nehmen. Studenten sind eine ungezwungenere Bande als Professoren und wissen, was gerade hip ist.

Mit der richtigen Planung ist ein Job an einer Universität aus beruflicher Sicht viel mehr wert als schnöder Mammon. Ohne guten Plan fühlt man sich jedoch leicht schamlos ausgenutzt, bis auf das letzte Körnchen Wissen ausgesaugt und danach vor die Türe gesetzt, um alleine zum Flughafen zu irren, wobei man sich auf dem Weg dorthin schwört, niemals wieder den Fuß in eine Universität zu setzen.

Ich betrachte meinen Beruf als eine gute Möglichkeit, mich kostenlos weiterzubilden, und wo ginge das besser als in einer Universität? Indem ich Gespräche mit fähigen Leuten arrangiere, bekomme ich das Beste, was die Uni zu bieten hat, in Reinform. Und erstaunlicherweise empfinden die meisten Leute diese Gespräche als eine Zusatzleistung meinerseits, nicht als zusätzliche Kosten ihrerseits, womit wir beim vierten Gesetz der Preisgestaltung angelangt wären:

Preisgestaltung ist kein Nullsummenspiel.

Anders ausgedrückt, mein Gewinn muss kein Verlust für die Kunden sein. Ich kann meinen tatsächlichen Preis ohne Imageverlust senken, indem ich mir Vorteile verschaffe, die auch mein Kunde als Vorteil für sich empfindet. So stellen mir zum Beispiel Universitäten manchmal spezielle Personengruppen zur Verfügung, um etwas auszuprobieren. Für mich sind diese speziellen Gruppen eine Art Versuchskaninchen, während sich die Versuchskaninchen selbst als stolze Beteiligte an der Entwicklung neuester wissenschaftlicher Fortschritte betrachten.

Manchmal nutze ich meine Kunden auch direkt als Versuchskaninchen, zum Beispiel, wenn ich für meine eigenen Zwecke Umfragen durchführe. Wenn sie mir nicht meinen üblichen Satz bezahlen können, empfinde ich es als durchaus gerechtfertigt, sie um ihre Teilnahme an meiner Umfrage zu bitten. Doch selbst die Kunden, die mir meinen vollen Preis bezahlen, sind normalerweise nur zu gerne bereit, sich befragen zu lassen. Bei diesen Kunden kann ich diese »Sonderleistungen« sogar in meinem Beratervertrag festlegen, denn sie sind so glücklich, mit mir zusammenzuarbeiten, dass sie (fast) alles tun, worum ich sie bitte. Außerdem haben sie ja auch etwas davon.

GELDMANGEL UND DAS FÜNFTE GESETZ DER PREISGESTALTUNG

All diese Beispiele zeigen, dass der Preis für die eigenen Dienste nur dann sinnvoll festgelegt werden kann, wenn man weiß, was man eigentlich damit erreichen will. Die meisten Menschen denken, es ginge hauptsächlich darum, den Lebensunterhalt zu bestreiten. Das ist ein großer Fehler, und es verstößt gegen das fünfte Gesetz der Preisgestaltung:

> **Nimm keinen Auftrag an, wenn du dringend Geld brauchst.**

Weshalb? Wenn Sie in finanziellen Nöten stecken und das Geld wirklich dringend brauchen, besteht die Gefahr, dass Sie Ihren Preis zu hoch ansetzen, um sich mit diesem einen Job zu sanieren. Oder Sie verlangen zu wenig, weil Sie hoffen, den Auftrag aufgrund des niedrigen Preises zu bekommen. Beides ist schlecht und macht den Preis als nützliches Werkzeug der Beratungstätigkeit zunichte.

Zudem ist es sehr unwahrscheinlich, einen Auftrag, den man ganz dringend braucht, überhaupt zu erhalten, denn der Kunde wird bei den Verhandlungen die Anspannung des Beraters spüren. Und daraus zieht er, nicht ganz zu Unrecht, den Schluss, dass ein Berater, der so dringend einen Job braucht, kein guter Berater sein kann. Und glauben Sie nicht, Sie könnten darüber hinwegtäuschen, denn Gefühle der Nervosität oder Anspannung zeigen sich immer irgendwie. Vielleicht können Ihre Kunden nicht genau sagen, was sie stört, außer dass Sie nicht sonderlich viel Zuversicht oder Autorität ausstrahlen. Auf alle Fälle haben Klienten für Ihre Ängste einen sechsten Sinn.

Und selbst wenn Sie den Job tatsächlich erhalten, sieht es nicht gut für Sie aus. Nehmen wir an, Sie haben einen hohen Preis verlangt, weil Sie auf der Bank endlich mal wieder im Plus sein wollten. Da Sie aber genau wissen, dass Sie zu viel verlangen, versprechen Sie womöglich völlig übertriebene Leistungen, um den Preis zu rechtfertigen.

Verkaufen Sie sich hingegen zu günstig, nützt das Ihrem Kontostand auch nicht viel. Und bei der nächsten Preisverhandlung mit diesem Kunden stecken Sie in ziemlichen Schwierigkeiten.

HONORAR ALS FEEDBACK: DAS SECHSTE GESETZ DER PREISGESTALTUNG

Wenn Sie verzweifelt auf der Suche nach Aufträgen sind, ist es in manchen Fällen am besten, seine Dienste kostenlos anzubieten. Was spricht dagegen, freundlich und direkt zuzugeben, dass Sie neu im Geschäft sind und noch jede Menge lernen müssen und dies auch gar nicht verheimlichen möchten. Einige Kunden werden diese Offenheit zu schätzen wissen und Ihnen eine Chance geben.

Eine andere Möglichkeit wäre, ein Erfolgshonorar zu vereinbaren, das heißt, Ihr Kunde zahlt nur, wenn er mit Ihren Leistungen rundum zufrieden ist. Dies entspricht meiner eigenen Preispolitik, obwohl ich es positiv formuliere. Bei jedem neuen Auftrag erkläre ich meinem Kunden, dass er sein Geld zurückbekommt, falls er nach Auftragsabschluss der Meinung ist, meine Arbeit wäre das Geld nicht wert gewesen.

Wenn man allerdings in finanziellen Nöten steckt, ist es nicht leicht, ein Erfolgshonorar zu vereinbaren, das sich nach einem wirklich ernsthaften Angebot anhört, da die Sache mit der Rückgabegarantie schwer mit Ihrer finanziellen Situation vereinbar ist. Doch wenn Sie Ihrem Kunden glaubhaft versichern können, dass er sein Geld zurückerhält, falls er mit Ihrer Arbeit nicht zufrieden ist, strahlen Sie dadurch auch eine gewisse Zuversicht in Ihre eigene Leistung aus.

Was aber noch weitaus wichtiger ist: Sie stärken auch Ihr Vertrauen in sich selbst. Sobald der Job erledigt ist und der Kunde sein Geld nicht zurückhaben will, wissen Sie, dass Ihre Leistungen einem bestimmten Niveau entsprechen. Sie erhalten zwar auch Feedback, wenn Sie einen guten Vertrag abgeschlossen und gute Arbeit geleistet haben, doch ein Erfolgshonorar ist das unmittelbarste und greifbarste Feedback, das Sie jemals erhalten werden. Und schon alleine deshalb ist für mich das sechste Gesetz der Preisgestaltung die wichtigste Regel:

> **Nimm ihr Geld nicht an, wenn sie mit deiner Arbeit nicht zufrieden sind.**

HONORARE FÜR SONDERVEREINBARUNGEN UND DAS SIEBTE GESETZ DER PREISGESTALTUNG

Der Preis ist mehr als nur Geld, aber andererseits gilt auch:

Geld ist mehr als der Preis.

Das siebte Gesetz der Preisgestaltung besagt, dass Sie die Preisverhandlungen nutzen sollten, um sich optimale Arbeitsbedingungen zu schaffen. Wenn mir mein Kunde zum Beispiel einen bestimmten Abgabetermin vorgibt, fordere ich manchmal einen Aufschlag, der mich für einen möglichen Verdienstausfall entschädigt, falls er es sich anders überlegt. Ein solcher Aufschlag zwingt den Kunden, seine Vereinbarungen mit mir sorgfältig einzuhalten und den Wert meiner Zeit zu respektieren.

Liegt mein persönlicher Besuchstermin beim Kunden noch in weiter Ferne, besteht eine hohe Wahrscheinlichkeit, dass er erst dann mit den Vorbereitungen anfängt, wenn ich vor der Tür stehe. Um so etwas zu vermeiden, kann ich eine Vorauszahlung verlangen, was die Kunden in aller Regel zu einer schnelleren Reaktion motiviert. Sobald das erste Geld geflossen ist, wird den meisten Menschen klar, dass der Auftrag bereits begonnen hat, und die Wahrscheinlichkeit, dass sie tun, was ich ihnen sage, steigert sich erheblich.

Wenn ich unsicher bin, ob ich die geforderte Arbeit überhaupt erledigen kann, sind Teilzahlungen, die an bestimmte Leistungen gekoppelt sind, eine gute Lösung. Auf diese Weise können wir beide jederzeit die Zusammenarbeit beenden, während das Projekt am Laufen ist, ohne dass es als Scheitern oder Versagen betrachtet wird. Als erste Teilzahlung vereinbare ich meistens etwa fünf Prozent der Gesamtkosten. Nach Anschluss dieser Phase verhandeln wir erneut auf der Basis des bislang Erreichten. Eine Teilzahlung macht dem Kunden klar, dass ich mir nicht sicher bin, ob ich sein Problem überhaupt verstanden habe. Daher besteht die erste Projektphase meist ausschließlich aus der Definition des Problems. Die meisten Kunden können nachvollziehen, dass ich nicht in der Lage bin, ein Angebot abzugeben, wenn mir ihre Probleme nicht klar sind.

VERHANDLUNGEN UND DAS ACHTE GESETZ DER PREISGESTALTUNG

Die bisherigen Ausführungen zeigen, dass das Honorar eines Beraters nicht getrennt von seinem Auftraggeber festgelegt werden kann. Das achte Gesetz der Preisgestaltung drückt diese Tatsache explizit aus:

Der Preis ist kein Ding, sondern eine Beziehung, über die verhandelt wird.

Die Anschaffung eines guten Buchs über Verhandlungstaktiken lohnt sich allemal. Für mich hat es sich ganz enorm gelohnt, da ich sowohl das Buch als auch die Verantwortung an meine Sekretärin Judy weitergegeben habe, die seitdem Verträge für mich aushandelt. Im Gegensatz zu mir besitzt Judy ein angeborenes Verhandlungsgeschick, und was noch besser ist, sie kann die höchsten Preise für meine Leistungen fordern, ohne dabei rot zu werden. Dies vermittelt meinen Kunden Zuversicht in meine Fähigkeiten und verhilft mir zu Honoraren, die zehn bis 20 Prozent höher sind als ich es jemals fordern würde.

Judy führt aber nicht nur die Preisverhandlungen, sondern notiert auch sorgfältig sämtliche Vereinbarungen für mich und die Kunden, was Missverständnisse von vornherein ausschließt. Wenn ich die Verhandlungen selbst führe, vergesse ich wichtige Punkte aufzuschreiben oder Berichte zu verfassen. Judy hat so etwas noch nie vergessen und mir damit jede Menge Ärger und Missverständnisse erspart.

Mit Judy als Vermittlerin ist es für mich viel einfacher, offen über mein Honorar zu sprechen. Wenn ich eine für mich neuartige Arbeit übernehmen soll, setzen Judy und ich uns zusammen und legen gemeinsam einen Preis fest. Durch diese Vorgehensweise bin dazu gezwungen, laut nachzudenken und mir Zeit dafür zu nehmen, um keine voreilige Entscheidung zu treffen, die ich später zutiefst bereuen könnte.

DAS PRINZIP DES GERINGSTEN BEDAUERNS: DAS NEUNTE GESETZ DER PREISGESTALTUNG

Aus den vielen Diskussionen mit Judy ist ein Prinzip entstanden, an das ich mich immer halte, wenn ich eine völlig neuartige Aufgabe übernehmen soll. Ich nenne das neunte Gesetz der Preisgestaltung auch das Prinzip des geringsten Bedauerns.

Verlange den Preis, den du in keinem Fall bedauern wirst.

Bei der Honorarvereinbarung gibt es zwei Möglichkeiten: Erstens, der Kunde akzeptiert meinen Preis, ich leiste die vereinbarte Arbeit und werde dafür entsprechend bezahlt, oder zweitens, der Kunde lehnt mein Angebot ab, ich arbeite nicht für ihn und werde nicht bezahlt. Das neunte Gesetz der Preisgestaltung besagt, dass ich einen Preis verlangen soll, der mich weder den ersten noch den zweiten Fall bedauern lässt.

Das neunte Gesetz kann ich nur anwenden, wenn ich weiß, wie ich über Geld,

Zeit, Anfahrten, und unterschiedliche Tätigkeiten denke. Sagen wir einmal, ein Kunde bietet mir einen Auftrag an, der mich nur mäßig interessiert. Nehmen wir weiter an, dass ich vor kurzem einen ähnlichen Job erledigt und 5.000 Dollar dafür erhalten habe. Mir ist noch lebhaft in Erinnerung, dass ich den Auftrag langweilig fand und ich es zutiefst bedauert habe, ihn überhaupt angenommen zu haben.

Aufgrund dieser Erfahrungen erhöhe ich meinen Preis und verlange nun 7.500 Dollar dafür. Wenn der Kunde einverstanden ist und ich den Punkt erreiche, an dem mich die Sache zu langweilen beginnt, kann ich mich damit trösten, dass ich jetzt 2.500 Dollar mehr bekomme und mir anschließend ein paar freie Tage leisten kann. Also hat sich dieser Auftrag für mich gelohnt. Wenn der Kunde mein Angebot hingegen ablehnt, tröstet mich dieser Gedanke, dass ich es zutiefst bereut hätte, wenn ich diesen Job für weniger Geld angenommen hätte.

Wann immer ein Angebot abgelehnt wird und ich mich darüber ärgere, dass ich zu viel verlangt habe, versuche ich beim nächsten ähnlichen Auftrag daran zu denken, etwas weniger zu verlangen. Ärgere ich mich dagegen nicht, wenn der Auftrag nicht zustande kommt, behalte ich meinen Preis bei. Mittlerweile habe ich für jede meiner Leistungen einen Preis festgelegt, für den ich gerne arbeite und von dem ich weiß, dass ich darunter nicht bereit bin, auch nur einen Finger zu krümmen.

Ich achte auch darauf, mein Honorar als wirksames Werkzeug meines Berufs einzusetzen. Ganz gleich, wie sehr ich insgeheim nach einem Job lechze, ich senke meine Preise niemals so weit ab, dass meine Kunden den Respekt vor mir verlieren und mich nicht mehr ernst nehmen. Selbst wenn ich dadurch einen Auftrag bekäme, könnte ich keine Erfolge verbuchen, was ich sehr bereuen würde, egal, was ich dafür bezahlt bekommen habe. Wenn ich zu viel verlange, bereue ich es ebenfalls, da ich mich dann zu Leistungen verpflichtet fühle, die nicht wirklich realistisch sind. Auch dann kann ich keine Erfolge verbuchen, und wenn ich nicht erfolgreich arbeiten kann, bin ich todunglücklich.

HONORAR ALS GEFÜHLSSACHE: DAS ZEHNTE GESETZ DER PREISGESTALTUNG

Der vorherige Abschnitt wirkte vielleicht ein bisschen zu analytisch, aber glauben Sie mir, meine Preisgestaltung hat rein gar nichts Analytisches an sich. Ich überlege mir einfach verschiedene Preise und stelle mir vor, was wäre, wenn mein Angebot abgelehnt wird und ich untätig zu Hause sitze, und was wäre, wenn mein Angebot angenommen wird und ich an dem Projekt arbeite. Ich versetze mich in die jeweilige Situation und achte darauf, wie ich mich dabei fühle. Für mich sind diese Gedankenspiele ein guter

Hinweis darauf, wie ich mich in der tatsächlichen Situation fühlen würde. Die Situation, mit der ich am zufriedensten bin, diktiert meinen Preis.

Wenn Ihnen meine Vorgehensweise etwas unzuverlässig erscheint, finden Sie einen Überblick über die neun Gesetze der Preisgestaltung vielleicht hilfreicher.

1. Die Preisgestaltung hat viele Funktionen und an Geld zu kommen, ist nur eine davon.
2. Je mehr sie dir zahlen, umso mehr lieben sie dich.
3. Der Preis besteht nur zum geringsten Teil aus Geld.
4. Preisgestaltung ist kein Nullsummenspiel.
5. Nimm keinen Auftrag an, wenn du dringend Geld brauchst.
6. Nimm ihr Geld nicht an, wenn sie mit deiner Arbeit nicht zufrieden sind.
7. Geld ist mehr als der Preis.
8. Der Preis ist kein Ding, sondern eine Beziehung, über die verhandelt wird.
9. Verlange den Preis, den du in keinem Fall bedauern wirst.

Wenn Sie sich diese Gesetze durch den Kopf gehen lassen, fällt Ihnen sicherlich auf, dass die Preisgestaltung eher Gefühlssache als Vernunftsache ist. Hinter diesen neun Gesetzen steht daher das zehnte Gesetz der Preisgestaltung:

Preisgestaltung ist eine Gefühlssache des Beraters und des Kunden.

Die Gefühle Ihres Gegenübers sind wichtig, zum Beispiel, für wie dringlich Ihr Kunde seine Probleme empfindet und wo seine Schmerzgrenze bezüglich Ihres Honorars liegt. Wichtig ist vor allem, ein Gefühl dafür zu haben, was Sie Ihrem Kunden wert sind. Das wichtigste Gefühl ist jedoch, wie viel Sie sich selbst wert sind.

In Bezug auf Berater hat sich Oscar Wilde getäuscht. Berater haben gerade deshalb Schwierigkeiten damit, über ihre Preise zu reden, weil sie ihren Wert ganz genau kennen. Oder insgeheim befürchten, ihn genau zu kennen. Wenn Sie Hemmungen haben, sich ein Preisschild auf die Stirn zu kleben, sollten Sie mal Ihr Selbstbewusstsein auf den Prüfstand stellen. Vermutlich sind Sie nicht so viel wert, wie Sie gehofft haben. Andererseits sind Sie vermutlich viel mehr wert als Sie glauben.

13 Vertrauen gewinnen

Die Gesetze der Preisgestaltung machen deutlich, dass der Preis die Arbeitsbedingungen diktiert – ob man den Auftrag erhält oder nicht, ist aber eine andere Sache. Berater sind keine Massenartikel, bei denen es kaum einen Unterschied macht, ob man den einen oder anderen kauft. Berater unterscheiden sich voneinander, und an diesem Unterschied entscheidet sich, wer den Auftrag erhält. Und wer den Auftrag behält. Viele glauben, dass die intelligentesten Berater die meisten Aufträge bekämen, doch es gibt viele Beispiele, die diese Meinung widerlegen.

IMAGE UND DAS ERSTE GESETZ DES VERTRAUENS

Eines dieser Beispiele heißt Jack. Er ist ein hochintelligenter Berater, der gelegentlich Schwierigkeiten hat, seinen Verpflichtungen nachzukommen. Da wir manchmal gemeinsam für Kunden arbeiteten, wurde ich schon häufiger für seine Nachlässigkeit gerügt. Nach einem extrem unerfreulichen Erlebnis dieser Art sprach ich ihn einmal auf sein unzuverlässiges Verhalten an. Er versprach mir, sich zu ändern, aber ich konnte ihm nicht so recht glauben. »Vertraust du mir denn gar nicht?«, wollte er daraufhin wissen.

»Ehrlich gesagt, nein«, antwortete ich. »Weshalb sollte ich? Du hast mich schon so oft angelogen.«

»Aber das stimmt doch gar nicht. Mir ist bloß immer irgendetwas Unvorhergesehenes dazwischen gekommen, und deshalb konnte ich mein Zusagen nicht einhalten.«

»Gut, so können wir das stehen lassen. Du bist also kein Lügner.«

»Also, dann vertraust du mir?«

»Keinesfalls. Was macht das für einen Unterschied, ob du lügst, inkompetent bist oder einfach nur Pech hast? So oder so kann ich mich nicht auf dich verlassen, deine Vereinbarungen einzuhalten.«

Verdienst oder Vertrauen

Jack war ein netter Kerl. Und ein fähiger Berater. Die meiste Zeit war unsere Zusammenarbeit sehr erfolgreich. Doch jede seiner Eskapaden schadete mir mehr als mir zwanzig Erfolge mit ihm nutzten. Und selbst wenn er gute Arbeit leistete, hatte ich immer Angst, er könne wieder etwas verbummeln. Jedes Mal, wenn ich mit Jack zusammenarbeitete, fühlte ich mich verletzlich, machtlos und nicht in der Lage, mich zu schützen. Aus diesem Grund beendete ich unsere Geschäftsbeziehung.

Ähnliches trifft auch für die Beziehung zwischen Beratern und Kunden zu. Sherby zufolge fühlen sich viele Menschen schwach und verletzlich, wenn sie einen Berater hinzuziehen. Kein Wunder, dass sie sich ausgerechnet diejenigen herauspicken, von denen keine Gefahr auszugehen scheint. Berater, die auf der Suche nach neuen Aufträgen sind, sollten weniger über ihr Honorar als vielmehr über den Aufbau eines Vertrauensverhältnisses zu ihren Kunden nachdenken.

Was Erklärungen wert sind

Im Nachhinein glaube ich wirklich, dass Jack nie verstanden hat, warum ich ihm nicht vertrauen konnte. Die Tatsache, dass er mir unbedingt beweisen wollte, dass er kein Lügner ist, zeigt mir, dass er nicht verstanden hat, dass es für mich keinen Unterschied macht, ob er nun lügt oder nicht. Nur für *Jack* machte es einen Unterschied: Mit dem Vorwurf, er sei inkompetent, kratze ich nur an seinen Fähigkeiten, doch der Vorwurf, er sei ein Lügner, war ein Angriff auf seine Integrität. Außerdem zweifelte Jack sowieso nicht an seinen Fähigkeiten. In seinen Augen war er ein bodenständiger, ehrlicher Mensch, der lediglich das Pech hatte, von Lügnern und unzuverlässigen Idioten umgeben zu sein.

Vielen Menschen ist nicht ganz klar, was Vertrauen eigentlich bedeutet, und vielen ist es absolut schleierhaft, wenn man ihnen nicht vertraut. Eine Definition von Vertrauen lautet, »sich fest auf die charakterliche und moralische Integrität oder auf die Fähigkeiten eines anderen verlassen zu können«. Da sich diese Definition auf zwei verschiedene Vertrauensebenen bezieht, ist nicht klar, worauf die Aussage »Ich habe kein Vertrauen zu dir« anspielt. Damit könnte sowohl »ich habe kein Vertrauen in deine Fähigkeiten« gemeint sein als auch »ich habe kein Vertrauen in deine Person «. In jedem Fall bedeutet es aber: »Ich kann mich nicht auf dich verlassen.«

Damit jemand produktiv mit mir zusammenarbeiten kann, muss er einschätzen können, was ich kann und wo meine Grenzen liegen. Ist die Einschätzung falsch, kann die Zusammenarbeit funktionieren. Das Gleiche gilt natürlich auch für meine

*Selbst*einschätzung, bloß mit einem Unterschied: Mit einem anderen kann ich die Zusammenarbeit beenden, falls sie nicht funktioniert, mit mir und meiner Selbsteinschätzung muss ich jedoch für den Rest meines Lebens klar kommen. Auch wenn ich ein Trottel bin, muss ich mit mir leben können. Daher ist es ungeheuer wichtig für mich, mir ein positives Selbstbild zu bewahren, manchmal sogar auf Kosten der Wahrheit. Das wiederum ist das der Grund, weshalb ich einen so übermächtigen Erklärungszwang empfinde, wenn ich jemandem im Stich gelassen habe.

Ich empfinde dieses Erklärungsbedürfnis als etwas, das ich für andere tue, damit sie sich ein besseres Bild von mir machen können, und aus diesem Grund ist die Aussage des ersten Gesetzes des Vertrauens auch ungeheuer schwer zu akzeptieren:

Es interessiert niemanden außer dich selbst, warum du jemanden im Stich gelassen hast.

Andere Menschen bilden sich ihre Meinung über mich durch meine Taten, nicht durch meine Worte.

FAIRNESS UND DAS ZWEITE GESETZ DES VERTRAUENS

Wann immer ein Berater etwas völlig Unerwartetes macht, geht das zu Lasten des Vertrauens, das der Kunde zu ihm hat. Es ist mir im Lauf der Jahre immer wieder passiert, dass ich einen Auftrag verloren habe, sobald mein Kunde die Vermutung hegte, ich würde mich in irgendeiner Weise unzuverlässig verhalten. Noch lange bevor ich die wahre Ursache dafür erkannte, musste ich das zweite Gesetz des Vertrauens am eigenen Leib erfahren:

Vertrauen entsteht über Jahre und schwindet in Sekunden.

Ich empfand es immer als ausgesprochen unfair, keine zweite Chance zu erhalten, meine Vertrauenswürdigkeit unter Beweis zu stellen, da ich ja immer ausgezeichnete Erklärungen parat hatte, weshalb ich den Kunden enttäuschen musste. Irgendwann fiel mir aber auf, dass ich an seiner Stelle genauso handeln würde. Wenn Sie glauben, Sie würden anders reagieren, überlegen Sie sich, ob Sie Ihr Geld auf eine Bank tragen würden, die sich damit brüstet, nur einmal Pleite gegangen zu sein. Oder ob Sie tatsächlich einen entlassenen Mitarbeiter wieder einstellen würden, weil er Sie ja nur einmal bestohlen hat.

Ein Berater stellt einen Risikofaktor für den Kunden dar, da er der dessen Geld, Arbeitsplatz oder Ruf gefährden kann. Der Vertrauensverlust in den Berater ist eine instinktive Schutzmaßnahme des Kunden, mit der er sein eigenes Risiko schmälert, indem er das des Beraters erhöht. Das Wissen darum sollte Anreiz genug für jeden Berater sein, fachliche und moralische Fehltritte zu vermeiden.

VERTRAUENSVERLUST UND DAS DRITTE GESETZ DES VERTRAUENS

Obwohl Kunden in der Regel gar nicht erst zuhören, wenn man ihnen mit Gründen für die eigene Unzuverlässigkeit kommt, wird man selbst leicht als unzuverlässig eingestuft, wenn man dem Kunden nicht richtig zuhört. Ich arbeitete einmal für einen Kunden namens Dewey, der mir untersagte, mit seinem Angestellten Fran zu reden. In dem Moment war ich mit meinen Gedanken jedoch schon bei der Aufstellung eines Arbeitsplans, weshalb ich sein Verbot überhörte. Als ich mich später in aller Unschuld mit Fran unterhielt, schloss Dewey daraus, dass ich hinter seinem Rücken »herumspionierte«. Dewey hielt mich für unehrlich. Ich hielt mich für einen unfähigen Zuhörer.

Erst Jahre später erfuhr ich zufällig, weshalb Dewey mich für unehrlich hielt. Dewey hatte es mir nie direkt gesagt und hatte mich auch nie wieder als Berater engagiert. Dieses Verhalten entspricht dem dritten Gesetz des Vertrauens:

Niemand erzählt dir, dass er dir nicht mehr vertraut.

Und weshalb sollte er auch mit Ihnen reden wollen, wenn er Ihnen nicht mehr vertraut? Diese mangelnde Gesprächsbereitschaft macht es einem Berater nicht gerade leicht, ein Verhalten zu korrigieren, das dem Kunden als nicht vertrauenswürdig erscheint. Liegt das Problem, wie in meinem Fall, darin, dass der Berater schlecht zuhört, ist es doppelt so schwierig. Seit diesem Vorfall bemühe ich mich umso mehr, meinem Klienten zuzuhören. Erstens habe ich meine Fähigkeiten verbessert, sowohl auf der verbalen als auch auf der nonverbalen Ebene zuzuhören. Zweitens arbeite ich, wann immer es mir möglich ist, mit einem Partner, damit einer von uns sich voll auf das Zuhören konzentrieren kann. Drittens vereinbare ich grundsätzlich ein Gespräch nach Projektabschluss, in dem mir der Kunde sagt, ob und weshalb er mit meiner Arbeit zufrieden war oder nicht.

TRICKS UND DAS VIERTE GESETZ DES VERTRAUENS

Was wäre gewesen, wenn ich Deweys Verbot sehr wohl gehört hätte, aber trotzdem mit Fran hätte reden wollen? Vielleicht hätte ich schon irgendwie dafür gesorgt, dass mir Fran rein zufällig über den Weg laufen muss. Und wenn Dewey mich dabei ertappt hätte, hätte ich ein Alibi gehabt – falls er mich dann überhaupt noch zur Rede gestellt hätte. Wahrscheinlich aber hätte er nichts gesagt und (dann ja richtigerweise) den Rückschluss gezogen, ich wäre eine hinterhältige Person, die sein Vertrauen nicht verdient. Ich hätte den Job verloren und mich bis heute gefragt, weshalb eigentlich.

Wie den meisten Menschen ist auch mir klar, dass Vertrauen das Kernstück zwischenmenschlicher Kontakte ist. Deshalb habe ich Jahre meines Lebens damit verbracht, herauszufinden, mit welchen Tricks man arbeiten kann, um sich das Vertrauen anderer zu sichern. Vor jedem neuen Beratungsauftrag tüftelte ich an Strategien, wie ich meinem Klienten Vertrauen einflößen könnte – doch keine schien je gut zu funktionieren. Schließlich war ich an dem Punkt angelangt, an dem mir beim besten Willen keine neue Strategie mehr einfiel, weshalb ich Dani fragte, ob sie irgendwelche Tricks wüsste, um Vertrauen aufzubauen. »Sicher«, lautete ihre Antwort. »Probier's zur Abwechslung doch mal mit Ehrlichkeit.«

Mit einem Mal war meine ganze Sucherei beendet, denn Dani hatte mir den einzig wahren Geheimtrick verraten, vertrauenswürdig zu sein, das vierte Gesetz des Vertrauens:

Der Trick, vertrauenswürdig zu sein, ist, auf alle Tricks zu verzichten.

Mit Danis »Trick« hätte ich auf Deweys Verbot sofort offen und ehrlich reagieren und zum Beispiel sagen können: »Sie möchten doch, dass ich so viel wie möglich über Ihr Unternehmen erfahre. Wenn ich mit bestimmten Mitarbeitern nicht sprechen darf, kann es sein, dass mir wichtige Informationen verborgen bleiben. Sie haben sicherlich gute Gründe, weshalb ich Fran nicht befragen soll, und mir wäre sehr damit geholfen, wenn Sie mir diese Gründe nennen könnten.«

Meine weitere Vorgehensweise würde natürlich von Deweys Antwort abhängen. In zwei früheren Jobs wurde mir aus völlig gegensätzlichen Gründen das Gespräch mit bestimmten Mitarbeitern untersagt, und beide Male hat es sich bewährt, dass ich offen nach den Gründen fragte. Auf beide Fälle möchte ich kurz eingehen.

Im ersten Fall antwortete mir Ronald, der Chef: »Mike ist mit hochbrisanten Aufgaben völlig ausgelastet und hat keine Zeit für Sie. Es würde das Aus für unser Projekts bedeuten, wenn er nicht absolut ungestört weiterarbeiten kann.«

Darauf erwiderte ich: »Nun, wenn Mikes Arbeit so wichtig ist, kann ich verstehen, dass ich ihn nicht stören soll. Ich schlage aber vor, dass wir vielleicht gemeinsam untersuchen sollten, weshalb Sie in einer so brenzligen Lage sind. Was wäre denn, wenn Mike Kopfweh bekäme und früher nach Hause gehen will? Wäre das tatsächlich das Aus für Ihr Projekt?«

Im zweiten Fall erklärte mir die Chefin, Shirley: »Paul sieht grundsätzlich alles negativ und hat immer etwas auszusetzen. Wenn Sie mit ihm reden, werden Sie glauben, ich mache alles verkehrt.«

Ich gab Shirley zur Antwort: »Ich weiß, wovon Sie reden. Solche Leute können die Atmosphäre im Unternehmen vergiften. Ich versteh aber nicht, weshalb Sie sich nicht von Paul trennen, sondern zulassen, dass er mit seiner Art die ganze Firma madig macht und seine Kollegen damit ansteckt. Vielleicht sollten wir gemeinsam untersuchen, weshalb Sie ihn nicht entlassen.«

Trotz der unterschiedlichen Situationen führten meine Reaktionen zum gleichen Ergebnis: Ich ließ mir die Gründe meiner Klienten, mir Gespräche mit bestimmten Mitarbeitern zu verbieten, erklären. Weshalb ich so vorging? Nun, zunächst einmal ist ein Verbot eine ziemlich harte Maßnahme, die nahe legt, dass der Vorgesetzte auf positive oder negative Weise gefühlsmäßig mit dem Betreffenden verbunden ist. Zum anderen muss ich die Beweggründe meines Klienten kennen, sonst erscheinen ihm *beliebige* Handlungen meinerseits möglicherweise völlig unverständlich. In gefühlsmäßig belasteten Situationen darf ich jedoch nichts Unvorhersehbares tun, sonst mache ich das Vertrauen, das mir mein Kunde entgegenbringt, mit einem Schlag zunichte.

Wenn es mir gelingt, die unterschwelligen Gefühle meines Klienten offen zur Sprache zu bringen, ist dies eine stark vertrauensbildende Maßnahme. In beiden Fällen konnte ich mich anschließend mit den wirklich wichtigen Problemen des Unternehmens beschäftigen.

WER LÜGT? DAS FÜNFTE GESETZ DES VERTRAUENS

Ihnen ist sicher aufgefallen, dass ich es in beiden Fällen vermieden habe, mich blind den Aussagen der Firmenchefs anzuschließen. Ich kann meinen Klienten zwar versichern, »dass ich vollstes Verständnis für die Einschätzung der Situation habe, wenn es sich tatsächlich so verhält«, aber ich darf mir noch kein Urteil darüber erlauben, da ich ja nur eine Seite der Medaille kenne – die des Chefs. Man vertraut ja nicht nur auf meine Ehrlichkeit, sondern auch auf meine Kompetenz. Und wenn ich unbestätigte Aussagen als Tatsachen werte, bin ich alles andere als ein vertrauenswürdiger Berater, selbst wenn ich so ehrlich bin wie der Präsident der Vereinigten Staaten von Amerika.

Wenn ich anderer Meinung bin als meine Klienten, muss ich klarstellen, dass ich keine Zweifel an ihrer *Aufrichtigkeit* hege, auch wenn ich ihre *Fähigkeit*, die Fakten richtig zu beurteilen, so lange in Frage stelle, bis ich mein eigenes Urteil fällen kann. Auch mir kann es passieren, dass ich Fakten falsch auslege, also warum soll es anderen nicht ebenfalls so ergehen? Die meisten Menschen können damit leben, dass ein Berater und Außenstehender selbst die Fakten überprüft, an denen es für sie nichts zu rütteln gibt. Stoßen Sie dabei auf heftigen Widerstand, gilt es, diesen zu ergründen gilt, bevor Sie irgendetwas anderes anpacken. Weshalb? Weil Ihre Klienten möglicherweise nicht die Wahrheit sagen? Zweifeln Sie dann nicht doch an ihrer Aufrichtigkeit?

Früher dachte ich immer, meine Klienten würden mich anlügen, wenn sie mir falsche Fakten gaben. Als ich noch jung und unerfahren war, beging ich sogar den schweren Fehler, sie der Lüge zu bezichtigen. Keine Frage, das bedeutete das Ende der Zusammenarbeit. Mittlerweile weiß ich, dass man als Berater nur in den seltensten Fällen belogen wird. Klienten geben mir vielleicht absichtlich eine unkorrekte Information, doch als Lüge würden sie dies niemals bezeichnen. Und damit wären wir beim fünften Gesetz des Vertrauens angelangt:

Kein Mensch ist ein Lügner – seiner eigenen Meinung nach.

Wenn ich feststelle, dass mir jemand falsche Fakten unterbreitet und ich ihn darauf anspreche, bekomme ich in den meisten Fällen Aussagen wie diese zu hören:

- »Ich dachte, es wäre einfacher für Sie, wenn ich das Ganze etwas vereinfache.«
- »Es bringt doch nichts als Ärger, wenn Sie in dieser Sache nachbohren, deshalb habe ich das Ganze etwas beschönigt.«
- »Ich habe Ihnen nichts davon erzählt, weil es völlig irrelevant ist. Schließlich wollen Sie ja nicht nach der berühmten Nadel im Heuhaufen suchen, die Sie noch dazu überhaupt nicht brauchen können.«

Nichts davon – weder das Vereinfachen, das Beschönigen noch das Weglassen von Informationen – wird als Lüge empfunden. Ich verhalte mich ganz ähnlich, wenn ich Kunden, die mit einem sehr komplexen Problem zu kämpfen habe, nur ausgewählte Daten vorlege, da ich ihnen helfen will, den Überblick zu behalten. Doch ich gebe dies unverblümt zu, wodurch meine Kunden die Gelegenheit haben, jederzeit mehr Daten von mir zu fordern, wenn sie das Gefühl haben, sie bräuchten sie unbedingt.

Ich will meine Kunden nicht vor den Folgen des Wandels schützen, das wäre ja ein Verstoß gegen Olgas dritte Offenbarung, sondern davor, in einer Informationsflut unterzugehen. Manchmal passiert es mir allerdings, dass ich meinem Kunden eine wichtige Information versehentlich vorenthalte, was genauso schlimm ist, wie ihn mit so vielen Informationen zu überschütten, dass er die wichtigste übersieht. Ich betrachte mich natürlich keinesfalls als Lügner, und wenn mich jemand als solcher bezeichnet, vertraue ich ihm nicht mehr. Ich denke, meinen Kunden ergeht es ebenso.

SCHUTZ UND DAS SECHSTE GESETZ ÜBER VERTRAUEN

Ich gehe grundsätzlich davon aus, dass mir meine Kunden die Wahrheit sagen – so wie sie sich in ihren Augen darstellt oder wie sie glauben, dass es mir am meisten nützt. Ich habe großes Vertrauen in die Ehrlichkeit meiner Kunden, aber weniger in ihre Fähigkeiten. Das sechste Gesetz des Vertrauens, das auf der Regel »das beste Blatt des Gebers« basiert, drückt es so aus:

Vertrau deinen Kunden – aber heb immer die Karten selbst ab.

Der Plage der Pandora zufolge klappt die Beziehung zwischen Ihnen und Ihrem Klienten nicht, wenn sie gerade neu gebildet wurde. Meiner Erfahrung nach ist zumindest die Kommunikation in der Anfangsphase ziemlich unzuverlässig, weshalb Sie sich vor Fehlkommunikation schützen müssen.

Mit dem »Abheben der Karten« beugen Sie Fehlern Ihres Kunden (oder auch eigenen) vor. Was aber, wenn Sie Ihr Kunde *bewusst* anlügt? Oder Sie absichtlich in die Irre führen will? Da ich mich nie darauf verlasse, von einer einzelnen Person die Wahrheit, die ganze Wahrheit und nichts als die Wahrheit über eine komplexe Situation zu erfahren, sind Lügen eigentlich kein Problem. Ich überprüfe Fakten grundsätzlich aus verschiedenen Perspektiven, und da es in keinem Unternehmen ausschließlich Lügner gibt, erfahre ich am Ende immer die Wahrheit.

Wenn ich auf einen Widerspruch zwischen der Wahrheit und einer bestimmten Aussage stoße, wende ich mich an den betreffenden Gesprächspartner und teile ihm mit: »Ich habe mir notiert, dass Sie mir die Sache so und so geschildert haben, andere Quellen erzählten mir aber, es wäre eher so und so. Könnten Sie mir erklären, wie diese Diskrepanz zustande kommt?« Vielleicht hat er oder sie mich ja wirklich angelogen, wahrscheinlicher ist aber, dass ich eine Antwort oder ein anderer meine Frage missverstanden hat. Weil das Vertrauen zwischen Berater und Klient so wichtig ist, will ich niemandem misstrauen, solange ich mir nicht absolut sicher bin, angelogen zu werden. Ich mag zu dem Schluss kommen, dass ich den Informationen eines bestimmten Klienten nicht trauen kann, doch das ist etwas ganz anderes als seiner Aufrichtigkeit zu misstrauen.

EHRLICHKEIT UND DAS SIEBTE GESETZ DES VERTRAUENS

Das Schlimmste, was einem Berater passieren kann, ist, wenn ihn sein Kunde bittet, es mit der Wahrheit nicht so genau zu nehmen. Vor einigen Jahren bat mich Tim, ein Manager, eine zensierte Version meines Abschlussberichts zu erstellen, die er seinen Mitarbeitern als vollständigen Bericht präsentieren wollte. Ich sagte ihm, dass es mein Job wäre, ihm einen wahrheitsgetreuen und kompletten Bericht vorzulegen, und dass es sein Job wäre zu entscheiden, welche Auszüge daraus er bekannt geben wollte. Tim stimmte mir im Prinzip zu, bat mich jedoch um den Gefallen, zusätzlich die zensierte Version zu erstellen, da er Angst hatte, der Inhalt des vollständigen Berichts könnte über das firmeninterne Schreibbüro verbreitet werden. An sich war dagegen nichts mehr einzuwenden, aber ich weigerte mich dennoch.

Tim war so sauer auf mich, dass ich mir sicher war, niemals wieder einen Auftrag von ihm zu bekommen. Doch ein Jahr später rief er mich an und bot mir einen neuen Auftrag an. Ich beschloss, ihn auf unsere kleine Meinungsverschiedenheit anzusprechen und erinnerte ihn daran, dass er sich das letzte Mal im Zorn von mir verabschiedet hatte.

»Stimmt, ich habe damals vor Wut gekocht«, gab er zu. »Wir haben Ihnen ziemlich viel Geld bezahlt, und Sie wollten mir nicht einmal diesen kleinen Gefallen tun. Ich war so aufgebracht, dass ich Ihnen gar nicht mehr richtig zugehört habe. Erst als Sie gegangen waren und ich mich wieder beruhigt hatte, wurde mir klar, dass Sie Recht hatten.«

Wenn Sie Ihre Klienten nicht belügen, hat das den großen Vorteil, dass Sie sich nicht merken müssen, was Sie genau gesagt haben. In Tims Fall wünschte ich mir allerdings, ich könnte mich daran erinnern, was ich zu ihm gesagt hatte. »Es ist mir ein bisschen peinlich, das zugeben zu müssen, aber ich habe keine Ahnung mehr, was ich damals zu Ihnen gesagt habe.«

Tim lachte. »Wahrscheinlich war es für Sie weniger wichtig als für mich. Sie erklärten mir, es sei Ihr Job, Informationen zu sammeln und auszuwerten, nicht sie zu verpacken. Außerdem meinten Sie, dass Sie schon bald den Überblick verlieren würden, wenn Sie verschiedenartige Bericht zum selben Thema schreiben würden.«

»Ah, jetzt erinnere ich mich wieder«, meinte ich. »Habe ich Ihnen nicht sogar angeboten, auf den Teil meines Honorars zu verzichten, der es Sie kostet, den Bericht von einem externen Schreibbüro erstellen lassen können?«

»Genau, und das hat mich erst recht auf die Palme gebracht. Doch als ich darüber nachdachte, wurde mir klar, dass ich durch Sie die Chance bekommen hatte, etwas

Wichtiges über mein Unternehmen und mich selbst zu erfahren. Wenn ich meinen eigenen Schreibkräften nicht zutraue, Stillschweigen über einen vertraulichen Bericht zu bewahren, habe ich viel größere Probleme als einen unangenehmen Bericht. Daraufhin ist mir klar geworden, dass ich mich ziemlich paranoid verhalten habe.«

Und die Moral von der Geschicht'? Das siebte Gesetz des Vertrauens:

Weiche nie vom Pfad der Tugend ab, selbst wenn der Kunde es verlangt.

Wenn Sie eine solche Bitte ablehnen, bleiben Sie Ihrem Kunden vielleicht als unkooperativ in Erinnerung. Doch wenn Sie seiner Bitte nachkommen, bleiben Sie ihm als Schwindler in Erinnerung. Nichts lässt das Vertrauen schneller schwinden als der Eindruck, man wäre nur dann ehrlich, wenn es um nichts geht.

VERSPRECHEN UND ZWEI WEITERE GESETZE DES VERTRAUENS

Selbst wenn es Ihren Kunden nicht stört, dass Sie es mit der Wahrheit nicht allzu genau nehmen, ist der Ärger für Sie vorprogrammiert. Er erwartet dann nämlich, dass Sie sich auch das nächste Mal wieder auf eine Schwindelei einlassen, wenn er Sie darum bittet. Diese Erwartungshaltung gilt auch für absolut ehrbare Gefallen. Erweist man jemandem heute einen Gefallen, verlässt er sich auch in Zukunft darauf. Janice, die Ausbildungsleiterin eines meiner Kunden, bat mich einmal, 22 Mitarbeiter an einem Workshop teilnehmen zu lassen, obwohl die Teilnehmeranzahl auf 20 begrenzt ist. Ich gab nach, da sie es nicht übers Herz brachte, die beiden überzähligen Mitarbeitern abzuweisen. Ich machte ihr aber klar, dass es ein einmaliger Gefallen, die absolute Ausnahme wäre.

Beim nächsten Workshop hatte Janice wieder 22 Leute angemeldet. Als ich mich weigerte, meinte sie, ich hätte doch beim letzten Kurs auch 22 Teilnehmer zugelassen, und wo denn das Problem sei? Sie konnte sich nicht mehr an meine Worte, sondern nur noch an meine Handlungsweise erinnern, was für sie so gut wie eine generelle Einverständniserklärung bezüglich der Teilnehmerzahl war. Wenn ich nun mein angebliches Einverständnis wieder zurücknehmen würde, wäre ich für sie jemand, auf den man sich nicht verlassen kann.

Durch Erfahrungen wie diese habe ich gelernt, nichts zu versprechen, wenn ich mir nicht absolut sicher bin, es halten zu können. Andererseits kann niemand in die Zukunft blicken, weshalb das achte Gesetz des Vertrauens die bessere Lösung ist:

Am besten, du versprichst gar nichts.

Doch wie soll ein Berater erfolgreich arbeiten, ohne jemals ein Versprechen zu machen? Ist denn ein Auftrag im Grunde genommen nicht auch ein Versprechen? Sicherlich, aber eines, bei dem im Voraus mir und dem Klienten klar ist, dass es nur *vielleicht* eingehalten wird. In meinen Verträgen steht, dass ich versuche, eine bestimmte Leistung zu erbringen, für die ich eine gewisse Summe erhalte, wenn es mir gelingt. Wenn es mir misslingt, bekomme ich auch kein Geld. Ein Vertrag ist aber auch ein *schriftliches* Versprechen, was Sie davor bewahrt, leichtsinnige Versprechen abzugeben, die anders ausgelegt werden können.

Doch selbst die detailliertesten Verträge beinhalten das eine oder andere angedeutete Versprechen, daher ist es eigentlich unmöglich, sich strikt an das achte Gesetz des Vertrauens zu halten. Deshalb geht es immer Hand in Hand mit dem neunten Gesetz des Vertrauens:

Halte immer, was du versprichst.

Ich habe Janice damals lang und breit erklärt, dass die Qualität meines Workshops erheblich darunter litt, wenn zwei Personen mehr daran teilnahmen, doch sie beharrte darauf, dass das auf jeden Fall besser wäre, als zwei Leuten in der letzten Minute abzusagen. Da ich ihr beim ersten Mal mündlich zugesichert hatte, dass es in Ordnung ginge, fühlte ich mich dazu verpflichtet, erneut nachzugeben. Und da sich ja schon herausgestellt hatte, dass Worte allein nichts bewirkten, änderte ich vor dem nächsten Workshop unseren schriftlichen Vertrag. Ich verlangte ein Extrahonorar von 2.000 Dollar pro zusätzlichem Teilnehmer. Janice war damit einverstanden, und seitdem haben an meinen Workshops nie mehr als 20 Leute teilgenommen.

VERTRÄGE UND DAS ZEHNTE GESETZ DES VERTRAUENS

Apropos Verträge: Das bringt mich zurück zu Jack. Jack erzählte mir einmal von einem Kurs über Vertragswesen, in dem der Professor betonte, dass für Verträge nur drei Regeln gelten:

Erstens, machen Sie alles schriftlich.

Zweitens, machen Sie alles schriftlich.

Drittens, machen Sie alles schriftlich.

Diese Regeln sollte sich jeder Berater einprägen. Jack tat es, doch es ging dabei um mehr, als er sich vorstellte.

Machen Sie auf alle Fälle immer alles schriftlich aus, aber glauben Sie ja nicht, dass ein schriftlicher Vertrag das Vertrauen zwischen Ihnen und Ihren Kunden ersetzt.

Ein schriftlicher Vertrag hilft, Missverständnisse zu vermeiden. Sämtliche Verträge, in denen es um Geld geht, müssen schriftlich vorliegen und von beiden Vertragsparteien unterzeichnet werden. Doch wenn das Vertrauensverhältnis gestört ist, nützt auch der beste schriftliche Vertrag nichts. Deshalb sollten Sie das zehnte Gesetz des Vertrauens unbedingt beachten:

Schreib alles auf, aber baue auf Vertrauen.

Für einen Berater ist ein Vertrauensverhältnis ohne schriftlichen Vertrag in jedem Fall besser als ein schriftlicher Vertrag ohne Vertrauensverhältnis zwischen den Partnern, ganz gleich, was Jack von seinem Professor gelernt hat.

VERTRAUEN UND DIE GOLDENE REGEL

Ist es nicht ein schöner Zufall, dass es wie die Zehn Gebote genau zehn Gesetze des Vertrauens gibt? Doch es müsste schon ein sehr seltsamer Zufall sein, wenn alles Wichtige zu diesem Thema in nur zehn Gesetzen ausgedrückt werden kann. Die Zehn Gebote hielten sich zwar erstaunlich lange, aber irgendwann wurden auch sie ergänzt und legten den Grundstein für das Christentum.

Aus diesem Grund scheint es sehr vernünftig, Raum für ein weiteres Gesetz zu lassen. Eines, dass alle die anderen Fälle abdeckt, die von den anderen zehn nicht berührt wurden. Ganz wie das Elfte Gebot … Wie lautet das Elfte Gebot gleich noch mal? Ich vergesse es andauernd. Doch eines weiß ich ganz genau, es ist für all die Fälle gut, die die anderen nicht abdecken.

Ach ja, wenn ich mich nur an das Elfte Gebot erinnern könnte. Dann wäre ich bestimmt in der Lage, ein letztes, allumfassendes Gesetz des Vertrauens zu formulieren. Wenn ich mal Zeit habe, schlage ich es nach. Und mit Sicherheit hätte ich dann die goldene Regel.

14 Wie man andere dazu bringt, einen Rat auch zu befolgen

Wie alt ist eigentlich das Beratergewerbe? Man könnte fast sagen, der erste Berater war die Schlange im Garten Eden, die zu Eva (völlig richtigerweise) sagte, Gott würde sie bestimmt nicht töten, wenn sie von der verbotenen Frucht isst. Klar, die Schlange klärte sie nicht über die Folgen auf, aber ein Berater ist eben nicht perfekt. Deshalb sind auch Berater mitunter auf den Rat anderer angewiesen. Deshalb möchte ich Ihnen in diesem Kapitel die Tipps verraten, die ich selbst von einem meiner Kollegen erhalten habe.

WURZELN

Reisen macht Spaß, aber nach einigen Wochen kehre ich immer wieder gerne zu meinen Wurzeln zurück. Wie Voltaires Candid freue ich mich auf meine kleine Farm und vor allem auf meinen Garten.

Ein Vorteil des Landlebens ist, dass man das Landvolk kennen lernt. Für Stadtmenschen scheint es ewig zu dauern, bis man auf dem Land Freundschaften schließt, da sich die Menschen viel mehr Zeit nehmen und lassen. So kann es gut sein, dass Sie mit Ihrem Nachbarn nebenan – nebenan ist auf dem Land so ungefähr ein Kilometer – erst nach Jahren mehr als ein flüchtiges Wort wechseln. Man winkt sich zwar zu oder grüßt sich mit einem »Hallo«, falls man sich in Hörweite befindet, doch bis man sich einmal über wichtigere Themen wie das Wetter unterhält, vergehen ein paar Jahre.

Andererseits können Sie im Fall von Naturkatastrophen wie Wirbelstürmen, Hagelschauer oder Überschwemmungen auf die tatkräftigen Hilfe Ihrer Nachbarn zählen, die dann wie Heuschrecken in Ihr Haus einfallen und tonnenweise Geräte oder

Lebensmittel anschleppen. Auch in diesen Situationen wird zwar geholfen, aber kaum gesprochen. Wenn Sie keine Hilfe benötigen, genügt ein kurzes Kopfschütteln und ein leises »Danke«, und die Nachbarn verschwinden so schnell wie sie gekommen sind.

Da das Landvolk ziemlich wortkarg ist, hält es das Stadtvolk oft für ungebildet. Nichts liegt der Wahrheit ferner. Jeder einzelne meiner Nachbarn führt ein mehrere Millionen Dollar schweres Geschäft, das wiederum mit zwanzig anderen Unternehmen verflochten ist. Meine Frau und ich besitzen zum Beispiel ein paar Hektar Land, das wir landwirtschaftlich nicht sinnvoll nutzen können. Deshalb haben wir mit unserem Nachbarn John, der sich auf Milchwirtschaft spezialisiert hat, eine Vereinbarung getroffen. Er nutzt unser Land als Weideland oder baut Getreide darauf an, was dem Boden mehr als gut tut. Dafür versorgt er uns mit Stroh und Dünger für unseren Garten und hilft uns ab und an bei verschiedenen landwirtschaftlichen Tätigkeiten. Unsere Vereinbarung ist ein typisches Beispiel für den umfangreichen Tauschhandel unter den Landwirten. Über die Jahre lohnt es sich für alle, obwohl dabei kein einziges Geldstück die Hände wechselt. Wenn uns John den Dünger vorbeibringt, hat das einen weiteren Vorteil für uns, denn dann schaut er sich unseren Garten an. Er schaut nur, denn ungefragt würde er sich nie in unsere Angelegenheiten mischen, aber mit den Jahren haben wir gelernt, ihn um Rat zu fragen. Als ich im letzten Frühjahr Mais ansäte, kam John gerade mit Dünger auf unseren Hof gefahren. Schweigend beobachtete er mich beim Einpflanzen der Samen. Er sagte kein einziges Wort, doch sein Gesichtsausdruck verriet mir, dass ich gut daran täte, ihn um Rat zu bitten.

»Baust du dieses Jahr auch Mais an?«, fragte ich ihn, um das Eis zu brechen.

»Klar«, meinte er. »Soll das Mais sein, was du da gerade anpflanzt?«

»Aber sicher. Sieht man das nicht?«

»So wie du ihn einpflanzt nicht. Hab ich noch nie so gemacht. Wieso machst du das so?«

»Na ja«, verteidigte ich mich schwach, »ich habe gehört, dass man den Samen tief in den Boden stecken und die Erde fest andrücken muss, damit die Pflanzen gut anwurzeln können.«

»Ach ja?«

»Aber sicher«, meinte ich. »Du hast mir doch selbst gesagt, dass die Pflanzen fest anwurzeln müssen, damit sie nicht beim nächsten Sturm herausgerissen werden.«

»Stimmt, habe ich dir gesagt. Ich habe aber nicht gesagt, dass du die Erde so fest andrücken sollst.«

»Aber hier auf der Tüte steht doch auch: Erde fest andrücken.«

»Klar«, meinte er. »Sonst werden die Samen bei nächsten starken Regen weggespült. Aber du stampfst die Erde mit dem Schuh fest. Wie sollen sich denn da Wurzeln entwickeln können? Der Boden muss locker sein, sonst kommen die Pflänzchen erst gar nicht aus dem Boden raus. Dein Feststampfen bringt überhaupt nichts.«

Nachdem John gegangen war, änderte ich meine Anbautaktik in den mittleren Reihen. Den ganzen Sommer lang schaute ich meinem Mais beim Wachsen zu. Vielleicht bilde ich es mir ja nur ein, aber die Pflanzen, bei denen ich den Boden festgestampft hatte, wuchsen nicht so gut wie die anderen. Sie keimten schlecht, und die Pflanzen, die nicht doch noch eingingen, sahen ziemlich kümmerlich aus.

Ein paar Monate später brachte Jack Stroh vorbei, um die Beete damit zu mulchen. Wir vertieften uns in ein Gespräch über meine Bewässerungstechnik, und es lief im Grunde auf dasselbe hinaus wie das letzte Mal. Nach einer geraumen Zeit konnte ich ihm aus der Nase ziehen, dass ich den Mais seiner Meinung nach ertränkte. Ich versuchte ihm zu erklären, dass ich deshalb so viel goss, damit die Wurzeln gedeihen konnte.

John grinste und erklärte mir, es wäre viel besser, den Mais ab und zu ein wenig austrocknen zu lassen, denn dann würden die Wurzeln auf der Suche nach Grundwasser tiefer in den Boden wachsen, wodurch die Pflanzen besser verwurzelt wären und Stürmen besser trotzen könnten. Wenn ich mal keine Zeit zum Gießen hätte, wären die Pflanzen durchaus in der Lage, für sich selbst zu sorgen.

Jack behauptete nie, seine Art, etwas zu tun, wäre die einzig richtige. Er erklärte mir immer nur einige Grundregeln und ging dann wieder seiner Wege. Als ich ihm später erzählte, dass einige Pflanzen eingegangen seien, zuckte er nur mit den Schultern und meinte: »Deshalb baut man ja auch immer mehr an als man eigentlich braucht.«

Dank John und seinen unaufdringlichen Ratschlägen bin ich nun, nach zehn Jahren, ein ganz passabler Hobbygärtner geworden. Mittlerweile ernte ich mit nur einem Drittel des Aufwands drei bis vier Mal so viel wie früher.

BAUERNWEISHEITEN

Als ich gestern an einer Auflistung verschiedener Beraterfachgebiete arbeitete, fiel es mir wie Schuppen von den Augen: Jack ist mein Gartenberater. Zehn Jahre lang ist mir das nie in den Sinn gekommen, was Jack zum idealen Berater macht. Sein Beratungsstil entwickelte sich aus der Art, Landwirtschaft zu betreiben, die ihren Ursprung wiederum in der Beobachtung der Entwicklung von Pflanzen unter unterschiedlichen Bedingungen hat. Ich stellte eine Liste zusammen, was ich von ihm über den Gartenbau gelernt habe und stellte fest, dass sie ein optimaler Ratgeber dafür ist, wie ein Berater sicherstellen kann, dass ein Klient seine Ratschläge befolgt. John hat mir unter anderem Folgendes beigebracht:

1. *Verwende niemals billigen Samen.* Samen sind wie Ideen. Wenn die Pflanze erst einmal gewachsen ist, machen die Kosten für den Samen nur noch einen Bruchteil der Kosten für den weiteren landwirtschaftlichen Betrieb aus. Ähnlich verhält es sich auch mit Ideen. Die Kosten für den ersten Gedankenblitz sind im Vergleich mit den Kosten für die Weiterentwicklung der Idee gering. Prüfen Sie daher, ob Ihre Idee von bester Qualität ist, bevor Sie eine Menge Geld in ihre Kultivierung investieren.
2. *Nur aus einem gutem Boden kann auch etwas wachsen.* Meistens achten wir nur auf das, was aus der Erde herauswächst, doch der wichtigste Vorgang des Wachstums vollzieht sich unsichtbar für uns unter der Erde. In einem schlechten Boden kann selbst der beste Samen nicht gedeihen. Es dauert zwar Jahre, um einen wirklich guten Boden zu bereiten, doch wenn man dann noch einen guten Samen sät, kann man eigentlich nichts mehr verkehrt machen. Im Grunde sollte man sich dann gar nicht mehr einmischen und alles Weitere dem Boden überlassen. Anders ausgedrückt, es kommt vor allem darauf an, den Boden für Ihre Ideen zu bereiten. Die Vorbereitung entscheidet über den Erfolg oder Misserfolg Ihrer Idee.
3. *Auf das richtige Timing kommt es an.* Wird der beste Samen zu früh gesät, bedeutet ein später Frost das Ende des zarten Pflänzchens. Zu spät gepflanzt, bleibt die Pflanze kümmerlich und wird nur wenig Früchte tragen. Landwirte blicken oft gen Himmel, zerkrümeln Erde in der Hand und tun, was immer nötig sein mag, um den richtigen Zeitpunkt zur Aussaat abzupassen. Berater hingegen sprudeln mit ihren Ideen meist schon in dem Moment heraus, in dem sie ihnen durch den Kopf geschossen sind, anstatt abzuwarten, wann der richtige Augenblick gekommen ist.
4. *Nur starke Pflanzen entwickeln eigene Wurzeln.* Keine Pflanze kann groß und stark werden, wenn der Boden um die Wurzeln herum zu fest angedrückt wird. Es ist völlig ausreichend, den Boden zu bereiten, den Samen einzupflanzen und den Dingen ihren Lauf zu lassen. Zu Beginn ist ein wenig Hege und Pflege erforderlich, doch je weniger man das Pflänzchen umsorgt, umso robuster wird es. Das Gleiche gilt auch für Ideen, doch manchmal können wir es einfach nicht lassen und buddeln sie zu fest ein.
5. *Zu viel Wasser schwächt die Pflanze.* Wird zu viel gegossen, bleibt die Pflanze schwach, da sie es nicht nötig hat, ihre Wurzeln tiefer in den Boden wachsen zu lassen. Auch zu viel Dünger ist nicht gut, da die Pflanze dann viele Blätter und Triebe, aber keine Früchte produziert. Wir Berater möchten, dass unsere Ideen viel Unterstützung bekommen, was dazu verleitet, sie übertrieben anzupreisen. Wird eine frisch gebackene Idee zu sehr umhegt und gehätschelt, produziert sie

viel Hektik und Lärm, aber keine Ergebnisse. Wie Pflanzen auch, gedeihen Ideen am besten, wenn sie sich selbst ein wenig anstrengen müssen, um zu überleben.

6. *Ein paar Pflanzen gehen immer ein.* Wenn Sie damit rechnen, dass jede Ihrer Rosen einen Preis gewinnt, wartet eine große Enttäuschung auf Sie. Sind Sie auf jede Pflanze angewiesen, um sich von Selbstangebautem ernähren zu können, werden Sie hin und wieder hungrig zu Bett gehen müssen. Landwirte haben gelernt, mit den für große, komplexe Systeme so typischen Fehlschlägen zu leben und nehmen es niemals persönlich.

Dies sind einige der Geheimnisse, die mir *mein* Berater verraten hat. Ich hätte sie ja zu gerne als Gesetze formuliert, aber ich glaube, John hätte das nicht gefallen. Gesetze entsprechen nicht seinem Stil, und vielleicht wäre ihm aufgefallen, dass Berater möglicherweise zu sehr an ihren Ideen hängen oder gar nicht bemerken, dass es eigentlich viel wichtigere Probleme gibt. Ich werde mal drüber nachdenken, aber jetzt muss ich mich um meinen Garten kümmern.

15 Bücher und noch viel mehr: Wenn Sie immer noch nicht genug haben

Ein Buch macht noch keinen Berater. Ich bin nun seit über dreißig Jahren in diesem Geschäft, habe Tausende von Büchern darüber gelesen und immer noch nicht ausgelernt. Trotzdem ertappe ich mich manchmal dabei zu glauben, dass ich nun aber wirklich alles wüsste, was man als Berater wissen muss und in die Welt hinausziehen und mein Wissen verkünden kann. Deswegen bin ich überzeugt, dass jeder Berater sich sein persönliches Lernprogramm aufstellen und es befolgen sollte.

Zu meinem Programm gehört es, monatlich mindestens ein Buch zu lesen und an mindestens einer Schulung jährlich teilzunehmen. Wann immer es geht, steigere ich mein Pensum und versuche auch, aus meiner täglichen Arbeit zu lernen. Das ist sowieso die beste, wenn auch nicht die einzige Methode. Auch meine Kunden weisen mich oft auf Möglichkeiten hin, etwas dazu zu lernen. Von den meisten Büchern und Workshops habe ich durch meine Kunden erfahren. Logischerweise bitten meine Kunden auch *mich* um Vorschläge, und auf den folgenden Seiten habe ich einige Empfehlungen zusammengestellt, damit Sie noch tiefer in die Geheimnisse der Beratung eindringen können.

EFFEKTIVES DENKEN

Vor langer, langer Zeit schrieb ich eine Arbeit über Denkprozesse und Problemlösungen, beides Themen, die damals noch vom Mysterium der Psychologie angehaucht waren. In den letzten Jahren wurden derartige Themen jedoch endlich als ernst zu nehmend anerkannt, weshalb es inzwischen auch wirklich gute Bücher gibt. Ein schon etwas älteres Buch kann ich Ihnen sehr empfehlen:

Adams, James L. *Conceptual Blockbusting*, San Francisco: W. H. Freeman, 1974

Adams befasst sich mit der Frage, festgefahrene Systeme wieder frei zu bekommen. Empfehlenswert für alle Störenfriede!

Zu den Klassikern gehört mittlerweile auch dieses Buch:

McKim, Robert H. *Experiences in Visual Thinking,* 2. Auflage, Monterey, Kalifornien: Brooks/Cole, 1980

McKim schult das menschliche Gehirn, in Bildern zu denken, um gegen verbale Fallen gewappnet zu sein.

Diese Methode wird im folgenden Buch noch viel detaillierter erläutert:

Waddington, C.H. *Tools for Thought.* New York: Basic Books, 1977

Waddington untersucht eine ganze Reihe von formellen und informellen, alten und neuen Denkwerkzeugen und Hilfsmitteln.

Natürlich sind viele dieser Werkzeuge nur deshalb »neu«, weil wir zu wenig wissen. Mir persönlich haben die Werke der Sufis am besten gefallen, von denen ich auch am meisten gelernt habe. Die Sufis beschäftigen sich schon seit Jahrhunderten mit der belebenden Wirkung von Störimpulsen. Die Sufis sind unter anderem Meister paradoxer Methoden. Wenn Sie selbst noch keine Bücher von den Sufis gelesen haben, empfehle ich Ihnen das folgende Buch wärmstens:

Shah, Idries. *Wisdom of the Idiots.* London: Octagon Press, 1969

Dieses Buch ist wirklich fabelhaft, wie eigentlich alle Bücher von Idries Shah, dem es gelang, den Sufismus auch der westlichen Welt nahe zu bringen.

Ich würde ziemlichen Ärger mit meinem Verlag, aber auch mit meinem Steuerberater kriegen, wenn ich die Gelegenheit nicht nutzte, ein paar meiner eigenen Bücher zu empfehlen. Ein leicht verständliches Buch über Problemlösungen ist:

Gause, Donald C. und Gerald M. Weinberg. *Are Your Lights on?: How to Figure Out What the Problem Really Is.* Boston, Little, Brown, 1982

Wenn Sie Ihren Lebensunterhalt damit bestreiten wollen, Problemlösungen zu entwickeln, müssen Sie sich hundertprozentig sicher sein, dass Sie sich mit dem wahren Problem befassen. Und dazu braucht es als Erstes die Problemdefinition, denn sonst ist gleich am Anfang der Wurm drin. Vor etwa 25 Jahren habe ich ein Buch darüber geschrieben, was mir in den ersten fünf Minuten durch den Kopf schießt, wenn ich mit einer neuen Situation konfrontiert bin, die es insgesamt zu erfassen gilt. Nach fünfzehn Jahren ist dieses Projekt noch immer nicht abgeschlossen. Vier weitere Bände zu diesem Thema sind zumindest geplant. Vorerst können Sie sich ja mit den ersten beiden Bänden vergnügen:

> Weinberg, Gerald M. *An Introduction to General Systems Thinking.* New York: Wiley-Interscience, 1975
> Weinberg, Gerald M. und Daniela Weinberg. *On the Design of Stable Systems.* New York: Wiley-Interscience, 1981

Der Inhalt dieser Bücher ist übrigens schwerer als ihr Gewicht, aber viele Berater haben mir bestätigt, dass sich die Mühe durchaus lohnt. Die Bücher enthalten zwar jede Menge Zahlen, aber keine Angst: Sie dienen lediglich der Entmystifizierung von Themen, die sich gerne hinter Zahlen verstecken.

ARBEIT MIT MENSCHEN

Alle Berater arbeiten mit Menschen zusammen. Daher ist es auf alle Fälle sinnvoll, die zwischenmenschlichen Fähigkeiten zu verbessern, auch wenn Sie auf einem hoch technischen Gebiet tätig sind. Seit über 50 Jahren ist der beste Anfang mit diesem Buch gemacht:

> Carnegie, Dale. *Wie man Freunde gewinnt. Die Kunst, beliebt und einflussreich zu werden.* Droemer Weltbild München, 1982

Die Erstauflage stammt aus dem Jahr 1937, seitdem wurde es mehrfach umgeschrieben und neu aufgelegt, doch im Wesentlichen hat sich am Inhalt nicht viel geändert.

Ein etwas neueres, aber ebenso gut verständliches Buch ist:

> Bolton, Robert. People Skills*: How to Assert Yourself, Listen to Others, and Resolve Conflicts.* Englewood Cliffs, N.J.: Prentice-Hall, 1979

Ganz gleich, wie geübt und erfahren Sie als Berater sind, Sie werden von Bentons systematischer Analyse zwischenmenschlicher Beziehungen unglaublich profitieren. Zumindest erging es mir so.

BERATUNG

Insbesondere, wenn es um die Beratung bei persönlichen Problemen geht, sollte man als Berater über das entsprechende Rüstzeug verfügen. Manchmal rutschen Berater in die Rolle eines Beistands oder gar Rechtsanwalts, ohne recht zu merken, wie ihnen geschieht. Aus diesem Grund kann ich das folgende Buch wärmstens empfehlen:

> Kennedy, Eugene. *On Becoming a Counselor.* New York: Continuum Publishing Co., 1980

Kennedys Buch wendet sich an alle, die sich hin und wieder unfreiwillig in der Rolle eines Rechtsberaters oder Beistands wiederfinden und wenigstens wissen möchten, wie sie keinen Schaden anrichten.

BESPRECHUNGEN

Berater müssen des Öfteren Diskussionen leiten oder organisieren. Die Zeit, die ein Berater in Besprechungen verbringt, kann mit diesem Buch effektiver genutzt werden:

> Doyle, Michael und David Straus. *How To Make Meetings Work.* Chicago: Playboy Press, 1976

Doyle und Straus haben die so genannte »Interaktionsmethode« entwickelt, mit deren Hilfe sich Meetings spielend leicht organisieren und leiten lassen. Sie wird im Detail erklärt und hat mir dabei geholfen, dass meine Kunden sogar aus katastrophalen Besprechungen höchst erfreuliche und sinnvolle Begegnungen machen können.

Es gibt natürlich noch viele andere Bücher über Besprechungen, aber *How To Make Meetings Work* ist mein Lieblingsbuch – mit Ausnahme des folgenden, in dem es aber mehr um Technik geht.

> Freedman, Daniel P. und Gerald M. Weinberg. *Handbook of Walkthroughs, Inspections und Technical Reviews.* 3. Ausgabe, Boston: Little, Brown, 1982

Ein großer Teil meiner Arbeit besteht aus Fortschrittskontrollen eines Projekts. Natürlich kommt dabei auch die Technik zur Sprache, was einerseits sehr positive Folgen haben, aber auch Ängste auslösen kann. Ich halte dieses Handbuch, das als Frage- und Antwortkatalog aufgebaut ist, für einen unentbehrlichen Ratgeber für alle, die regelmäßig an Besprechungen der Fortschrittskontrolle teilnehmen. Okay, ich gebe es ja zu, in dem Fall bin ich nicht unvoreingenommen.

MIT WIDERSTAND UMGEHEN

Ich habe bereits erwähnt, dass alles, was ich darüber weiß, eine Weiterentwicklung der Methoden in diesem Buch ist:

> Block, Peter. *Erfolgreiches Consulting. Das Berater-Handbuch.* Heyne, München, 1999

Dieses Buch ist für alle Berater interessant, wobei der Schwerpunkt auf dem Umgang mit Widerstand und dem richtigen »Vertrag« mit Kunden liegt.

Ein Buch, das speziell vom Widerstand handelt, ist:

> Anderson, Carol M. und Susan Stewart. *Mastering Resistance.* New York: The Guilford Press, 1983

Anderson und Stewart schreiben aus der Sicht von Familientherapeuten, doch wenn Sie den historischen und den theoretischen Teil überblättern, finden Sie sehr wertvolle Tipps für Berater.

DAS FAMILIENMODELL

Das Familienmodell ist für fast jede Beratungssituation hilfreich. Diesen Standpunkt vertritt vor allem Virginia Satir in folgendem Buch:

> Virginia Satir. *Selbstwert und Kommunikation. Familientherapie für Berater und zur Selbsthilfe.* Klett-Cotta, Stuttgart, 2002

und

> Virginia Satir. *Mein Weg zu dir. Kontakt finden und Vertrauen gewinnen.* Kösel, München, 2001

Virginia Satir hat mich und meine Arbeit stark beeinflusst. Das erste Buch von ihr, das ich las, war *Mein Weg zu dir,* in dem sie völlig neue Methoden der Interaktion aufzeigt. *Selbstwert und Kommunikation* ist ein umfassendes Buch, das sich an Familientherapeuten wendet, doch wie alle ihre Bücher ist auch dieses für den Nicht-Akademiker durchaus verständlich.

Virginia Satir bietet auch Workshops an, die von einem Tag bis zu vier Wochen dauern. Viele Kursteilnehmer sind Berater, auch wenn sie nichts mit Familientherapie am Hut haben. Ich kann diese Workshops nur empfehlen.

EXPERIMENTELLE SCHULUNGEN

Es gibt eine Unmenge an experimentellen Schulungen für Leute, die ihren Einfluss auf andere vergrößern möchten. Zwar sind diese Workshops in der Regel teurer als andere, aber wenn sie gut sind, sind sie ihr Geld alle Mal wert. Der Kursleiter sollte allerdings seriös sein und genau wissen, was er tut. Informieren Sie sich ausführlich, bevor Sie an einer derartigen Schulung teilnehmen.

Ich persönlich kann Ihnen Kurse empfehlen, die über das Avanta Netzwerk unter der Leitung von Virginia Satir angeboten werden:

Avanta Network
139 Forest Avenue
Palo Alto, CA 94301

Auch am NTL Institute habe ich einige Kurse belegt, die mir von großem Nutzen waren:

NTL Institute
P.O. Box 9155
Rosslyn Station
Arlington, VA 22209

Es wäre mir eine große Freude, Sie bei Workshops von meiner Frau Dani und mir begrüßen zu können. Bei Interesse schreiben Sie uns:

Weinberg und Weinberg
Rural Route 2
Lincoln, NE 68520

VERTRAUEN

Natürlich können Sie mir vertrauen, wenn ich Ihnen die Workshops von Weinberg und Weinberg empfehle, aber wie war das doch gleich? Besser, Sie heben die Karten selbst ab, oder? Ich kenne nur ein Buch zum Thema Vertrauen:

Gibb, Jack R. *Trust: A New View of Personal and Organizational Development.* Los Angeles: The Guild of Tutors Press, 1978

Sehr lesenswert!

DIE BERATUNGSBRANCHE

Viele Berater haben Bücher über Beratung geschrieben. Blocks *Erfolgreiches Consulting. Das Berater-Handbuch* ist meiner Meinung nach das beste, dicht gefolgt von:

> Steele, Fritz. *Consulting for Organizational Change.* Amherst, Mass.: University of Massachusetts Press, 1975

Sowohl Block als auch Steele gehen eher in die Tiefe, als sich mit allen möglichen Aspekten der Beratung zu beschaffen. Sie konzentrieren sich beide auf die wichtigsten und zugleich schwierigsten Themen. Dennoch bin ich der Überzeugung, dass wir Berater Bücher haben sollten, die sämtliche Themen ansprechen wollen. Eines davon ist dieses hier:

> Lippitt, Gordon und Ronald Lippit. *Beratung als Prozess. Was Berater und ihre Kunden wissen sollten.* Rosenberger Fachverlag, Leonberg, 1999

Obwohl ich vor vielen Jahren einiges von Ron Lippitt gelernt habe, als er mein Lehrer war, hat mir dieses Buch ehrlich gesagt nicht all zu viel gebracht. Möglicherweise liegt es dran, dass es zu weitschweifig ist oder zu theoretisch.

Trotzdem möchte ich nicht, dass all diejenigen Leser zu kurz kommen, die mehr auf intellektuelle und akademische Abhandlungen stehen. Für sie kann ich dieses Buch empfehlen:

> Nadler, David. *Feedback and Organizational Development: Using Data-Based Methods.* Reading, Mass.: Addison-Wesley, 1977

Nadler schreibt über die Datenerhebung in Unternehmen. Ich persönlich ziehe es allerdings vor, mich halb als Beobachter, halb als Mitwirkender bei diesen Datenerhebungsmethoden zu betrachten, aber jeder Berater muss seine eigene Methode entwickeln.

BERATUNG ALS GESCHÄFT

Noch unpersönlicher sind die folgenden Bücher, die Beratung als Geschäft verstehen:

> Greiner, Larry E. und Robert Metzger. *Consulting to Management.* Englewood Cliffs, N.J.: Prentice-Hall, 1983

und

Kelley, Robert E. *Consulting: The Complete Guide to a Profitable Career.* New York: Charles Scribner's Sons, 1981

Mein erster Gedanke bei Büchern wie diese ist: Wer solche Bücher braucht, um Erfolg zu haben, wird jämmerlich versagen. Andererseits weiß auch ich von Beratern, aus denen nur deshalb nichts geworden ist, weil sie sich mit solchen Feinheiten wie Rechnungen schreiben oder Steuererklärungen ausfüllen nicht ordentlich auskannten. Diese Bücher vermitteln die Grundlagen der selbstständigen Tätigkeit als Berater und weisen auf den lästigen, aber notwendigen Papierkram hin, den wir so gerne unter den Tisch kehren würden.

PERSÖNLICHE WEITERENTWICKLUNG

Das Tagebuch

Letztendlich ist das Ego für jeden Berater das wichtigste Werkzeug. Es gibt unzählige Möglichkeiten der Selbstfindung, doch ich halte ein Tagebuch für die beste Methode. Ein Tagebuch kann zu Ihrem ganz persönlichen Berater werden, denn mit seiner Hilfe können Sie sich mit der Zeit ein Bild über Ihre ganz persönliche Weiterentwicklung verschaffen. Ira Progroff ist anerkannte Anführerin der Tagebuchbewegung, weshalb ich Ihnen dieses Buch empfehlen möchte:

Progroff, Ira. *At a Journal Workshop*. New York: Dialogue House Library, 1975

Meiner Meinung nach ist das Führen eines Tagebuchs so hilfreich, dass ich dieser Technik in meinem nächsten Buch, das nächstes Jahr erscheinen soll, ein ganzes Kapitel widmen möchte:

Weinberg, Gerald M. *Becoming a Technical Leader*. New York: Dorset House Publishing Co., 1986

Andererseits brauchen Sie keine Buch zu lesen, um ein Tagebuch schreiben zu können. Besorgen Sie sich ein schönes Heft und schreiben Sie Ihre Gedanken einfach nieder.

Weiterbildung

Aufgrund der unregelmäßigen Arbeitszeiten ist es für Berater schwer, sich auf die übliche Weise fortzubilden. Deshalb sind sie weitaus mehr als andere Berufstätige darauf angewiesen, ihre Fort- und Weiterbildung selbst in die Hand zu nehmen. Aus diesem Grund sollte jeder Berater einen Blick in dieses Buch werfen:

> Gross, Ronald. *The Lifelong Learner.* New York: Simon und Schuster, 1979

Die Ideen und Vorschläge zu beständiger Weiterbildung und Weiterentwicklung lassen sich auch im Terminplan eines Beraters unterbringen und kosten nicht die Welt.

Zufriedenheit

Meine letzten Buchempfehlungen beziehen sich weniger auf bestimmte Themen, sondern ganz allgemein darauf, ein besserer Mensch zu werden. Ich selbst wurde von einigen hervorragenden Autoren beeinflusst, die ich Ihnen gerne vorstellen möchte. Als erstes fällt mir Virginia Satir ein, die ich ja bereits erwähnt habe. Die folgenden drei Bücher von ihr sind wirklich für jeden Menschen eine wertvolle Bereicherung:

> Satir, Virginia. *Kommunikation. Selbstwert. Kongruenz.* Junfermann, Paderborn 1999
>
> Satir, Virginia. *Mein Weg zu dir.* Kösel, München, 2001
>
> Satir, Virginia. *Meine vielen Gesichter.* Kösel, München, 2001

Virginia Satir wurde ihrerseits stark von Carl Rogers beeinflusst – und mir ging es genauso. Auch wenn Sie bislang noch nichts von ihm gehört haben, interessieren Sie sich vielleicht jetzt für seine Bücher:

> Rogers, Carl. *Entwicklung der Persönlichkeit.* Klett-Cotta, Stuttgart, 1998
>
> Rogers, Carl. *Der neue Mensch.* Klett-Cotta, Stuttgart, 1997
>
> Rogers, Carl. *Die Kraft des Guten.* Fischer Taschenbuchverlag, Frankfurt, 1994

Zu guter Letzt möchte ich noch auf Bertrand Russell zu sprechen kommen. Auch wenn er den Nobelpreis für Literatur nicht dem folgendem Buch zu verdanken hat, muss ich doch sagen, dass ich ihm sehr viel zu verdanken habe:

Russell, Bertrand. *Eroberung des Glücks.* Suhrkamp, Frankfurt, 1977

Russell beschäftigt sich auf gewohnt direkte Weise mit der altbekannten Frage, wie man glücklich werden kann. Ihm ist es gelungen, diese Frage befriedigend zu beantworten. Könnte es einen besseren Rat geben?

16 Gesetze, Regeln und Prinzipien

(Seitenzahlen jeweils in Klammer)

Bauernweisheiten (229)	Verwende niemals billigen Samen. Nur aus einem gutem Boden kann auch etwas wachsen. Auf das richtige Timing kommt es an. Nur starke Pflanzen entwickeln eigene Wurzeln. Zu viel Wasser schwächt die Pflanze. Ein paar Pflanzen gehen immer ein.
Bestes Blatt des Gebers (163)	Probieren geht über Studieren, aber es darf dabei niemandem etwas passieren. Vertrau deinen Kunden – aber heb immer die Karten ab.
Bisonleine (180)	Du kannst einen Bison dazu bringen, überall hinzugehen, solange er selbst dorthin will.
Boldensches Gesetz (64)	Fehler, die man nicht reparieren kann, lassen sich immer noch gut verkaufen.
Boulding'sche Rückschlussregel (78)	Alles ist, wie es ist, weil es sich dazu entwickelt hat.
Browns brillantes Vermächtnis (107)	Worte sind hilfreich, doch es lohnt sich immer, auf die Musik zu hören (vor allem auf die eigene).

Charlottes Gesetz (201)	Auf Qualität, nicht auf Quantität setzen.
Dreierregel (102)	Wenn dir nicht drei Sachen einfallen, die bei deinem Vorhaben schief gehen können, gibt es einen Fehler in deinem Gedankengang.
Drei-Finger-Regel (88)	Wenn du mit einem Finger auf jemanden deutest, achte darauf, wohin die anderen drei deuten.
Edsel'sches Erbe (166)	Wenn es schon unbedingt etwas Neues sein muss, beschränke dich auf eine Sache.
Fastfoodfalle (152)	Kein Unterschied plus kein Unterschied plus kein Unterschied plus … macht letztlich einen gewaltigen Unterschied.
Fishers fundamentaler Lehrsatz (50)	Je angepasster man ist, umso weniger anpassungsfähig ist man in der Regel.
Fords fundamentale Feedbackformel (154)	Jeder kann eine beliebige Menge Wasser aus einem beliebigen Gewässer entnehmen und es für einen beliebigen Zweck nutzen. Jeder muss die gleiche Menge an Wasser, die er entnommen hat, ein Stückchen weiter flussaufwärts wieder in das Gewässer zurückschütten.
Fünf-Minuten-Regel (89)	Kunden wissen grundsätzlich, wie sie ihre Probleme eigenhändig aus der Welt schaffen können und sagen es einem auch – und zwar in den ersten fünf Minuten.
Gesetz der Beratung, Hartes (37)	Wer mit Misserfolg nicht fertig wird, kann niemals Erfolg als Berater haben.
Gesetz der Beratung, Hartes, Umkehrung (37)	Da es einige erfolgreiche Berater gibt, muss es möglich sein, mit Misserfolgen fertig zu werden.

Gesetz der Beratung, Härteres (37)	Sobald du dein größtes Problem beseitigt hast, beförderst DU das zweitgrößte an erste Stelle.
Gesetz der Beratung, Härtestes (38)	Es ist viel schwerer, sich selbst zu helfen als anderen.
1. Geheimnis der Beratung (22)	Beratung ist nicht so einfach, wie man glaubt.
1. Gesetz der Beratung (23)	Jeder Kunde hat ein Problem, auch wenn er etwas ganz anderes behauptet.
2. Gesetz der Beratung (24)	Hinter jedem Problem steckt menschliches Versagen, auch wenn es auf den ersten Blick nicht danach aussieht.
3. Gesetz der Beratung (24)	Vergiss nicht, dass du für deine Zeit bezahlt wirst und nicht für die Lösung eines Problems.
4. Gesetz der Beratung (29)	Löse niemals Probleme von Menschen, die dich nicht beauftragt haben.
Gesetz des Hammers (73)	Schenkt man einem Kind zu Weihnachten einen Hammer, hämmert es bald auf alles ein.
Gesetz der Himbeermarmelade (29)	Je mehr man sie verteilt, umso dünner wird die Schicht.
1. Gesetz des Marketing (190)	Ein Berater kennt nur zwei Gangarten: im Leerlauf oder mit Vollgas.
2. Gesetz des Marketing (191)	Die beste Methode, Kunden zu gewinnen, ist Kunden zu haben.
3. Gesetz des Marketing (191)	Verbringe mindestens einen Tag in der Woche damit, auf dich aufmerksam zu machen.
4. Gesetz des Marketing (192)	Kunden sind immer viel wichtiger für dich als du es für sie jemals werden kannst.

5. Gesetz des Marketing (193)	Ein einziger Kunde darf nie mehr als ein Viertel aller Aufträge ausmachen.
6. Gesetz des Marketing (195)	Die beste Werbung ist ein zufriedener Kunde.
7. Gesetz des Marketing (197)	Gib ihnen deine besten Ideen.
8. Gesetz des Marketing (198)	Mit dem eigenen Ei schmeckt es besser.
9. Gesetz des Marketing (199)	Verbringe mindestens ein Viertel deiner Zeit mit Nichtstun.
10. Gesetz des Marketing (201)	Auf Qualität, nicht auf Quantität setzen.
Gesetz des Neuen (161)	Neue Sachen funktionieren nie.
1. Gesetz der Preisgestaltung (204)	Die Preisgestaltung hat viele Funktionen und an Geld zu kommen, ist nur eine davon.
2. Gesetz der Preisgestaltung (205)	Je mehr sie dir zahlen, umso mehr lieben sie dich.
3. Gesetz der Preisgestaltung (206)	Der Preis besteht nur zum geringsten Teil aus Geld.
4. Gesetz der Preisgestaltung (207)	Preisgestaltung ist kein Nullsummenspiel.
5. Gesetz der Preisgestaltung (208)	Nimm keinen Auftrag an, wenn du dringend Geld brauchst.
6. Gesetz der Preisgestaltung (209)	Wenn sie mit deiner Arbeit nicht zufrieden sind, nimm ihr Geld nicht an.
7. Gesetz der Preisgestaltung (210)	Geld ist mehr als der Preis.
8. Gesetz der Preisgestaltung (211)	Der Preis ist kein Ding, sondern eine Beziehung, über die verhandelt wird.

9. Gesetz der Preisgestaltung (211)	Verlange den Preis, den du in keinem Fall bedauern wirst; siehe auch *Das Prinzip des geringsten Bedauerns.*
10. Gesetz der Preisgestaltung (213)	Preisgestaltung ist eine Gefühlssache des Beraters und des Kunden.
Gesetz der Problemstreuung (92)	Ein guter Problemlöser kann viele Probleme haben, aber er hat nur selten ein einziges großes.
Gesetz des Störenfrieds (133)	Weniger ist mehr.
1. Gesetz der Technik (60)	Wenn etwas nicht kaputt ist, sollte man es auch nicht reparieren.
Gesetz der Verpackung (86)	Die meisten von uns kaufen nach der Verpackung und nicht nach dem Inhalt.
1. Gesetz des Vertrauens (217)	Es interessiert niemanden außer dich selbst, warum du jemanden im Stich gelassen hast.
2. Gesetz des Vertrauens (217)	Vertrauen entsteht über Jahre und schwindet in Sekunden.
3. Gesetz des Vertrauens (218)	Niemand erzählt dir, dass er dir nicht mehr vertraut.
4. Gesetz des Vertrauens (219)	Der Trick, vertrauenswürdig zu sein, ist, auf alle Tricks zu verzichten.
5. Gesetz des Vertrauens (221)	Kein Mensch ist ein Lügner – seiner eigenen Meinung nach.
6. Gesetz des Vertrauens (222)	Vertrau deinen Kunden – aber heb immer die Karten ab.

7. Gesetz des Vertrauens (224)	Weiche nie vom Pfad der Tugend ab, selbst der Kunde es verlangt.
8. Gesetz des Vertrauens (224)	Am besten, du versprichst gar nichts.
9. Gesetz des Vertrauens (225)	Halte immer, was du versprichst.
10. Gesetz des Vertrauens (226)	Schreib alles auf, aber baue auf Vertrauen.
Gregorys Gurkengesetz (144)	Gurken werden schneller salzig als Salzlake gurkig. Ein kleines System, das durch langen stetigen Kontakt versucht, ein größeres zu ändern, wird sich vermutlich eher selbst ändern.
Halstead-Variante (154)	Die größten und dauerhaftesten Änderungen werden in der Regel von dem Versuch bewirkt, genau das zu bewahren, was sich letztendlich am meisten ändert.
Homers Regel (148)	Wer darum kämpft, sein Zuhause zu verlassen, endet als Nesthocker.
Kartoffelchiptrick (113)	Wer seine Zielgruppe kennt, kann sie mühelos konditionieren.
Leitungs-Leitsatz (112)	Was du nicht weißt, macht dich vielleicht nicht heiß, doch was du vergisst, beschert dir viel Mist.
Lorbeerenregel (27)	Du wirst nie etwas erreichen, wenn du für deine gute Leistungen die Lorbeeren kassieren willst.
Lynnes Lebensweisheit (194)	Damit man zu sich selbst als Berater »Ja« sagen kann, muss man zu seinen Kunden auch »Nein« sagen können.

Marvinsches Gesetz (26)	Was immer der Klient auch macht, rate ihm zu etwas anderem.
Marvins erstes medizinisches Mysterium (60)	Neunzig Prozent aller Krankheiten heilen von selbst – ohne jegliches Zutun eines Arztes.
Marvins zweites medizinisches Mysterium (60)	Wird ein Organismus, der sich selbst heilen kann, wiederholt medizinisch behandelt, verliert er seine Selbstheilungskräfte.
Marvins drittes medizinisches Mysterium (61)	Jede Behandlung besteht aus zwei Teilen
Marvins viertes medizinisches Mysterium (62)	Wenn ihre Methode nicht funktioniert, sag ihnen, sie sollen etwas anderes probieren.
Marvins fünftes medizinisches Mysterium (62)	Sorg dafür, dass deine Kunden so viel zahlen, dass sie auch tun, was du ihnen sagst.
Marvins sechstes medizinisches Mysterium (63)	Know-how bringt weniger Geld als Know-when.
Missklanggehör (105)	Wenn Worte und Musik nicht harmonieren, deutet dies auf ein fehlendes Element hin.
Narrengoldregel (69)	Was nicht da ist, wird vorgetäuscht.
Narrengoldregel, Umkehrung (71)	Was vorgetäuscht wird, muss repariert werden.
Olgas erste Offenbarung (172)	Es mag nach einer Krise aussehen, ist aber nur das Ende einer Illusion.
Olgas zweite Offenbarung (173)	Sind Veränderungen unausweichlich, kämpfen wir um das, was uns am meisten wert ist.

Olgas dritte Offenbarung (173) – Wer sich eine Illusion erschafft, um Veränderungen zu vermeiden oder abzuschwächen, macht die Veränderung immer wahrscheinlicher – und brutaler.

O-Saft-Prinzip (53) – Wir erledigen das – und es kostet so und so viel.

Plage der Pandora (159) – Neue Sachen funktionieren nie; aber es besteht immer ein Funken Hoffnung, dass es diesmal anders ist.

Prinzip des geringsten Bedauerns (211) – Verlange den Preis, den du in keinem Fall bedauern wirst; siehe auch *Das neunte Gesetz der Preisgestaltung.*

Rekordleistungs-Therapie (48) – Für nichts kriegt man auch nichts. Erhöht man den Wert auf einer Seite, verringert sich der Wert auf der anderen Seite.

Roamers Regel (147) – Wer darum kämpft, zu Hause zu bleiben, treibt sich selbst aus dem Haus.

Romers Regel (150) – Wenn man etwas mit allen Mitteln bewahren will, verliert man es am ehesten.

Rudys Rübenregel (34) – Sobald du dein größtes Problem beseitigt hast, wird das zweitgrößte an erste Stelle befördert.

Sparks' Gesetz der Problemlösung (79) – Die Wahrscheinlichkeit, ein Problem lösen zu können, wird immer geringer, je mehr man sich seinem Verursacher nähert.

Studierhilfen (79) – Mach es nicht unnötig kompliziert und geh nicht ins Detail; du bist Berater, nicht Staatsanwalt. Studiere, um verstehen, nicht kritisieren zu lernen. Betone die guten Seiten an der aktuellen Situation.

Titanic-Effekt (115)	Sich eine Katastrophe nicht vorstellen zu können, zieht oft eine unvorstellbare Katastrophe nach sich.
Traum des Retters in der Not (28)	Brechen deine Kunden nicht in Begeisterung über deine heldenhaften Taten aus, stell dir vor, dass sie vor Glück einfach sprachlos sind – aber vergiss nicht, dass das deine Fantasievorstellung ist und nicht ihre.
Unterschied à la Hines (167)	Mit dem eigenen Ei schmeckt es besser.
Volkswagen-Vorgehen (80)	Kannst du etwas Neuem nicht widerstehen, probiere es in kleinen Häppchen.
Warumwaffe (80)	Uns geht vielleicht die Energie, die Luft oder das Wasser aus, aber gute Gründe werden uns niemals ausgehen.
Weinberg'scher Test (156)	Würdest du diesem System dein Leben anvertrauen?
Weinberg'sches Gesetz über Weithergeholtes (102)	Manchmal erscheint einem etwas als weit hergeholt, weil man kurzsichtig ist.
Weinberg'sches Zwillingsgesetz (31)	Fast immer und fast überall gilt: Wie sehr man sich auch anstrengt, es ändert sich nichts Wesentliches.
Weinberg'sches Zwillingsgesetz, Umkehrung (143)	In manchen Fällen gilt an manchen Orten: Es ändert sich etwas Weesentliches, vor allem, wenn man sich sehr anstrengt.
Weißbrotwarnung (77)	Wer immer dieselben Zutaten verwendet, kriegt immer dasselbe Brot.
Zauber des dritten Mals (52)	Berater kommen meist erst beim dritten Problem voll in Fahrt.

Zehn-Prozent-Lösung (25)
Solltest du eine Verbesserung um mehr als zehn Prozent erreichen, darf das niemandem auffallen.

Zehn-Prozent-Versprechen (24)
Verspreche nie mehr als eine Verbesserung um zehn Prozent.

Zeitbombe (168)
Die Zeit verwundet alles Heil. Der sicherste Weg, Zeit zu verschwenden ist, Warnungen in den Wind zu schlagen.